"双一流"大学建设背景下
地方本科大学
国际化问题研究

黄英杰 汪明义 著

中国出版集团
中译出版社

图书在版编目（CIP）数据

"双一流"大学建设背景下地方本科大学国际化问题研究 / 黄英杰，汪明义著. -- 北京：中译出版社，2023.7
　　ISBN 978-7-5001-7414-1

Ⅰ. ①双… Ⅱ. ①黄… ②汪… Ⅲ. ①地方高校－国际化－研究－中国 Ⅳ. ①G648.4

中国国家版本馆CIP数据核字（2023）第088405号

"双一流"大学建设背景下地方本科大学国际化问题研究
SHUANGYILIU DAXUE JIANSHE BEIJING XIA DIFANG BENKE DAXUE GUOJIHUA WENTI YANJIU

著　　者	黄英杰　汪明义
策划编辑	费可心
责任编辑	张若琳
出版发行	中译出版社
地　　址	北京市西城区新街口外大街 28 号普天德胜科技园主楼 4 层
电　　话	(010) 68005858，68358224（编辑部）
邮　　编	100088
电子邮箱	book@ctph.com.cn
网　　址	http://www.ctph.com.cn

封面设计	潘　峰
排　　版	北京竹页文化传媒有限公司
印　　刷	北京中科印刷有限公司
经　　销	新华书店
规　　格	710 毫米 ×1000 毫米　1/16
印　　张	20.5
字　　数	400 千字
版　　次	2023 年 7 月第 1 版
印　　次	2023 年 7 月第 1 次

ISBN 978-7-5001-7414-1　　定价：68.00 元

版权所有　侵权必究
中　译　出　版　社

目　录

序　　　　　　　　　　　　　　　　　　　　　　　/ i
绪　论　　　　　　　　　　　　　　　　　　　　　/ 001

第一章　实践教育哲学纲要　　　　　　　　　　/ 043
第 1 节　实践教育哲学要旨　　　　　　　　　　　/ 044
第 2 节　我们的教育信条　　　　　　　　　　　　/ 054
第 3 节　现代课程与教学观　　　　　　　　　　　/ 061
第 4 节　以教师为志业　　　　　　　　　　　　　/ 071
第 5 节　走向教育真理　　　　　　　　　　　　　/ 090

第二章　新时代的大学使命　　　　　　　　　　/ 115
第 1 节　新时代的大学世界精神　　　　　　　　　/ 116
第 2 节　大学的时代担当与责任　　　　　　　　　/ 126

第三章　地方本科大学国际化的目标　　　　　　/ 155
第 1 节　大学的基本职能及其拓展　　　　　　　　/ 156
第 2 节　地方本科大学的人文目标　　　　　　　　/ 164

第 3 节　地方本科大学的世界性目标　　　　　/ 183
第 4 节　地方本科大学的地方性目标　　　　　/ 193

第四章　地方本科大学国际化的内涵与机制　　/ 201
第 1 节　地方本科大学国际化的依据与内涵　　/ 202
第 2 节　地方本科大学国际化的内在矛盾　　　/ 210
第 3 节　地方本科大学国际化的行动原则　　　/ 225
第 4 节　地方本科大学国际化的行动机制　　　/ 236

第五章　地方本科大学国际化的具体措施　　　/ 259
第 1 节　知识实践塑造共在的人文精神　　　　/ 260
第 2 节　组织变革推动自身发展　　　　　　　/ 264
第 3 节　跨国合作办学培育时代新人　　　　　/ 279

结　语　走向人类生态文明　　　　　　　　　/ 297
后　记　　　　　　　　　　　　　　　　　　/ 303
参考文献　　　　　　　　　　　　　　　　　/ 305

序

  《中庸》里说，"万物并育而不相害，道并行而不相悖。"世界各国的大学虽然具有维特根斯坦所说的"家族相似性"，但又因所在的文化传统不同而具有各自不可替代的价值和作用。中国的大学作为世界大学家族里的重要一员，它的发展繁荣无疑会对包括文化知识界在内的整个人类世界产生重要影响。尤其是在当前这个人类前途未卜的"世界百年未有之大变局"的时代，中国的大学经由国际化实践为世界贡献的智慧，必将能够为人类世界解决各种危机提供重要的可资借鉴的方案或有益的启示。

  地方本科大学是中国大学系统中的重要组成部分。它的国际化实践对整个中国的大学的国际化实践起到有益的补充，甚至在一定程度上决定了其国际化的广度。因为，地方本科大学的国际化实践是其所属地区国际化实践的文化先锋，在当前中国社会向更广、更深、更高层次开放的过程中，在文化、知识、技术和观念等方面，地方本科大学国际化实践的过程实际上正是地区向外开放过程中的重要引领。

  地方本科大学与所有类型的大学一样，天然具有国际化的基因。经过研究，我们谨慎地提出了由实践教育哲学、地方本科大学国际化、在地性国际化、物质和文化宇宙、教育真理、生态文明等六个核心概念组成的地方本科大学国际化理论体系。我们进一步提出，实践教育哲学是地方本科大学国际化的指导性教育哲学理论，在地性国际化是其科学方案，生态文明则是其在实践中所澄明的人类诗意栖居的未来新文明。

在近千年的发展过程中，包括中国的地方本科大学在内的人类世界的大学共同创造了比肩而立且繁荣昌盛的自然物质宇宙和文化心理宇宙。《诗经》有云："如月之恒，如日之升。"也是在大学的共同努力下，人类文明正迎来技术集成版的元宇宙时代，借助三大宇宙的和合，大学必将能够为人类各文明之冲突的和解找到一条康庄大道。"雄关漫道真如铁，而今迈步从头越。"让我们在大学的指引下共同期待并自豪地走向这一未来！

是为序。

黄英杰，汪明义

于 2023 年 1 月

绪　论

一、研究视阈

（一）研究背景

2015年3月28日，国家发展改革委、外交部、商务部联合发布了《推动共建丝绸之路经济带和21世纪海上丝绸之路的愿景与行动》。共建"一带一路（the Belt and Road）"倡议包含两个整合，即丝绸之路经济带战略涵盖东南亚经济整合和东北亚经济整合，这两个整合最终融合在一起通向欧洲，造成欧亚大陆经济整合的大趋势。21世纪海上丝绸之路从海上联通欧亚非三个大陆，与丝绸之路经济带战略形成一个海上、陆地的闭环。共建"一带一路"倡议的目标，是建立包括欧亚大陆在内的世界各国之间政治互信、经济融合、文化包容的利益共同体、命运共同体和责任共同体。2017年1月24日，教育部、财政部、国家发展改革委联合发布关于印发《统筹推进世界一流大学和一流学科建设实施办法（暂行）》的通知。通知的第三条提出，"面向国家重大战略需求，面向经济社会主战场，面向世界科技发展前沿，突出建设的质量效益、社会贡献度和国际影响力，突出学科交叉融合和协同创新，突出与产业发展、社会需求、科技前沿紧密衔接，深化产教融合，全面提升我国高等教育在人才培养、科学研究、社会服务、文化传承创新和国际交流合作中的综合实力。"这无疑对大学的发展战略提出了明确的指向。

自从国家实施共建"一带一路"倡议以来，形成了两个颇见规模的大学联盟。一是"新丝绸之路大学联盟"。它成立于2015年5月，由西安交通大学发起，来自22个国家和地区的近百所大学先后加入，发布了《西安宣言》。截至2016年4月9日，已有来自31个国家和地区的128所大学先后加入新丝绸之路大学联盟。二是"一带一路"高校战略联盟。它成立于2015年10月，由复旦大学、北京师范大学、兰州大学和俄罗斯乌拉尔国立经济大学、韩国釜庆大学等46所中外高校在甘肃敦煌成立，旨在探索跨国培养与跨境流动的人才培养新机制，培养具有国际视野的高素质人才，发布了《敦煌共识》。

由上可知，时代呼唤地方本科大学国际化。"一带一路"推动了新一轮世界各国，尤其是第三世界国家的大学国际化浪潮，"一带一路"沿线国家和中国的大学纷纷抓住机遇，积极推进大学国际化。"双一流"大学建设政策则又不失时机地在这个新一轮的大学国际化浪潮中楔入了国际交流合作这一大学职能的新要素。地方本科大学迎来了国际化的机遇。

（二）提出问题

时代呼唤地方本科大学国际化，数百所地方本科大学迎来了国际化的机遇。地方本科大学是中国高等教育普及化的主要力量，是共建"一带一路"倡议目标实现的重要参与者，是中国高等教育国际化的重要组成部分。然而，由于地方本科大学对自身的认识存在一定的偏差，对国际化的理解有着一定的局限性，致使其实践行动缺乏操作性与有效性。在分析现有相关文献和考察大学国际化实践情况的基础上，本课题提出以下几个主要问题。

1. 地方本科大学国际化的内涵及理论依据是什么

学界对大学国际化的研究大多集中于重点大学或世界著名大学，对于地方本科大学则倾向于认为它的使命主要是服务其所归属的社区或城市。这种认识存在着明显的不足，也与地方本科大学的国际化发展实践不相符，影响了它们的国际化发展进程。要改变这种认识，促进地方本科大学国际化的发展，需要从理论上加以澄清。

2. 地方本科大学国际化缺乏有中国特色的教育哲学的反思

大学实践之变革发展背后总会存在一种新的教育哲学，这是它之所以成功推进的深层理论根据，以往的大学国际化研究对这一教育哲学层面的探讨存在着明显的不足。本课题中的实践教育哲学既是研究的内容，更是研究的指导性教育哲学理论。实践教育哲学体系的建构随着地方本科大学国际化实践的推进而不断完善。

3. 何以界定地方本科大学国际化的使命

大学是人类进步的象征，也必然与人类未来文明的发展同呼吸共命运。快速发展的信息技术推动了人类文明的发展，但同时也产生了越来越多的问题，人类的大联合已经成了当今时代的主要特点。在这样的时代中，大学因自身永恒的特性决定了其有绝对的责任和能力引领人类文明走向健康和持续发展的康庄大道。地方本科大学面对这一历史环境和现实的时代问题，其国际化应实现什么样的目标，是本课题的重要探讨之处。

4. 地方本科大学国际化的发生机制是什么

国内对地方本科大学国际化的研究与地方本科大学国际化的实践一样，尚未形成规模和体系，没有从大学的国际化本质高度结合地方本科大学发展的实际展开合法性和合理性论证。由于缺乏必要的教育哲学的反思，地方本科大学也就没有形成明确的理论上的自觉。本课题的重要内容之一，就是在一种契合地方本科大学国际化的教育哲学基础上，认识地方本科大学国际化的行动本质、发生机制与行动原则，提高其实践行动的自觉性。

5. 地方本科大学国际化有哪些具体的行动措施

大学是一种松散的文化组织机构，其具体行动涉及大学的多个方面。从地方本科大学国际化的行动机制出发，结合自身组织机构的特点，从知识实践方式、学术组织变革、操作机构调整等维度多方面推动地方本科大学走向国际化。

（三）研究目的

1. 构建地方本科大学国际化的理论基础

主要有实践教育哲学和大同教育哲学两个相互协调的教育哲学理论，旨在为"国际性是地方本科大学的重要构成性属性""中国大学思想中包含有丰富的国际关怀性资源"等论题提供坚实的教育哲学基础，以保证地方本科大学国际化这一论题的合理性和合法性。

2. 阐释地方本科大学为何需要国际化

主要从政策基础——"双一流"大学建设和国家共建"一带一路"倡议的相关政策，内在因素——地方本科大学知识生产的需要，外在因素——地方本科大学所处世界的关联性等三个角度展开，论证地方本科大学国际化的结构性因缘。

3. 探明地方本科大学如何国际化

主要探讨的是地方本科大学国际化的路径依赖、机制运作等。路径依赖包含内部增生和裂变重建两个路径。运作机制则包含围绕人才培养、师生交往、学研活动媒介、社会服务和文化交流等诸要素及其之间的相互交叉关系所展开的国际化建构方略。

4. 解释地方本科大学国际化中的矛盾

这些矛盾关系主要包括：城市与全球发展、本土化与国际化、地方知识与全球文明、地域性价值与共同性价值、被动发展与主动发展、个性化与同质化、国家文化安全与全球文化秩序、工业文明与生态文明，等等。这些矛盾的关照和处理包含于研究和论证之中。

5. 瞩望地方本科大学的未来愿景

主要追问和思考国际化背景下地方本科大学的未来处境，以及地方本科大学国际化所参与和推动的人类文明的新形态问题，即未来的地方本科大学将会是怎样的一种组织存在？谁会是未来地方本科大学的领导者？未来的地域文化或民族文化何以存在？一种崭新的人类未来文明形态将会具有怎样的特征？如此等等。

（四）研究价值

1. 理论价值

大学教育是审慎的文化实践活动，也是指向未来的思想行动。大学教育活动的正确开展需要坚实的教育哲学理论的支撑。本课题提出并构建了实践教育哲学理论体系，并把这一理论体系作为地方本科大学国际化实践的教育哲学基础。实践教育哲学来源于地方本科大学国际化实践，又为其不断的扩展提供了教育哲学的引导。根据实践教育哲学，本课题又从教育哲学基础、在地性国际化、物质和文化意识两个宇宙建设、教育真理和生态文明建设等概念出发，初步形成了地方本科大学国际化实践的理论体系。这两个理论体系的建构丰富了教育哲学和大学教育的理论形态，为我们进一步理解地方本科大学乃至普遍性大学本质及其教育实践提供了富有启示性的基础和教益。

2. 实践价值

大学是人类对未来之存在的承诺，其实践包含着对人类存在之问题的应许和解答。本课题的研究从地方本科大学国际化之教育哲学基础、在地性国际化方案、具体措施，以及从人类新文明建设等诸维度，澄明了地方本科大学国际化实践的合理性和合法性，化解了其在扩展的过程中存在的诸多矛盾。这无疑对地方本科大学国际化实践起到了重要的推动和引导作用，也有利于把地方本科大学这一重要的大学力量引导到人类生态文明建设和人类命运共同体建设的伟大实践中，并作出其应有的贡献。

（五）核心概念

1. 实践教育哲学

实践教育哲学主要是对 20 世纪 90 年代以来基础教育改革和地方本科大学转型发展实践之反思总结的理论结晶。它从教育问题域、教育哲学传统、本体论、价值论、目的论、方法论、课程与教学论、真理论等方面出发，初步形成了一个较为完整的教育哲学理论体系。实践教育哲学出自教育实践也在教育实践过程中经由对教育实践的反思而有效指引着教育实践的发展。实践教育哲学坚定地认为，教育与实践相互蕴含而共生，实践的方法是实现教育的最佳路径，审美是教育的形而上境界，社会文化引领与审美改造的心脏是教育。在实践教育哲学的指引下，地方本科大学立足本土社会发展需要，不断地通过知识教育实践开辟新的教育场域，积极向国际化场域拓展，成为人类命运共同体建设和生态文明建设的重要力量。

2. 在地性国际化

在地性国际化由在地性和国际化两个词组组成，它们共时共在，交融共生，服务地方本科大学的高质高效发展。具体地讲，地方本科大学的在地性指它的整个组织以学科建设和专业发展为依托，充分发挥育人和科研优势，凭借知识的力量与政府合作，与产业和社会事业相对接，形成实践价值取向的学科专业集群，引智入企和引企入智相结合，知识与实践相互转化创新，为其归属地的经济社会发展提供人才、观念和技术支撑，创造持续繁荣发展的产业地带和智慧地带，形成智慧之城和产业之城双城一体互动有机发展的良好局面。进一步地，在地性国际化指的是与在地性发展同步，地方本科大学因势利导借助国家和所属城市区域的开放性优惠政策积极谋求国际化资源，创造条件和搭建各种知识平台，与国际高等教育之间展开教学、科研、服务、文化等全方位的交流合作，全面提升自身的国际化水平和立德树人能力，积极参与全球治理实践，为人类和平发展的永恒福祉贡献智慧。

3. 地方本科大学国际化

地方本科大学国际化是由大学所传承创新的知识的无限扩展本性决定的。所谓地方本科大学的国际化，其含义主要是指地方本科大学自身在存在和发展过程中所自觉拥有的一种国际化立场，在该种立场下所积极谋求的国际化实践，以及在国际化实践中所主动建构的国际化意识和国际化身份。国际化的立场、实践和身份，是一所地方本科大学国际化的标志性要素。就学科知识并结合布迪厄（Bourdieu）的场域理论来看，地方本科大学国际化一方面要求地方本科大学要在本土环境中积极对学科范式进行实践以拓宽学科的影响力并增加本土民众的最终福祉，另一方面又要自觉通过这一实践将在本土场域中积累的学科知识与经验同国际学科场域中获得的前沿性和普遍性的学科理论相互转换，从而提升和巩固地方本科大学在这两个场域中的位置与影响力。在地性国际化是地方本科大学国际化发展的科学方案，它具体包括四个方面的实践路径：城校合作、开放发展；服务乡村、生态共享；产教协创、制胜全球；文化融合、命运与共。

4. 物质和文化意识宇宙

从大学作用于世界的功能性角度，世界可分为两个宇宙，即物质宇宙和文化意识宇宙。大学是有效联系物质宇宙和文化意识宇宙的桥梁，教师是两座宇宙的守门人并掌握了进入其中的密钥。地方本科大学与所有层次的大学一样，它也经由知识实践和育人实践承担着物质和文化意识宇宙建设的使命和任务。地方本科大学的国际化实践应该自觉主动地融通两个宇宙，即不求功利的自然求真之学、至美至善的人文修善之学和服务世界的社会奉献之学的文化意识宇宙，以及人生存于其间且与人相互映照的物质的宇宙。意识因物质而充实，物质因意识而澄明，人性因物质和文化意识两个宇宙的建设而不断丰富和充盈。

5. 教育真理

教育真理是关于人是什么以及人如何是的真理，它源自教育实践，也在教育实践中澄明。教育是破解人性无限完满之伟大秘密的锁钥。人性即是文化性，人是包含宇宙、自然、身体和心理等维度于其身的四位一体的文化存在。在世界史的教育轴心时代，人类经由教育形塑了包含道、仁、理念和无限四个要素的人性（文化）基本结构。该人性基本结构又经由教育实践具体化生为作用于他人的仁心、作用于外物的匠心、作用于社会的公心和作用于自我心灵的审美之心。四心在生命的自由审美陶冶和无限解放之实践中又和合扩展而成为天地之心，引导着人们走向无限的文化创生之境。随着心的不断扩展和实践，人类终于会开辟出一条走向未来大同世界，诗意栖居在大地之上的美丽路径。

6. 生态文明

生态文明是中国创造的一个概念，它有狭义和广义两种含义。狭义指的是自然的生态性，广义则是与工业文明相对的一个概念。我们这里使用的是广义的生态文明概念。就人及其社会关系讲，广义的生态文明概念表征的是人之精神世界与物质世界的和谐，以及人类世界多元共存的和谐，唯有生态的价值才有利于人的完整存在和人类世界的共生共在。万物的持存、创造、诗意、有机、和谐等是生态文明的基本义。可持续的生态存在观念及其生活方式理应成为未来人类世界的基本信仰。

党的十八大以来，中国的地方本科大学已经全面融入社会主义生态文明建设和助推全球人类命运共同体建构的伟大实践之中。社会主义的生态文明包含四个维度：其一是爱人利物、仁化宇宙的自然观。其二是与天地参、技法自然的技术观。其三是民胞物与、文化理解的人文观。其四是协和万邦、天下为公的政治观。

二、理论基础

（一）实践教育哲学

实践教育哲学主要是对20世纪90年代以来基础教育改革和地方本科大学转型发展之反思总结的理论结晶。它从教育问题域、教育哲学传统、本体论、价值论、目的论、方法论、课程与教学论、真理论等方面出发，初步形成了一个较为完整的教育哲学理论体系。实践教育哲学出自教育实践也在教育实践过程中经由对教育实践的反思而有效指引着教育实践的发展。实践教育哲学祈求，通过和合心理—理智主义和身体—实践主义两种教育传统，澄明人的解放与社会解放相统一的教育真理。在教育真理的引领下，师生能够自觉主动地醉心于生命实践，建构一个富有价值和意义的世界。实践教育哲学从实践开始，在心处升华。立仁心以成人，立匠心以制造世界，立公心以服务社会，立美心以生命自由，统仁心、匠心、公心和美心而进至于宇宙之心，是实践教育哲学的大胸怀和大抱负。实践教育哲学坚定地认为，教育与实践相互蕴含而共生，实践的方法是实现教育的最佳路径，审美是教育的形而上境界，社会文化引领与审美改造的心脏是教育。在实践教育哲学的指引下，地方本科大学立足本土社会发展需要，不断地通过知识教育实践开辟新的教育场域，积极向国际化场域拓展，成为人类命运共同体建设和生态文明建设的重要力量。

（二）布迪厄的场域理论

在布迪厄之前，社会世界被置于两种对立的视角下进行解读：其一，在结构主义视角下，社会世界被视为一种客观的结构，人们通过观察和测量，以客观数据和资料反映社会世界中各种物质资源的分配和运用的规律；其二，在建构主义视角下，社会世界是人们在日常生活中开展有组织、富有理性机巧的实践来持续不断地建构而成的，因而社会世界是人的行为、思想、情感和判断等综合作用的产物。社会世界的这种双重解读都遮蔽了人实践的全面性，一方面，社会实践行动被视为人消极地顺从客观规律的结果，从而忽视了人在日常生活中的真实需要，并抹去了人指向未来的创造力，最终以一种总体性、非时间化、严谨的科学逻辑去理解和指导人的社会实践；另一方面，社会实践的主观能动性、创造力得到了重视，但忽略了社会世界对个体而言的超验性，抹去了社会实践所必需的客观条件。布迪厄的实践感嵌合了两种视角下的实践观，在场域中还原了人的完整实践生活。惯习、场域和资本三个概念是布迪厄的重要工具，实践感催动三者产生相互作用构建了场域理论，以揭示社会世界被隐藏在深处的结构。整个社会世界由一系列烦琐、重叠而彼此又有关联的场域构成，场域可以被定义为在各种位置之间存在的客观关系的一个网络或一个构型。场域中不同位置的所有者都具有一定的资本，资本的数量和结构决定了其场域位置，场域位置又决定了场域核心利益的分配方式，场域的结构就是对这种分配关系的客观表现。那么行动者凭借自身所持有的一定数量和特定结构的资本进入场域后，其行动是如何在场域的客观结构与行动者的主观意志双重影响下产生的？实践感是沟通惯习与场域的关键，场域通过实践感在行动者身上形成主观的结构，也就是惯习，惯习通过实践感使个体采取理性策略实现场域位置潜在的未来，特别在惯习与场域脱轨时，策略性行动更加突出。行动者的实践行动使场域的核心利益实现了增值，行动者也获得与自己资本相匹配的利益，同时实现资本的增值或发动场域结构的变革保证自己的利益分配。场域理论关于惯习、场域、资本三者的互动关系解释了作为行动者在某种利益空间里产生实践行动的条件、目的和策略构成，这为分析地方本科大学的实践行动提供了较为全面的视角。本课题在分析地方社会和国际学科共同体的成员特性与互动关系的基础上，运用场域理论以地方本科大学为第一视角将两个空间联系起来，进而深入探究地方本科大学在这两个场域中的实践方式，最终揭示地方本科大学国际化行动的本质。

三、研究程序

总体上看，本课题在研究过程中使用到了实践教育哲学、在地性国际化、地方本科大学国际化、物质和文化意识宇宙、教育真理和生态文明等六个概念，这六个概念以实践教育哲学为基础概念，形成了广义抽象关系。六个概念的内涵界定和运用，推动了本课题一系列研究问题的解决。所以，本课题的研究对象、研究设计、研究方法和技术路线可以通过这六个概念的内涵界定和运用来予以说明。

（一）研究对象

地方本科大学国际化实践及其问题，是本课题的研究对象。这一研究对象又具体地分为实践教育哲学的理论建构、大学时代特征的探讨、地方本科大学国际化的实践目标、行动机制和方案，及其具体举措等多个方面。

（二）研究设计

1. 基础理论的建构

教育是审慎的实践，实践教育哲学是地方本科大学国际化实践的重要教育哲学基础。本课题从教育问题域、教育哲学传统、本体论、价值论、目的论、方法论、教师论、课程与教学论、真理论等方面出发，进行了严密的思考和论证，初步形成了一个较为完整的教育哲学理论体系。实践教育哲学彰显并合流了现代教育之心理—理智主义和身体—实践取向的两大教育传统，澄明了人的真理才是唯一本真的教育真理的教育大道。人的解放和社会解放相统一的教育真理成了地方本科大学国际化所遵循的基本价值圭臬。作为方法的实践教育哲学自然也就成了地方本科大学国际化实践所依循的重要的方法论依据。

2. 大学时代特征的认识

首先，本课题回溯大学的发展历史，根据大学在历史中的变化规律解释其本质属性，从而揭示大学能够与时俱进的原因，在此基础上，以实践教育哲学理论为视角对大学的发展历史进行分析，从而揭示大学的根本实践方式是创建物质和文化意识宇宙。其次，本课题针对当今人类社会存在的问题，从创建物质和文化意识宇宙的角度出发，充分认识到大学推动人类命运共同体构建的时代使命，以及完成这项时代使命的实践方式。

3. 地方本科大学国际化的理解

首先，本课题从大学创建物质和文化意识宇宙的角度出发，采用历史研究方法对中西方大学自诞生时起发生的国际化历史事件进行整理和研究，认识大学国际化的根本依据，在此基础上，结合教育真理充分认识地方本科大学的特征、国际化的目标以及国际化的内涵。其次，地方本科大学国际化的内涵、目标和特征，决定了地方本科大学要走在地性国际化的路线，从而定型了地方本科大学国际化的内在矛盾与行动本质。再者，本课题在认识地方本科大学国际化行动本质的基础上，采用理论研究方法，以布迪厄的场域理论和地方本科大学国际化以及在地性国际化的内涵为基础，分析地方本科大学国际化的具体行动。然后，本课题采用矛盾分析法，揭示地方本科大学国际化行动中矛盾的根本原因，再以地方本科大学国际化行动本质的认识为理论基础，结合导致地方本科大学国际化出现内部矛盾的根本原因，将地方本科大学国际化的实践行动进行裂变，形成三类具体的实践行动，这三类具体的实践行动及其之间的相互作用共同构成了地方本科大学国际化的行动机制。最后，本课题以地方本科大学国际化的行动机制为基础，探索如何通过知识育人实践、大学的组织变革、参与跨国联合办学等三个方面的变革来推动地方本科大学国际化。

4. 地方本科大学国际化的价值目标

生态文明是地方本科大学国际化的价值目标。在本课题的整个研究过程中，每一步的推进都在逼近生态文明这个概念，实践教育哲学、在地性国际化、地方本科大学国际化、物质和文化意识宇宙、教育真理这五个概念的内涵界定与运用，都以生态文明建设为导向和归宿。地方本科大学国际化表面上是地方本科大学自身的外向领域拓展，实际上却是在依托本土社会的建设参与人类命运共同体的构建，最终服务于人类生态文明的未来发展。

（三）研究方法

1. 理论研究法

研究者首先提出有意义的研究问题，其次根据马克思主义唯物辩证法和唯物历史观的指导，以特定的思想理论为前提，通过逻辑演绎与抽象概括、比较与分类、分析与综合等方式，达到对研究问题的充分认识。本课题以实践教育哲学和大同教育哲学为理论基础，实现对地方本科大学国际化的应然性认识，推动地方本科大学国际化走上理想的道路。

2. 历史研究法

本课题采用历史研究法把握大学的时代特征。大学的历史是由一件件促进人类理性发展和自由扩展的事件构成，这些事件反映了大学的本质属性，决定了大学的发展方向。在历史的进程中，大学通过对自身的扬弃不断澄明它的本质。

3. 文献研究法

本课题通过查阅国内外文献，整理相关研究成果，结合地方本科大学发展中存在的问题，整理出其在国际化进程中存在的内在矛盾。

4. 定性研究法

本课题采用定性研究法收集和整理了我国大学参与跨国联合办学的数据，从整体上了解我国大学参与跨国联合办学的基本现状，并以此确定地方本科大学国际化的实践问题域。

5. 矛盾分析法

本课题采用马克思主义的矛盾分析法对地方本科大学国际化的行动过程中存在的具体矛盾进行分析，并结合对地方本科大学国际化行动本质的认识，构建地方本科大学国际化的行动机制和原则。

四、研究结论

（一）实践教育哲学

本研究从实践教育哲学的概念、教育信条、课程与教学观、教师志业、教育真理等几个方面构建了实践教育哲学理论，为地方本科大学国际化提供了坚实的教育哲学基础。

1. 实践教育哲学的概念

（1）实践教育哲学主要是对20世纪90年代以来基础教育改革和地方本科大学转型发展实践之反思总结的理论结晶。它从教育问题域、教育哲学传统、本体论、价值论、目的论、方法论、教师论、课程与教学论、真理论等方面出发，初步形成了一个较为完整的教育哲学理论体系。

（2）从本体论上讲，教育是一种审慎地文化实践。文化实践包含于广义的社会实践之中，并且是整个社会实践的文化心脏。因此，一切真实的教育，不论是知识教育、道德教育、审美教育，还是信仰教育，都直接或间接发生于实践场域中，它的逻辑起点和归宿是人的实践活动，是经由（by/in）实践、为了（for）实践、属于（of）实践的。实践意识和行动能力的养成贯穿整个教育活动始终。以生命实践活动为出发点，知识教育实践化，生命体验艺术化和审美化是实践教育哲学的一体两面。

（3）围绕人是目的这一伦理判断，实践教育哲学所澄明的教育真理形态主要包括人的真理的教育、身体解放的教育、天人合一的生态教育、澄明人性的类教育和诗意栖居的审美教育等诸种形态。它所遵循的教育模式包含四点要义：建立在实践中的新感受力的养成是新教育的逻辑起点，有效的师生对话是新教育的主要教育方式，教学做合一是新教育的具体操作之道，美的引导和规范是新教育的价值圭臬。

2. 教育信条

（1）*教育与实践相互蕴含而共生*

从实践的角度，实践是人同世界打交道的复杂活动。在实践中（包含一定的时空结构），人事物境皆按照其所是的样子向我展现，同我照面，向我表达。我如何实践，我便如何存在；我如何存在，我便如何实践。实践与生命存在合而为一，相互赋值而丰富递升。人在实践中做事、建立关系、理解关系、使关系趋于善，继善成性，是实践教育目的的基本结构。教育活动是一种建立在师生交往实践基础上或者以师生交往实践为中介的特殊教育实践。这种教育实践承载了认知、伦理、审美和成圣的建构活动，并以上述四种建构活动为其主要内容。有效的教育，也即有效的知识学习、意志锻炼和情感陶冶活动首先是实践性的。学习者在实践中建构起来的理论结构是实践的结果，是学习者自主形成的理解世界和理解自我的独特分析原则。教育的实践性原则，决定了教育实践只是实践的一个环节，它须放在更为广阔的社会实践境遇中方有其应有的价值和意义。在理想的教育情境下，社会、家庭、学校三者之间的目标是一致的，并且在实践中相互改造和赋值，和合于真善美。

（2）实践的方法是实现教育最有效的途径

社会实践和教育实践可以相通相融、相互资升共进，主要是因为无论是人文学知识、社会学知识，抑或是自然科学知识，皆与人之实践经验相对应。与人的进化史（包括各种工具在内）相应，人类实践也是历史性的，是实践进化的结果。个体所要习得的大量知识所对应的是过去的实践经验，现实的实践经验因与其具有情境的相似性而有了相互间通解的可能。具体地讲，教育之实践的方式至少包括三种路径：其一，把理论知识化为经验表征；其二，把职业活动（实践经验）化为理论演绎；其三，理论知识和职业活动交化相生。在知识层面上，这三种路径的知识习得最后都需要进行文明化（符号化）提炼，成为一种相对于个体而言普遍性存在的知识，也成为新的学习者进行实践的引导性和资源性知识，人类文明恰恰在这种累积中不断向前演化。尽管实践的表现形式在不同教育阶段有不同的特点，但实践性学习始终是贯穿整个教育活动的一根红线。

（3）审美是教育的形而上境界

审美教育澄明了教育的形而上品格，是教育的最高境界。审美教育的形而上性质，使得审美教育可以引导学习者及其所造成的新时代冲破封闭的藩篱，超越旧的、有限的狭隘视域，向新的、无限开放的未来扩展。在对未来的不断扩展中，受过审美教育的人必然会按照美的规律自由地改造世界和塑造自我。真正的知识是浸润了个体之审美体验的知识，无论它是以文学、艺术、科学，抑或宗教作品等的形式存在。知识的审美本质也是生命的审美本质，生命创造的根本原动力正是来源于这种审美冲动。实践是人的实践，在实践过程中，人成就了自己的形象。这些形象或坚毅勇敢、仁爱智慧，或柔美多情、灵巧可爱，或温和善良、谦卑达观，等等。这些形象因其所蕴含的多重行为意味而令人敬仰、赞叹，心向往之，散发出熠熠光辉。这一充实、崇高之人格形象即是孟子所谓的大美，"充实之谓美，充实而有光辉之谓大"。人格美是最为重要的美，包含人格美的人的形象也是世界上最美的艺术作品。

（4）社会文化引领与审美改造的心脏是教育

从文化的角度讲，学校教育的重要价值在于它可以把人类改造自我和改造世界的实践经验进行文明的提炼和总结，以文化知识的形式固定下来，传递给新生的一代，使新生一代在文化的批判继承中有所领悟、有所创新，不断改善人类生存的文化和自然环境，赓续人类生命于无穷。实践教育哲学倡导经由个体的文化实践打通教育（学校）实践与社会实践之间的障碍和关节，把两者统一起来。把社会实践引入教育实践中，把教育实践植入社会实践中，双向用力，从做中学，从学中做。这样，家庭之改善、学校之变革、社会之改造，共同统一于个体的文化实践活动中。个体在这个系统中生长，其实践经验成为最有价值且无可替代的教育资源和教育生长点。同时，个体与个体之间，社会各组织、各部门之间，都会通过个体的文化实践而交流无碍，社会的政治、经济等事业皆从系统内部生长并获得持续更新的生命力，民主在实践中提升，财富在实践中增长。自然系统与社会系统同频共振，和谐共生。在这种情境下，大化流行，万物自动生长且趋善向美。世界成为有情的世界，宇宙成为有情的宇宙，人诗意地栖居在世界之中。

3. 课程与教学观

（1）当代课程观的转变及超越

美国当代课程论学者多尔（Doll）借"跑道"的隐喻指出，当代的课程已然成为一种动态的过程，课程学习犹如学习者在跑道上跑，其实质是经由学习者会话共同体建立起各种复杂性的关系。个体正是在这种复杂性的关系场域中习得知识和经验，逐渐发展和成熟起来。多尔形象地用 4R 表示了他的课程观，即 Richness（丰富性）、Recursion（回归性）、Relations（关联性）、Rigor（严密性）。多尔是在描绘一种已经逐渐转变了的新课程观，它的核心是由知识材料的记忆转变为知识过程的学习和体验。在教育哲学层面，它追问何种知识学习过程对个体发展真正具有价值和意义。在这个意义上，个体的发展与知识的建构合而为一。个体如何发展，知识就如何建构；个体发展到何处，知识就延伸到何处；个体形成什么个性，知识就成为何种性质的知识。所以，当代课程观的建构和发展仍要在多尔 4R 课程观的基础上再向前推进一步，走到人之生命实践的基点处，与广阔的生命实践建立起广泛实质的联系。

（2）新课程观的基本观点

新课程的逻辑起点是个体之生命实践活动，其关键点是围绕做事或活动建立起各种文化的联系。在课程实践场域中，个体内外兼修，上天入地，越古迈今，过去和未来一并在生命实践活动的场域中融汇起来。人始终挺立，成为课程聚集的核心。从教育逻辑上分析，出自人的关联的，便生发出文学、历史、哲学、宗教等的知识和生活；出自社会的交往的，便生发出伦理、政治、管理等的知识和生活；出自物的关系的，便生发出生产、技术、经济、物联网等的知识和生活；出自境的关照的，便生发出地理、环境、艺术、太空等的知识和生活；出自数的演化的，便生发出科幻、计算、虚拟、大数据等的知识和生活，如此等等。总括这所有的关系及其全部的知识和生活，人之生命与宇宙之生命间便会相互开放和感通，信息交流无碍，渐进于民胞物与，万物一体，共同演进以趋无限的审美之境。这正是实践的课程观的大视野、大境界。

（3）教学方法的性质

兴趣是自主发展的生命实践活动所固有的。真正的教学就是要努力保持和扩展内在于生命本身的这一固有兴趣，而不是泯灭它。有了兴趣的洗礼，生命实践才是灵活且满含灵性的，万事万物才会秩序井然，理性由此而生，情感由此而充沛丰盈；有了兴趣的参与，生命实践才不会枯竭，意志由此而彰显，生命之律动由此而满含乐感。陶醉于生命本身，愉悦而不含功利，即是审美，知识的学习也即成为一种知识教育的审美实践。这样，个体之建构的知识系统与生命本身和合为一有机的整体，所形成的文化知识宇宙必定是包含审美因素于自身，成为一种审美的存在。这是教育的化境，也是教学方法的化境。此种教育之化境的形成除了真正的兴趣，尚需要另一种元素，即想象力的参与方始可能。想象力是人之生命实践活动中始终伴随兴趣的一种重要能力。如果说兴趣是生命实践的定向与集中，想象则是生命实践的扩展与实验。想象有两个重要特点：一是它的创造性，即把出场的东西和未出场的东西综合为一个整体的能力，这有点类似于格式塔心理学之心理整体构造能力，可以把点连成面，看到分散的线条组成的图形会辨认为杯子等；另一是它的共时性，即只有在想象里才能打破时间的限制，过去现在未来同时在场，完美地实现生命实践活动。创造性包含了空间性，与时间性一起构成生命实践活动发生的时空结构。没有这样一个时空结构，教育如何发生，生命何以有为，尤其是何以诗意的有为？！因此，富有意义的教学要善于激扬学习者的想象力，使教学在无限想象的时空界里充满实践智慧，进而引导生命醉心于创造和自主繁荣生长。

4. 以教师为志业

（1）教师志业的当代维度

首先，笃定教育信仰，爱满天下。要反对借教育情感把知识实践庸俗化为一种简单的快乐主义。要从儿童教育阶段起就自觉地培养人的勇敢品质，直至成年时期他们可以拥有知识求索的意志和对科学实验的坚守。在教育中也要切忌用庸俗的快乐主义窄化和矮化教育主题，对受教育者实施一种低于其心智发展水平的弱智化或反智化教育，必将是对教育的犯罪，一种康德意义上的"违反人性的犯罪行为"。

其次，以人为本，为国育才。爱生是因为识人。以教育为志业的教师必定是深刻理解了人之本质的教师。教育一方面要自觉强化民族国家观念和价值，服务国家发展战略，凝聚民族文化意识和精神。另一方面要主动培育全球化观念和价值，服务全球共同利益，凝聚世界意识和世界精神，为建造"美美与共，天下大同"的多元化人类命运共同体而奋斗。

最后，追随教育真理，开辟教育实践。教育真理出自教育实践，是具体教育经验的普遍理论性提炼，也必然在新的教育实践中得到验证、扩展和丰富。这样，教育真理和教育实践之间便建立了共生共在的天然联系。拥抱教育真理的教育者必然对教育实践抱有无限的热情，勇于开辟新的教育实践。这是教育真理的本性使然，也是以教育为志业的教育者的使命所在。教育具有一定的稳定性和恒常性，这是文化硬核之延续的惯性，时常也是民族文化精神之核心品质的反映。虽然如此，教育实践的求新却是与教育实践的惯性共同构成了教育实践之一体两面的存在，也是教育实践本身所固有的。

（2）一流教师的生成路径

首先，教师需要加强教育理论的研修。具体包括，在现实的政治生活中修习教育，在广阔的社会实践中理解教育，在科学技术的发展中革新教育，在深刻的哲学运思中叩问教育，在清醒的自我意识中完善教育，在人类命运的沉浮中创新教育，等等。

其次，教师的生成需要在教育实践中淬炼。具体内容如下：一是"兴于诗"——审美引导。人因景而生情，由情而生理。情成为学习发生的重要心理意愿。教育始于诗，兴观群怨，激扬情志；成于乐，自由创造，继善成性。诗乐之发生皆需要环境，要么是自然之景，要么是人文之景。大凡教育之景，虽属自然，多添加了人文的痕迹。无论是现实发生的实写还是理想之建构的虚写，伴之以春风徐徐或者悦耳之音乐，无疑已经成为教育发生的美丽场域。置身于此美的教育场域之中，情景理融为一体，心情自由而舒畅，情志自然而生长，教育的诗性与人的诗性在本质上和合为一。二是"樊迟从游"——师生相知。良好的师生关系是相知而从游。知必从游，游必相知。不相知，学习者便无法排除万难主动游学于圣人之门下。

古今中外教育史上，学生从游于师者之门的故事比比皆是。相知而从游是理想的第一流师生关系的常态。师生相知而共习，共习而上升，结成从游的学习实践共同体，成为社会文化发展的胚胎。从游相知之深，往往得学习之奥妙。三是"吾与点也"：志趣激发。人之学习贵在立志。俗谚讲，有志者事竟成。孔子十五岁立志于学，经由长期的修养，终成一代人师。志向可以集中学习者的意志力和兴趣，给予学习活动以持久不息的动力和目标，促使学习者攻坚克难，进步不止。虽有艰辛，却可苦中求乐。有了学习的意愿和师生之相知，再辅之以学习者的志趣，学习便犹如春天之禾苗，勃然兴起而无所阻碍。

5. 教育真理

（1）人是文化的存在者

首先，弗洛伊德（Freud）和荣格（Jung）揭示了人类文化意识的秘密，即我、意识与宇宙一体同在。无意识的内容已经不再只是消极的本能和负面生活经验的压抑，而是同时包含了人类文明的历史经验，成为个体融入社会和世界的积极凭借力量。其次，人类文化心理结构的遗传和积淀决定了教育的指向。意识（心理）的历史人类学来源也就是文化的来源。人的发展就是在生活经验中不断丰富自己的文化意识，同时自觉把自己的文化意识与集体（人类）的文化意识建立有效联系，使其富有价值和意义。从这个意义上讲，教育是人之文化意识的持续不断的丰富和扩展。在教育实践的作用下，人类的"文化心理结构"被有意识地加以训练和传承。由是，人作为人而存在于人类文化世界之中。再次，人性即是文化性。人的文化性至少包含了宇宙、自然、身体和意识四个层面。在生命实践活动中，个体经由身体—机体在心理（意识）功能的作用下理解物质的世界（天和地及其万物的世界），其结果是构建了文化知识的系统。文化具有能动的反作用，它反作用于身体、意识、自然和宇宙及其相互之间的关系。所谓教育，就是经由知识的学习，引导个体在宇宙、自然、身体、意识和文化之间建立有机的关系，寻找其原理和规律，生成个体之自由创造的人性，下学上达，进入无限之畛域。最后，人类的文化生命实践决定了教育的内涵。人能够超越物质生命而入于精神存在、人能够超越自我局囿而入于人类意识、人能够超越有限存在而入于无限。

（2）教育的人性本原结构

教育是实现人性无限完满的有效途径。在世界史的教育轴心时代，人类经由教育形塑了包含道、仁、理念和无限四个要素的人性（文化）基本结构。道、仁、理念和无限这四个人性的本原要素源于教育实践的培育，并经由教育实践而扩展和绵延。理念探索的是物之性，表现为真；仁探索的是人之性，表现为善；道探索的是自然之性，表现为美。美是真善的和合，也是真善的皈依。无限则是真善美得以运转和实现的永恒时空。道之纯净虚灵，仁之温润如玉，理念之明确合规，皆在学习中为人之心灵所理解和把握，它们指引着作为万物之灵的人类在无限之敬畏和深邃的生命体验中觉知善的大化流行和美的敬畏深邃，思考万物一体之存在命运，这正是教育真理所澄明的教育的最高境界。

（3）建设美丽心世界

包含道、仁、理念和无限四个要素的人性（文化）基本结构经由教育实践具体化生为作用于他人的仁心、作用于外物的匠心、作用于社会的公心和作用于自我心灵的审美之心。四心在生命的自由审美陶冶和无限解放之实践中又和合扩展而成为天地之心，引导着人们走向无限的文化创生之境。未来的教育必会借助它所创造的技术和文化知识的宇宙，经由仁心的演进，发挥推及思维和境界思维两种人类之优良思维方式，突破时空和民族国家的限制，也突破地方知识的限制，联合各种可资利用的教育力量，着眼于人类命运共同体建设，在课程和教学实践中增加国际交流与合作的内容，在不同文化之间架起相互交流、理解和认同的友谊之桥，为世界立心，培养有世界担当意识、有世界视野和胸怀，勇于参与人类世界实践的新人，进而开辟出一条人类共生共存、健康和谐发展、走向人类之大同世界的美丽路径。

（二）大学的时代特征

1. 新时代的大学世界精神

（1）人类命运共同体建设的世界愿景

党和国家领导人多方位诠释的"人类命运共同体"思想，主要由"人类共同精神""人类共同价值"准则和"人类共同利益"愿景三部分构成。"人类共同精神"，是指民族与民族、国家与国家之间的"平等互信、包容互鉴、合作共赢的精神"；"人类共同价值"准则，即是国际社会"和平、发展、合作、共赢"的原则；"人类共同利益"愿景，被描绘为共同建设一个"持久和平、普遍安全、共同繁荣、开放包容、清洁美丽"的世界。

（2）大学的世界性基因传承

首先，大学一词从Universus译来，其词根Universus含有"普遍""整个""世界""宇宙"等本义，无意之间展示出University的超时空取向和普遍性诉求。所以，超越性和普遍主义，构成大学的内在精神气质。大学这一内在精神气质向外释放，必然生成世界性、全球性和国际性的人类视野和人类愿景。大学的世界性，是指大学虽然诞生于某一地域和国家，但它必须以世界性的基本方式而存在。

其次，大学的根本职能是培养人，其职能演变由早期单一的培养人向培养人和人才、科学研究并重再到培养人和人才、科学研究、服务社会三位一体方向展开。诞生于中世纪的大学，为大学设定了直到今天仍然贯彻其中的奠基性知识体系，即"文法、修辞、逻辑、算术、几何、天文、音乐"七科，史称"文理七科"，亦曰"自由七艺"，这是培养人的基本知识体系，也是现代大学教育的奠基性知识内容。

再次，大学经历了由小到大、由简单到复杂、由现实到虚拟的裂变重生的过程。这一过程展开为由纽曼（J.H.C.Newman）所描述的僧侣式村庄性大学，弗莱克斯纳（Flexner）所描述的城镇化阶段的大学，克尔（Kerr）所描述的多元化巨型大学即都市化大学，直到当今正处于发展进程之中的交互式（interversity）大学、无边界的虚拟性大学，等等。大学的世界性联系和趋同性特征日趋凸显。

最后，大学具有共同的组织特征。非营利性是大学组织的性质特征，利益相关者是大学组织的产权特征，模糊性是大学组织的目标特征，二元权力结构是大学组织的权力特征，教师的"双重忠诚"（dual loyalties）是大学组织的人员特征，趋同性是大学组织的制度特征，连带性是大学组织的产品特征，复杂性和多样性是大学组织的管理特征，非进步性与成本最大化性是大学组织的技术特征，继承与创新相统一是大学组织的文化特征。等等。

（3）大学助推人类命运共同体建设的必然选择

首先，是世界发展大势所趋。全球治理需要中国贡献大智慧。当今中国应该在人类命运共同体理念的指引下，以宽广宏大的视野和顽强卓越的意志力，充分发挥各方面的主动性、能动性和创造性的优势，智慧地将中国问题与世界问题嫁接，将中国梦与和平繁荣的世界梦并联，为实现中国梦聚力，为实现世界梦导航。

其次，是大国崛起的经验。世界大国崛起的历史表明，国家的强盛依赖于其大学的强盛。哪里是世界大学的中心，哪里就是世界的科技中心，世界的强国。在中华民族实现伟大复兴的"中国梦"和"构建人类命运共同体"的历史进程中，中国大学既责无旁贷，更要成为这个伟大时代的奋斗者、创新者、思想者！

再次，是大学发展的历史。大学的发展史是一部人类命运共同体的建构史。大学是人类智慧的花朵和学者的精神家园。无论是哪个国家还是哪个时代的大学，均肩负起了令人类共同神往的高贵品格和不朽的精神气质，这些构成了人类共同价值的核心内容。

最后，是大学"构建人类命运共同体"的新使命。大学作为具有共同体的历史渊源又根植于本民族历史和文化传统的组织，天然地具有推动人类社会沿着共同的目标前行的基础、条件和实力。所以世界各国的大学理应在"构建人类命运共同体"的漫漫征途中，当好开路先锋，发挥中流砥柱的作用。

2. 大学的时代担当与责任

（1）大学的伟大愿景

首先，为人类共同愿景打下坚实的精神基础。大学必须坚守和发展以"客观的依据、理性的怀疑、多元的思考、平权的争论、实践的检验、宽容的激励"为基本内涵的科学精神，必须坚守和发展以"独立存在、自由生存、平等尊重、限度生存、博爱慈悲"为基本内涵的人文精神，将培养人"自由的心灵、自由的意志、自由的思考、自由的探索、自由的表达"作为所有的大学人的共同的利益诉求。

其次，着力于人类共同价值观的奠基教育。推动人类命运共同体的构建，必须形成全人类共同的价值观，这是人类共存在、同发展的奠基石。

最后，全面打造人类共同利益准则和全面培养人类共同利益精神。人类共同的发展目标，是建设一个"持久和平、普遍安全、共同繁荣、开放包容、清洁美丽的世界"，这是人类共同的利益所在。世界各国大学一旦联合起来协同攻关，人类共同利益准则和共同利益精神就会在大学这个世界联盟里落地生根，世界各国也会因为大学联盟的如上努力而逐渐凝聚成为一个利益共同体，共同存在、共享发展、共建人类新文明。

（2）大学的两类具体目标

首先，是经由文化教育和传播构建平等与自由的国际政治环境，教育传播自由的伦理准则和打造平等的人权观与主权观。

其次，是教育弘扬共同的人文精神，为人类探索天道提供理性支持、为人类的关系理性提供情感基础、成为构建顺应天道的人为世界的重要实践者。

（3）大学使命的历史赓续

首先，中世纪的大学知识教育拥有共同的目的、共同的语言、共同的内容和方法，这些体现出了大学的人类学象征。大学在诞生之初虽仅局限于欧洲的一些狭小地区，散落于几个日渐复兴的城市，但是它已经从目的、语言、知识和方法等诸个方面，经由学术和教育在无意间开启了助推人类文明命运共同体构建的实践进程，显示出世界性的抱负和视野，成为象征意义上的国际社区。

其次，近现代的大学塑造了民主科学的共同价值观，即大学诞生了科学和人文理性、塑造了民主的价值观与世界观。从历史发展的角度，大学的诞生原本是宗教世界为其世俗化、大众化、普世化发展所开辟的一种偶然的可能性，但却为大学自身走向世界确立了现实性，更为世界走向现代提供了知识的基础、认知的来源和前进的动力。

最后，现当代的大学探索创造了人类共存的文化意识宇宙，它包含民族文化意识和人类文化意识两个方面。文化意识宇宙，是民族化存在的人，基于特定的地缘结构而不断探索建构起来的既在不变中革新变的力量、又在变中保持不变因素的精神实体，这一精神实体融进了个人的、时代的、历史的以及未来想望等方面的所有因素，最终通过民族文化意识和人类文化意识而互为彰显，并发挥其整体驱动功能。

（4）大学助推人类命运共同体构建的两种动力源

首先，以构建人类文化意识宇宙推动人类命运共同体的建设。探索、创造知识，之所以构成大学的使命，这源于知识和大学的自我规定。知识是被创造的，而创造知识的思维工具和表达手段是语言。语言构成了知识的形态学方式。

其次，以知识育人实践推动人类命运共同体的建设。大学自中世纪诞生以来就在以知识育人实践发展人类命运共同体，传播人类共同价值以适应时代需求。

（三）地方本科大学国际化的目标

1. 大学的基本实践方式

大学具有开拓创新人类文化意识宇宙的先行性，实是大学本身赋予自身的职责。大学以探索、创造知识为使命，以通过培养学生的知识实践为基本方式，以弘扬科学精神和人文理性为根本任务本身决定了大学的世界性、国际性和人类取向。大学的世界性、国际性和人类取向，使大学始终扎根历史、立足现实而诉诸未来。所以,"大学的任务就是创造未来"。它需要遵从人类命运共同体构建的历史号召,从人才培养、科学研究、服务社会、文化传承创新和国际交流合作等五大职能出发,自觉承担起促进人类命运共同体构建的伟大使命。

（1）以科学精神和人文理性培养人类进步事业的新人

人才培养是大学的基本任务,党的十九大报告提出"优先发展教育事业",必须"落实立德树人的根本任务",其目标是"培养德智体美全面发展的社会主义建设者和接班人"。肩负创造未来的中国大学,在新时代理当以更加负责任的理性态度积极回应这一时代赋予的历史重托,发挥大学人才培养的优势,把人才培养的目标教学设计向外扩展,着力开展"和平、发展,公平、正义、民主、自由"的共同价值观教育；开展民族、国家多元价值的理解教育；开展全球公民的责任意识教育；开展人与自然和谐共生的生态文明教育,培养能够承担世界健康和谐发展之大任的世界性优秀人才。

（2）以探索创造新知解决人类发展进程中的认知难题

探索、创造知识既是大学立身之根本,更是民族文化进步的源泉。探索、创造知识是以学术活动的方式展开,其不断创新的成果构成大学教育的知识基础。大学致力于人才培养和真理的发明与传播,以服务国家和人类。大学当在新时代中国特色社会主义思想的引领下,胸怀做世界一流学术的大视野大格局,磨砺心志,潜心问学,上下求索,努力创造,以不负时代重托和世界责任。大学探索、创造、传播人类知识,除了必须具有民族国家的抱负,还应该具有世界的抱负。知识的无国界性发展,以及人们实践问题的全球化性质,客观上要求大学探索、创造知识的学术活动和运用、传播知识的教育活动应该超越民族边界,着眼于人类发展进程中的共同难题和共有困境,把新的文化知识创新立于全球实践的基点上,为其贡献智慧,以引领人类世界向善美之境演进。

（3）以更开放的姿态服务民族国家和人类命运共同体建设

一方面,大学意识到没有民族智识的积累,国家终将在国际竞争中处于劣势，落入被淘汰的历史宿命，故而它们努力服务民族国家的战略定位和现实发展需要，为其繁荣强盛提供文化的软实力和解决问题的智慧方案。另一方面，它们又在探索、创造知识和运用、传播知识的过程中，承续和发展体现大学本源性动力的人类关怀精神，主动面向国际社会，展开科学的探索和新知识的创造，为人类未来的大同世界福祉积累所需的智识资源。面对更加纷繁复杂的国际环境，以及更加严峻的反人类文明之事件并未消弭的未来情景，大学要主动承担服务国际社会发展的时代责任。联合世界顶尖级的大学，积极探索和构建涉及全球政治、经济、文化、生态、科技、安全、教育等重要因素和指标的人类命运共同体构建进程排行榜，促进全球社会发展的共同善及其治理方案的建设，避免反人类反文明的事件发生，为人类文明发展再次指明方向。

（4）以返本开新中华文明实现美美与共的卓越

当前这伟大的时代，中国教育迎来了新的发展春天，大学更应该发扬优良传统，集聚其强大的文化生命力投入人类命运共同体建设的伟大事业中去，发挥光大中华文化"民胞物与""万有相通""天下为公""大同世界"等优秀精神元素，使其在世界新文明的塑造中"贞下起元"，达向卓越之境。同时，作为文化化身的大学自然要在立足本土文化的基础上，将其文化思想精神的筋脉伸展到全球社区的天空，超越狭隘偏激的"文明冲突"论和"文明优越"论，倡导"各美其美、美美与共"的文化发展观，联合世界各国的大学致力于建设人类文化命运共同体，在服务世界文化建设的大道上走向自我卓越。

（5）以坚定文化自信加大国际文化交流合作

一方面，文化自信首先是对本民族文化的深刻理解、认可和信仰。这一质朴的理解、认可和信仰却是建立在对本民族历史实践经验的尊重、现实实践经验的体认和未来实践经验的把握基础上的。另一方面，文化自信也是在文明的比较中凸显出来的。文化自信构成文化、精神和思想展开国际交流的主体前提和心理基础，文化、精神、思想的国际交流，既构成文化自信的呈现方式，又成为文化自信的有机内容，更张扬文化自信的必然发展逻辑。做到文化自信，中国大学才能在国际交流合作中表现出主体意识，提出富有建设性的中国方案。

2. 地方本科大学国际化的人文目标

（1）大学教育的古老使命

自由教育的产生、演变以及在现代发展的历史和事实，反映出高等教育关于人本身的追求。古希腊时期，自由教育负有为城邦培养自由人的职责，而城邦的建设又是为了成就人最高的善，即理智德性。人的理性或理智的发展既是自由教育的直接结果，也是自由教育通过塑造良好生活而产生的间接结果。理性或理智是人所追求的最高的善，是关于人自身的价值需求。自由教育直接和间接的目的都在谋求以理性或理智为核心的"人文性目标"。虽然中世纪大学的诞生以社会的实用性需求为发力点，但却是以人类理性发展的程度和需求为前提。自由教育关于人自身价值的追求与实践方式成为中世纪大学教育的重要组成部分。在18世纪末，社会环境的变迁促使大学革新对自己的认识并推行了系列的改革，从而导致大学教育的变化。自由教育与职业教育之间的壁垒消失于"整全人"的发展需求中。大学教育在对自由教育的扬弃中形成了通识教育。综上，一方面，源于自由教育的人文追求随着中世纪大学的诞生就扎根于大学教育，并成为大学实现其他价值目标的基础；另一方面，理性是大学教育人文追求的一项重要内容，但并不是唯一的，随着人类社会的现代化，一切构成人内在素养的品质都成了这一人文追求的内容，综合起来说就是培养民主社会的自由人。

（2）提升精神生命质量的人文追求

中世纪的大学在诞生时就表现出一种人文追求，这种人文追求的本质是提升人的精神生命质量。从人的生命历程看，提升人的精神生命质量就是要从人的生命深处唤起他沉睡的自我意识、生命意识，促进其价值观、生命感、创造力的觉醒，以实现自我生命意义的自由自觉的建构。在构建人类命运共同体的新时代，提升精神生命质量的人文追求就是促使学生实现个人理性与关系理性的统一，即个体自觉地重构符合人类共同需要的价值体系，并据此重组自己的必然世界，进而形成普惠性的实践方式以实现生命的意义。推动人类命运共同体的构建是由大学教育自身规律所决定的时代使命，而非外部施加的额外目标。因此，大学教育推动人类命运共同体的构建，本质上是大学教育自身客观规律的表现，即提升人的精神生命质量的文化实践活动。

（3）新时代对大学教育提出的人文目标

大学教育在提升人的精神生命质量时，表现出人对精神生命的自觉构建与精神生命自发律动的矛盾。在推动人类命运共同体构建的过程中，它具体表现为：首先，使个体从盲目为我的意识与竞争思维中解放出来；其次，帮助个体自觉地重构符合人类共同需要的价值体系，并据此重组自己的必然世界，从而形成普惠性的实践方式以实现生命的意义。据此，大学教育推动人类命运共同体构建的实践应包含三个方面：从自发到自为的精神自觉、存在自由、精神自觉与存在自由间的良性互动。首先，从自发到自为的精神自觉是大学教育推动人类命运共同体构建要实现的必要前提；其次，存在自由是大学教育推动人类命运共同体构建的实践目标；最后，精神自觉与存在自由间的良性互动是大学教育推动人类命运共同体构建的机理。必要前提、实践目标以及两者间良性互动，使大学教育对精神生命质量的提升处在持续发生的状态，从而保证人的发展始终与时代文化同步。大学面临的任务就是要通过精神生命质量的提升，使学生达到精神自觉，以人的存在自由为目标参加实践活动，在精神自觉与存在自由的良性互动中推动人类社会的进步。

3. 地方本科大学国际化的世界性目标

（1）大学要推动人类普遍知识的增长

知识的无限扩展性和无国界性，决定了大学发展的无边界性和国际性，国际化正是大学无边界性发展之一种常态。具体说来，可以从三个角度分而谈之。

第一，从大学作为一种高等教育形式看，国际化实践要求有国际双向流动的教师和学生，有渗透全球文化意识和内容的国际化教材，有符合国际通行标准的高等教育质量科学评价体系，等等。

第二，从大学作为一种研究高深学问的专门性学术组织的职能看，国际化实践客观上要求大学的教学、科研、社会服务和文化传承创新等方面具有全球协同创新的意识和能力，它要能够理性全面地思考和应对全球难题，提出问题解决的全球化思路和方案。尤其是，它要面向人类发展的未来命运，主动参与关乎人类未来发展的新文明的协同创造。

第三，从大学的育人本质看，国际化实践要求大学主动承担国际化责任，积极参与到国际性的教学、科研和服务之中，经由各种国际合作活动，增强育人的国际化维度和内容，培养具有全球意识和国际视野、能够解决全球问题、具有全球伦理和责任担当的新人。

（2）大学要建构地方本科大学国际化的思想理论

首先，另辟蹊径，搭建资源型国际化学术平台。地方本科大学则需要认清自身的条件和回顾以往的优秀教育传统，另辟蹊径，错位发展，结合本区域内的自然、产业、人文和社会的诸种现实资源，着眼于实际应用，以具体的问题解决和技术性方案设计为指向，建设资源依托型学术科研平台，吸引人才，培养学生，集中优势资源，努力做出优秀的科研成果。以此为依托，创造条件鼓励平台的科研人员首先国际化，并在实践中积累国际化的成功经验，逐步开拓和扩大国际化的交往空间，实现学校的跨越式创新发展。

其次，要实现各美其美，夯实大学国际化的本土基础。地方本科大学对地方的文化引领，不是相对于地方以一种虚假的高姿态式的从外部、从高处对地方进行引领。相反，地方本科大学的引领是直接进入地方、融入地方、和地方一体化，成为一个生生不息的有机整体，进而在其地方文化土壤的内部进行学术文化的创造，在创造中引领，在引领中创造。这是一种参与式的实践引领，是一种平等的对话式引领，更是一种文化的民主化引领。在这种引领中，基础性学理研究与应用性实践研究将不再悬隔，而是相互促发。地方社会与大学也将不再有所分别，一方凌驾于另一方之上，相互争斗。而是互相嵌入对方，一体共享发展，在相互的嵌入和融合中共创美好的未来。

最后，促进美美与共，创造互利共赢的国际化大学生态。地方本科大学的国际化要注意避免美化西方大学成就及其思想的单向度思维。中国是一个有着悠久文化教育传统的大国，作为中国高等教育系统的重要组成部分，地方本科大学同样继承和创新了这一优良传统。这些都需要地方本科大学的优秀学者团队在国际化背景中，积极主动地参与国际大学的发展与合作，开展双向的学术交流，创造互利共赢的国际化生态，主动向国际文化舞台展示，为人类文化的发展贡献中国大学的力量和中国文化的元素。

（3）大学要经由文化实践引领人类走向诗意之栖居

社会主义市场经济条件下的中国社会各级城市正在以开放、包容、共享的积极心态，主动回应市场需要，回应民生需求，进入了自觉发展的新阶段。它们着眼于建设美丽、个性、和谐，富有文化意蕴的宜人城市，努力挖掘城市的潜在资源和文化传统，打造城市的文化品牌，并积极向外拓展，开展国内外城市之间的文化交流和友谊交往。地方本科大学以此为自身的独特文化优势，通过学术创造和社会服务的本土化和国际化努力，主动融入城市发展的快车道，为城市发展注入持久的文化创造力和新的文化视野，与城市协同创造，建设生态宜人的美丽城市。

4. 地方本科大学国际化的地方性目标

（1）要凸显地方社会的区域性与特色性

地方本科大学国际化发展，既要立足自身办学实际特点，做好服务与引领地方区域经济社会发展，又要拥有国际视野与战略举措，坚持区域性定位和国际性发展并举，加深学校与外部环境的融合发展，以扩大开放来增创优势。同时，地方本科大学还要坚持全面系统与突出重点相结合，以推进事物的可持续发展。大学全面国际化要以实现既定的办学目标为准则，全方位整合优化相关的办学资源与力量，突出和打造自身的办学特色。国际化特色则努力要体现办学的取舍性与专一性，以打造办学亮点、形成比较优势与突出办学特色为目标，体现国际化发展的独特之处。

（2）要突出教育机构的组织性与协调性

在发展留学生教育、孔子学院与国际文化交流等方面，大学要以外事工作领导小组的科学规划与决策批准为统领，国际合作交流处（中心）与国际（教育）学院（少数大学成立的港澳事务办公室、孔子学院）在政府审批、管理体制、教育教学、学生管理与文化交流等方面组织运行，各相关教学科研单位要做好人才培养、师资队伍等方面的工作。

（3）要明晰地方内容实践的层级特性

地方本科大学国际化办学要制定差异化发展战略，利用有限的办学资源与条件，重在引入国外先进的、优质的教育资源，而不是过多地低水平向外输出教育资源。走教育资源输入和输出相结合的科学化发展道路。

（四）地方本科大学国际化的行动机制

1. 地方本科大学国际化的内涵

地方本科大学国际化是由大学所传承创新的知识的无限扩展本性决定的。其含义主要是指地方本科大学自身在存在和发展过程中所自觉拥有的一种国际化立场，在该种立场下所积极谋求的国际化实践，以及在国际化实践中所主动建构的国际化意识和国际化身份。国际化的立场、实践和身份，是一所地方本科大学国际化的标志性要素。在地性国际化是地方本科大学国际化发展的科学方案。在地性表明大学的整个组织以学科建设和专业发展为依托，充分发挥育人和科研优势，凭借知识力量与政府合作，与产业和社会事业相对接，形成实践价值取向的学科专业集群，引智入企和引企入智相结合，知识与实践相互转化，为其归属地的经济社会发展提供人才、观念和技术支撑，创造持续繁荣发展的产业地带和智慧地带，形成智慧之城和产业之城双城一体互动有机发展的良好局面。国际化指的是与在地性发展同步，地方本科大学因势利导借助国家和所属城市区域的开放性优惠政策积极谋求国际化资源，创造条件和搭建各种知识平台与国际高等教育之间展开教学、科研、服务、文化等全方位的交流合作，全面提升自身的国际化水平和立德树人能力，积极参与全球治理实践，为人类和平发展的永恒福祉贡献智慧。在地性国际化方案具体包括四个有机一体的实践路径：城校合作、开放发展；服务乡村、生态共享；产教协创、制胜全球；文化融合、命运与共。

2. 地方本科大学国际化的内在矛盾

首先，是城市发展的特殊需要与世界发展的普遍需要间的矛盾。地方本科大学所归属的城市普遍为非中心城市，其参与国际交往的意识和能力相对不足。随着新一轮科技的发展，世界正在成为一个相互交织、彼此关联、共存共在、祸福与共的地球村。地方本科大学国际化有责任也有能力成为城市发展融入世界发展潮流的文明使者，在满足本土城市发展需要的同时，推动本土城市的国际化。

其次，是本土价值与世界的共同价值之间的矛盾。地方本科大学作为地方经济社会文化发展的中心，承载着为地方发展服务的重任。从横向的空间维度来看，现代大学既具有地域性，又具有普遍性，是地域性与普遍性的逻辑统一。在当今弘扬地方文化价值以平衡欧洲中心主义的时代潮流中，纯粹的文化形式难以保留其原生与本真的状态，如何辨析和衡量大学的地方性价值与普遍性价值之关系成为大学发展之辩证关系，不唯是跨越时间性或历史性差异的难题，也是特殊文化立场的普遍转换问题。

最后，是多样化与同质化之间的矛盾。地方本科大学的多样化形态表现在三个方面：其一，它的专业设置符合地方产业结构的特征；其二，它的科学研究以地方社会的发展为指向；其三，它的发展所需的资源配置呈多样化。地方本科大学的多样化表现出了自身的三点不足：一是实用追求有余，求真追求不足；二是在人才培养上技术理性发展有余，人文精神发展不足；三是发展的实践经验灵活性有余，而普遍性不足。它们决定了地方本科大学需走国际化道路，第一，大学的国际化为地方本科大学提供了发展的一般逻辑；第二，大学的国际化为地方本科大学提供了共同的知识财富，使其开展应用研究有了认识上的保障；第三，大学的国际化为地方本科大学参与国际对话提供了基本的话语规范。然而，国际化又给地方本科大学带来了同质化的结果：其一，地方本科大学对知名大学发展路径的复制，使自身发展丧失了创造力，出现了路径依赖；其二，地方本科大学对基本话语规范的内化，使自身发展出现了削足适履的现象；其三，地方本科大学无批判性地吸收国际人文精神，致使培养出的人才失去了地域特性，弱化了立德树人的根本教育宗旨。

3. 地方本科大学国际化的行动原则

（1）行为的目标与举措相统一原则

从管理学上讲，某一行动的有效开展，需要目标的科学指引，以便明确行动的方向，并适时通过实践反馈，及时修正发展目标。地方本科大学国际化作为实现现代大学职能与使命的一项重要管理活动，需要通过目标的科学指引，引领国际化行动的规划设计与实践举措，促进目标与举措的有效衔接。

（2）发展的过程与结果相统一原则

从马克思主义的哲学上讲，世界是永动变化的，事物发展是过程推进和结果产出交织循环前进的复合体。地方本科大学国际化的发展时刻处于运动变化中，既有持续推进与完善的过程形态，又有阶段性和终结性的成绩、经验、问题等形式的结果，需要我们对国际化过程与结果适时关注，更好地推进大学国际化进程。

（3）资源的外引与内驱相统一原则

从经济学上讲，资源作为重要的生产要素，是事物发展的前提和动力，它包括有形和无形两种形态，是人力、财力、物力、信息、文化、技术、思想、制度等各种要素的总称。地方本科大学国际化的有效推进，需要通过外引和内驱的方式从校内外和国内外获取必需的、有益的发展资源，并对这些有形和无形的资源进行优化配置，为大学国际化实践及其深入发展提供有效的资源保障。

（4）模式的借鉴与革新相统一原则

从组织学上讲，地方本科大学国际化发展过程中往往呈现不同的模式，既会形成成熟的、标准的、规范的国际化发展模式，为后进的、学习中的大学提供国际化发展的参照模板或有益借鉴；也会形成具有地域特点、一定特色的国际化发展模式，打造特色发展路径，促进大学国际化模式的多样化发展。然而，不同大学国际化模式的形成与发展，是大学之间相互借鉴与自我革新的结晶，实现了大学国际化模式立与破的变革。

（5）国家间的竞争与合作相统一原则

从公共关系学上讲，不同事物之间存在着单一和复杂的关系，需要通过关系调整获取自身发展所需的条件和资源，以促进自身的可持续发展。其中，竞争与合作是不同事物关系发展的基本表现形态，地方本科大学国际化实践和世界其他国家的大学之间必然是合作中有竞争，竞争中有合作，以实现取长补短、优胜劣汰和互利多赢的多种关系样态。

4. 地方本科大学国际化的行动机制

（1）地方本科大学国际化的行动本质

就学科知识并结合布迪厄的场域理论来看，地方本科大学国际化的行动，一方面要求地方本科大学要在本土环境中积极对学科范式进行实践以拓展学科范式的解释力度与范围，并将学术研究成果转化成社会发展的力量，增加本土社会民众的最终福祉，从而提升学科的声望。另一方面又要自觉通过这一实践将在本土场域中积累的学科知识与经验同国际学科场域中获得的前沿性和普遍性的学科知识与经验相互转换共生，从而提升和巩固地方本科大学在这两个场域中的位置与影响力。

（2）地方本科大学国际化的行动系统

该行动系统包含三个方面。首先是通过文化批判协调地方价值与世界共同价值间的矛盾冲突；其次是通过学科范式实践与学术转化促进地方社会和国际社会的共同发展；最后是通过培养国际化的师资力量推进学校国际化事业的发展。文化批判、学科范式实践与学术转化和师资建设以及三者之间的相互作用构成了地方本科大学国际化的行动机制。

（五）地方本科大学国际化的具体措施

1. 以知识实践塑造共在的人文精神

（1）培养文化理解以形成共在意识

首先，以批判思维为核心，对汇集于大学之内的优秀文化进行反思，在反思与批判中形成系统、开放的课程体系，保证课程的教育性与人文性。

其次，采用研究、探索、比较、辩论等开放的教学形式，突破传统的陈述性课程传递方式，促使学生主动构建课程体系的意义，达到培养学生批判性思维的目的。

最后，在上述两点的基础上，引导学生发现并内化人类的共同价值，根据自身特点形成特殊的价值需求，从而培养学生的学习和实践动机。

（2）培养理性自由以实现共在理性

一方面，以科学精神的培养贯穿教育的始末，促进学生系统地掌握基本科学规律，形成科学方法论、尊重科学事实的信念以及探索未知的愿望。

另一方面，将人文理性与科学精神相结合，将人化后的自然世界囊括进人的思想，经过系统处理后构成人内在的必然世界。

（3）培养创造性劳动素养以实现存在自由

首先，以人文理性作为专业素养的生长基点，使学生形成以主体性为核心的专业素养。

其次，以介于确定与不确定之间的高深学问培养学生探索未知的能力，为学生专业素养的变革提供能力与动机的保障。

最后，以大学为育人单位，拓宽学生宽广的就业口径，在职业中达至存在自由。

2. 发动组织变革推动大学发展

（1）坚持以人类命运共同体理念为指导

以人类命运共同体为理念，贯彻对话、尊重和包容的原则。国际交流合作既要超出政治和文化的狭隘国家立场指向普遍化，又要力图保持各国的传统和特色指向多元化，实现不同制度和文化的互学互鉴、相互包容、合作共赢和共同发展。在高校国际交流合作中既要保持平等性、自主性和民族性，又要尊重差异性，摆脱依赖性，避免西方化、美国化和同质化的潜在风险。增进不同国家和地区之间融合的广度和深度，促进文化的创新和发展。

（2）坚持以制度建设为机制保障

建立健全规制性制度。在国际交流合作成为高校新职能的背景下，地方本科大学要持续加大制度供给，提高自身的合法性地位。首先，因地制宜地制定本校国际交流合作的中长期发展战略，明确合作的理念、目标、范围、内容、措施、保障等，为国际交流合作提供指南。其次，结合实际创造开展国际交流合作的条件，从人力、物力等方面提供支持，保证交流的顺畅开展，如提供多元的交流项目、成立促进语言发展的协会、开设双语教学的课程、搭建介绍异国制度文化的平台等。最后，设立各类奖惩制度，明确奖惩条件和对象，完善效果评估机制等，增强自身的吸引力和对交流合作过程的规约性，提高国际交流合作的实效。

（3）坚持以底层变革策略为核心

首先，更新课程体系。为推动国际交流合作的深入开展，培养具有国际视野、精通国际规则、具备跨文化理解力和适应力、能够参与国际事务的全球公民等应成为课程的目标。

其次，充分利用在线教育。数字化时代的技术变革为国际交流合作提供了更广阔的发展空间，可以突破时空局限，扩大交流范围，为全面化和常态化提供了可能，尤其是 2020 年席卷全球的新冠肺炎疫情的暴发，更凸显了在线教育的必要性和重要性。

3. 以跨国联合办学培育全球性时代新人

（1）统筹中外合作办学机构与专业项目建设

中外合作办学是将国内外教育教学理念、资源与举措相互融通的结合体，中外合作办学机构与专业项目是推进高校国际化战略性谋划与系统性实施的重要载体，也是我国高校办学理念更新、教学改革、科研合作、科技创新、资源配置实施的有效平台。

（2）重视引入国外高校优质教育资源

高校办学国际化具有双向性和两面性，所谓双向性就是双方都有需要和意愿，所谓两面性就是通过合作达到或未能达到目标。寻找利益汇合点，实现互利共赢，应是高校实现国际合作办学的最终目标。

（3）加强合作办学专业项目规划与实践运行

要加强专业核心要素体系建设，结合国家和地方经济社会发展需要、国内外交叉学科专业与行业职业新兴发展领域的需求与趋势，以及高校自身的学科专业基础等，科学设置或调整中外合作办学机构与专业，打造新兴特色学科专业。既要加强经济社会发展需求的工学、经济学等学科专业建设，也要加强基础学科专业的合作办学，促进基础与应用学科专业的国际化发展，推进研究型与应用型等多元化人才培养、科学研究、社会服务等职能的实现，提升国际合作交流的层次和水平，提升我国高等教育的国际影响力和竞争力。

五、讨论和展望

（一）结果讨论

首先，本课题提出，实践教育哲学是地方本科大学国际化的教育哲学理论依据。

在国家提出建设"双一流"大学建设的背景下，在共建"一带一路"倡议政策推动的人类命运共同体建设的历史机遇下，地方本科大学被置于了高等教育国际化发展的浪潮之中，国际化实践成了其不可推卸的现实命运。与国内一流大学相比，地方本科大学在社会影响力、资源配置、学术能力和人才培养上均存在劣势，这限制了其国际化的认识和实践。本课题从大学的发展历史、大学的本质、地方本科大学的特殊位置等角度提出了实践教育哲学是地方本科大学国际化的理论依据，并进行了体系化的理论探索和构建。依据实践教育哲学，地方本科大学清晰地认识到了自身在构建人类命运共同体时代背景下的使命与担当。由是，地方本科大学的国际化实践便具有了坚强的理论支撑，具有了合法性和合理性。

其次，本课题提出，在地性国际化是地方本科大学国际化的科学方案。

在地性国际化是地方本科大学国际化的科学方案。在地性国际化由地方性和国际化两个词组成。在地性表明大学的整个组织以学科建设和专业发展为依托，充分发挥育人和科研优势，凭借知识力量与政府合作，与产业和社会事业相对接，形成实践价值取向的学科专业集群，引智入企和引企入智相结合，知识与实践相互转化，为其归属地的经济社会发展提供人才、观念和技术支撑，创造持续繁荣发展的产业地带和智慧地带，形成智慧之城和产业之城双城一体互动有机发展的良好局面。进一步地，国际化指的是与地方性发展同步，地方本科大学因势利导借助国家和所属城市区域的开放性优惠政策积极谋求国际化资源，创造条件和搭建各种知识平台与国际高等教育之间展开教学、科研、服务、文化等全方位的交流合作，全面提升自身的国际化水平和立德树人能力，积极参与全球治理实践，为人类和平发展的永恒福祉贡献智慧。在地性国际化方案不仅提出了可供操作的指导性具体路径，并且它也有效化解了地方本科大学国际化实践中所遭遇的本土化和国际化之间的各种矛盾和紧张，有效促进了地方本科大学国际化的实践进程。

最后，本课题指出，生态文明是地方本科大学国际化所推动建构的人类文明新愿景。

新文明的建设是大学的重要使命。地方本科大学国际化实践所推动的是一种指向未来的生态文明。生态文明是中国创造的一个概念，广义的生态文明与工业文明相对。就人及其社会关系讲，广义的生态文明概念表征的是人之精神世界与物质世界的和谐，以及人类世界多元共存的和谐，唯有生态的价值才有利于人的完整存在和人类世界的共生共在。万物的持存、创造、诗意、有机、和谐等是生态文明的基本义。可持续的生态存在观念及其生活方式理应成为未来人类世界的基本信仰。

党的十八大以来，中国的地方本科大学已经全面融入社会主义生态文明建设和助推全球人类命运共同体建构的伟大实践之中。社会主义的生态文明包含四个维度：其一是爱人利物、仁化宇宙的自然观。其二是与天地参、技法自然的技术观。其三是民胞物与、文化理解的人文观。其四是协和万邦、天下为公的政治观。这一生态文明的概念无疑应该成为全世界的大学共同遵守和努力建设的一种新文明形态。本课题坚信，富有诗意的生态文明时代一定会在世界各国大学的联合教育努力下成为现实。

（二）未来展望

首先，本课题虽然从地方本科大学国际化的内涵、行动机制、行动原则、行动措施做了深入的探讨，但是尚需要将来专门对地方本科大学国际化与人类命运共同体之间的关联给予系统的说明。其次，本课题从人文精神塑造、组织变革、跨国联合办学等方面提出了一些具体措施，仍需要对这些措施所受到的来自地方本科大学自身及其国际形势等主客观因素的影响进行研究。再次，本研究从场域理论的视角对地方本科大学国际化的行动机制进行了论证，但是地方本科大学国际化实践的场域较为复杂，仍需要更为深入细致地研究。最后，本课题的研究遭遇了复杂的时代形势，如新冠疫情严峻、地缘政治复杂、国家冲突升级、全球生态环境恶化等。这使得地方本科大学国际化实践遇到了重重障碍，如何借助智能赋能推进地方本科大学国际化，开辟新的教育国际化视阈，将是未来最为严重的挑战之一。我们诚挚地期望将来能够通过进一步的研究对中国地方本科大学国际化理论和实践作出微薄的贡献。

第一章　实践教育哲学纲要

　　从本体论上讲，大学教育是人之审慎的文化实践活动。教育实践包含于广义的社会实践之中，并且是整个社会实践的文化心脏。因此，一切真实的教育，不论是知识教育、道德教育、审美教育，还是信仰教育，都直接或间接发生于实践场域中，它的逻辑起点和归宿是人的实践活动，是经由（by/in）实践、为了（for）实践、属于（of）实践的。人的实践意识和行动能力的养成贯穿整个教育活动始终。以生命实践活动为出发点，知识教育实践化，生命体验审美化是实践教育哲学的一体两面。本体决定价值论和方法论。在价值论上，实践教育哲学所包含的实践是本体论、目的论和方法论合一意义上、标志人之本体存在及其教育方式的实践。在方法论上，实践教育哲学主要指的是一种新的教育哲学视野和教育哲学方法，借助这一方法，我们不仅可以确认近现代以来心理——理智主义教育传统的合理性及其伟大成果，更要揭示身体——实践主义取向的另一教育传统的合法性及其所蕴含的未来教育变革的革命性力量。实践教育哲学祈求，通过和合两种教育传统，澄明那亘古常新的教育真理。在教育真理的引领下，师生能够自觉主动地醉心于生命实践，建构一个富有价值和意义的世界。实践教育哲学从实践开始，在心处升华。立仁心以成人，立匠心以制造世界，立公心以服务社会，立美心以生命自由，统仁心、匠心、公心和美心而进至于宇宙之心，是实践教育哲学的大胸怀和大抱负。经由教育实践致力于心的建设，成就一个人人得以自由生长且享受幸福生命的美丽"心"世界，是实践教育哲学的终极价值诉求。

第1节 实践教育哲学要旨

实践教育哲学所包含的实践是本体论、目的论和方法论合一意义上标志人之本体存在及其教育方式的实践。就方法论而言，实践教育哲学主要指的是一种新的教育哲学视野和教育哲学方法。借助该方法，我们可以走进教育那神秘而又极富魅力的迷人视域：对教育实践问题进行批判和清思，思考教育、实践与人之存在之间的关系问题；对教育传统进行解蔽和再合法化；对亘古常新、永恒存在的教育真理进行澄明，展示作为复数概念的教育真理之多重面向和意蕴。徜徉于实践教育哲学中的教育者自我生发出教育实践智慧，挚爱教育智慧本身，以便能够更好地从事教育实践活动，与受教育者一道自觉提升和改善自身的生存状态，进而不断拓展人类之生存的可能性边界，终致"教育之发生——事件在自身中分娩出整个人类存在"。[①]

一、实践教育哲学的教育模式

实践性及其对教育实践问题的根本关注是实践教育哲学的基本品格。在一定的意义上，如果一种教育哲学不能对教育实践有积极的影响和改变，它的存在就是可疑的。教育理论和教育实践本来就是教育之道的一体两面，两者形成一个结构优良的结合体。道化为技，技升成道，大化流行，生生不息。基于此，我们试着提出一个实践教育哲学所澄明的教育模式，以便更

---

① ［德］罗姆巴赫：《作为生活结构的世界——结构存在论的问题与解答》，王俊译等校，上海书店出版社2009年版，第230页。

好地理解实践教育哲学和把握教育实践。

(一) 建立在实践中的新感受力的养成是新教育的逻辑起点

当我们把教育活动理解为广义的实践活动之一,或者认可教育活动是整个身体借助于手的操作与脑相互协同参与到学习和发展之中,与广阔的外部空间建立各种有机的联系,那么我们完全有理由讲,新感受力主要指在实践中通过做的形式或各种类型的动手操作活动而形成的学习者的一种感知世界的能力,它强调整个身体—机体对客观表象活动的整体参与。新感受力是一种将自我(包含作为机体与主体的身体)与表象活动融合为一的生命认知能力。学校教育是一种更加精致和审慎地实践活动,具有教育目的和设计的典型特征。学校外的实践则是教育实践的延伸和深化,除了具有教育性外——它的教育性取决于参与主体的自觉程度,还具有复杂性、真实性以及动态的不确定性等。两者相互协同和支撑,通过人之生命实践活动,在教育中融贯为一种连续的实践。新感受力则在这一有机的过程中形成。不唯如此,新感受力的形成同时也是学习者热情地拥抱世界和在实践中知觉世界的过程。在这一过程中,学习者与世界形成了亲切的关系,成为一个与世界相互包含的"人—世界"的机体—主体或超体:人成为世界的一部分——肉身的世界化;世界成为人的一部分——世界的肉身化。经由新感受力,可以脱掉传统认知建构主义至上的教育包裹在学习者身上由抽象思维层层编织的光鲜外衣,使学习者的身体—机体能够整体向世界敞开,在各种感觉中接触真实的、不是用先入为主的概念型构的虚假、观念的自然、宇宙和社会,从而能够面对和拥有真实世界本身。一种着眼于人之新感受力生成的教育形态会使学习者恢复对生活的感觉,整体地感受新的事物,"使石头显出石头的质感"[1]。当个体运用整个的身体—机体通过新感受力与外界之间互通信息的时候,他不仅会积极主动地加工这些信息,

---

[1] 《人类困境中的审美精神:哲人、诗人论美文选》,刘小枫主编,魏育青等译,东方出版中心1994年版,第632页。

在机体之外建构一个动态、物质、社会和时空的结构，而且他内在的心理结构以及身体—机体结构也同步生成。这些多元动态的结构和合于个体面向无限可能性的价值和意义结构，整个指向并不断提升个体的生存境界，进而个体可以自由且富有个性地去创造和享受，并在这种创造中成为受教育的人。

（二）有效的师生对话是新教育的主要教育方式

现代教育方式不论是"壶杯理论"[①]的知识传递从壶（教师）到杯（学生），还是"灌输理论"[②]的处于主动地位的教师向处于被动地位的学生进行知识灌输，皆是一种单向式的知识教育方式。这一方式从身心关系上用心压身，从理论与实践的关系中扬理论抑实践，在人与自然和宇宙的关系上强调人的权能意志，在伦理政治关系上把抽象的多数置于首要地位，忽视具体的个别性的价值，在师生关系上则容易养成威权和顺从的双重性人格，缺失了自由民主性格的生成。在对现代教育的反动和超越意义上，实践教育哲学指向的是一种后现代的教育哲学形态，从根本上改变了过去单向式的教育为双向互动的对话教育。在对话实践中，个体不仅是各个不同的，也是平等的，是不可替换的存在。他们在实践中结成教育实践共同体，身与心、理论与实践在生命的交往活动中成为不可分割的整体，通过人之尽善尽美的行为得以表征出来。有效的对话至少有四个特点：一是事态和情态的无限开放性。对话是自由的邀请，师生双方都真诚地向对方敞开心扉，在知识的交流和碰撞中寻求重叠共识与合理性差异，避免教师的专制对事态和情态发展的局限。二是对话主体具有自主的创造性。对话是知识支配下的个体之生命冒险活动，在真实的对话中没有人掌握绝对的真理，真理的发现是师生双方之创造力协同互动的结果。三是对话过程的增值性。对话的主体具有创造性，师生双方都把自己的人生经验和才智贡献于对话实

[①] ［美］罗杰斯：《罗杰斯著作精粹》，刘毅等译，中国人民大学出版社 2006 年版，第 279 页。
[②] Paulo Freire. *Pedagogy of the Oppressed*, New York: Penguin Books, 1996, p.52.

践中，这本身就是赋值的过程。同时，对话的过程还是一个相互交往的过程，每一个体的才智都融入其他个体的才智中，形成新的智慧和合体；四是对话结果的审美（自由）性。对话是一种灵魂的自我唤醒活动，在对话实践中，师生双方受到对话的感召徜徉于人类精神的海洋，体会人类事业的生生不息，超越人类个体生命之有限以及各种物质形态的桎梏，极力去拓展生命发展的自由视域和可能性边界。这种醉心于灵魂的愉悦，恰是一种美的经历和体验。

（三）教学做合一是新教育的具体操作之道

现代教育把"教""学""做"看作三件事，分设于不同的领域，"教"代表教师之教的领域，"学"代表学生学的领域，"做"代表"事"或行动的领域，知识就像水流一样，从教师到学生再到做事的人，单方向地流过。知识和人的关系是外在的，造成了人是知识的工具。走到极端，这种三分的现代教育方式就各自限隔，掉入抽象符号化的教育泥坑。实践教育哲学坚定地认为，"教学做是一件事，不是三件事。"[①]"'做学教'是一件事的三方面：对事讲是'做'；对自己的进步或退步讲是'学'；对别人的影响讲是'教'。"[②] 在真正的教育实践活动中，做是中心，做、学、教彼此交融，不能分离，共同服务于学生的自由发展。"最重要的教育方法总是鼓励学生去实际行动。这对于初学的儿童第一次学写字是如此，对于大学里快要毕业的博士研究生写博士学位论文也是如此，就是在简单地默记一首诗，写一篇作文，解释和翻译一段课文，解一道数学题目，或者进行体育运动训练，也都无不如此。"[③] 怀特海（Whitehead）也说，没有科学家仅仅是为了知道什么而去学习和研究。哪怕是抽象的几何学和力学的研究，也需要实践的参与，否

---

① 陶行知：《陶行知全集·第二卷》，华中师范学院教育科学研究所主编，湖南教育出版社1985年版，第42页。
② 陶行知：《陶行知教育文集》，胡晓风等主编，四川教育出版社2007年版，第215页。
③ ［美］爱因斯坦：《爱因斯坦文集：增补本·第三卷》，许良英等编译，商务印书馆2009年版，第171页。

则它们就会成为令人生厌的冗词赘语，或晦涩难懂的抽象符号。[①]具体讲来，教学做合一主要有两种运作思路。其一，把社会的各种活动和职业引入学校教育中，用知识加以诠释的形式进行学校知识教育。在这一路径上，甚至可以把学校教育办在现实的活动和职业场所，实现学校和市场的零距离接触，围绕具体的职业和技术活动开展知识教育。它的完整知识教育流程是"技术操作—知识原理—符号运演"。其二，把知识转化为实践中的各种社会活动和职业之经验或形式，进行知识教育。在这个路径上首先需要教育者和受教育者把人类之符号化的知识进行对应的、具体可以操作的实践技术转化（transformation），把符号加以技术表征，进而联系到具体的操作活动进行有效的学校教育。它的知识技术表征，或者讲在教育活动中所发生的实践是象征性的，是真实实践活动的模拟。它的知识教育阶段可以表述为"知识原理—技术操作—符号运演"。当然，上述两种思路可以根据不同的学龄阶段及不同的知识要求，延伸出各种灵活的具体操作方式。

（四）美的引导和规范是新教育的价值圭臬

"人也按照美的规律来构造"[②]，这是实践教育哲学的美学宣言。转化到具体的教育模式中，艺术和审美就成为实践教育的价值圭臬和评判标准。从根本上讲，美是个体的一种内在主观情感体验，一种对自己之真实生命本身的体验。当然，这一主观的精神状态不会独自发生，它需要外在的比照，需要某种活动的中介。当个体走进自然，与自然融为一体，所产生的醉心和陶冶等忘我状态，对自然之四季更替及万物之荣枯兴衰之悲壮而叹息；当个体与他人相处，得到群体认同和欣赏后的愉悦和激情，对人生事业与人之生死的关注；当个体仰望满天的星辰，对遥远天际的畅想、敬畏，由此产生的崇高与渺小之相待的生命体验等，都是美的表达。美的表达一定是个体的，但这种表达却通过生命实践活动植根于群体中。审美的动力是人

---

① A. N. Whitehead. *The Aims of Education*, New York: The Free Press, 1967, p.48.
② 马克思，恩格斯：《马克思恩格斯文集·第一卷》，中共中央马克思恩格斯列宁斯大林著作编译局编译，人民出版社 2009 年版，第 163 页。

类知识文明得以发生、形成和向前发展的第一推动力。一切真正的教育就是要明白无误地向个体澄明这一真实的审美教育过程，并通过知识和文化教育不断地生成个体的审美意识和审美素养，以使他们继续承担起文明之审美发展的重任。离开了审美的内在维度，教育就是异化的。所以，美的规范和引导是教育本质的内在要求。引导个体在群性中表达个性，在欣赏中学会享受，这是教育之美的第一层次。在实践中通过蕴含美的素质的知识教育，引导学习者进入精神的广阔境地，使其"借由精神的无限自由超越物质的桎梏和个体的渺小，以及自我的有限性，进入天人合一、万物一体共存的唯美境地，体验自然的神奇、宇宙的奥秘和人生的情趣，把自我之'充分、自由和全面的发展'植根于美的精神家园。"[1] 这是教育之美的最高境界和理想。就逻辑分析的意义，如果人之生命的诞生有两次，第一次是生物生命的诞生，那么在美的教育视域中，审美生命则是人之生命的第二次诞生，[2] 没有这一次的诞生，人将停留在物的生命圈中任由自然规则支配而进入无意识的循环，不唯真正的人无法生成，人类文明也将濒临日渐退化的危险。

二、实践教育哲学的教育真理观

从身份属性上，实践教育哲学属于哲学的形态之一，具有哲学的基本品性，即爱智慧。冯友兰说，哲学的功用是"无用之用"，并不在于增加积极的教育科学知识，而在于提升教育教学之人生境界。在其原初的意义上，境界即是不断向前拓展、融入无限的视域，哲学的功用就是从根本上给予这一视域以澄明。因此，实践教育哲学本分地守着一般哲学的智慧和界限，进行着本真教育的澄明。它不断从教育的内部澄明教育真理，达至教育真理的诸种历史和现实的可能性条件；它似一束光，烛亮教育的实践及其问

---

[1] 黄英杰：《什么是好的教育》，《今日教育》，2014年第5期第40页。
[2] 黄英杰：《我们时代的大学转型》，人民出版社2018年版，第52页。

题域，形成教育智慧和教育理性，给予本质教育的自由通道；它用全部的努力表达这样一种诉求：本真的教育是人的教育，如果脱离了人的视野和人的目的，一切教育都是反动、异化的。

（一）人之真理的教育

教育真理是永恒的，是亘古常新的，隐藏在教育实践的内部，随着教育实践的绵延而展开。经由实践教育哲学，可以澄明这一永恒的教育真理。教育是培养人的实践活动，所以，教育的真理也就是人的真理。在实践教育哲学看来，实践是标志人之本体存在的概念。我做，故我存在。人在实践中生成，以实践的方式，指向新的实践，实践与人之生命活动合而为一。人在实践中生成，就在实践中教；以实践的方式生成，就以实践的方式教；指向新的实践，就着眼于新的实践为了创新实践而教。在不同时代，人的真理具有不同的内涵和着重点，教育也就相应地表现为不同的实践品格。就教育实践而言，古代教育实践中所展示的是相对于动物性之人性的发现，也就是孟子所讲"人之所以异于禽兽者几希"的"几希"[1]，主要是一种道德的实践；近代教育则是相对于人的消泯于制度之中的个性的张扬，强调的是具有自由和创造个性的新人，是一种理性（又进一步转化为技术）的实践；当代教育出于技术对人性的压抑和改造而走向了欣赏和审美，展示的是人之审美人格，主要是一种审美实践。经过数千年的教育实践，人的真理终于得以完整呈现，并在一代代人身上反复生成。

（二）身体解放的教育

现代教育是心理——理智主义价值取向的，建立在身心二元论的教育哲学基石上。高扬人的精神和意识，压抑人的身体或肉身，是它的基本品性。纵然这一取向的教育发现了人的精神存在和思想力量，一如帕斯卡尔

---

[1] ［清］焦循：《孟子正义·下卷》，沈文倬点校，中华书局1987年版，第567页。

（Pascal）所说，人是一根能思考的苇草，思想是他全部的尊严，[①]尤其是当思想蕴含于行动中展示了巨大的变革社会力量。但它仍存在明显的问题，只要身体从教育场域中隐退，人的消失便是其逻辑的必然后果。身体是最美的艺术品，曾经出现在断臂的维纳斯、微笑的蒙娜丽莎等艺术作品中。实践教育哲学着眼于人之生存实践，竭力澄明与心理—理智主义教育传统相对立的另一传统——身体—实践主义传统。它向现代教育表明，身体和心理是和合在场的，一方的缺失将必然会取消另一方的存在。一种新的教育必须在身体—实践取向的教育价值指引下彻底解放学习者的身体，拓展教育的活动场域和学习边界，由此开拓出知识教育的新视域，即知识本身的有机化及知识作为"身体—机体"构成要素的机体化。而且知识的有机化和机体化是在身体实践活动中同时进行的，缺少任何一方都是知识教育的异化。

（三）天人合一的生态教育

实践教育哲学是从亲近自然开始的，一方面这是由现代心理—理智主义教育传统所导致的人与自然的疏离所决定的。原本与自然一体共在的人类由于与自然的疏离，导致了生态危机，危及了人类自身的生存。另一方面，这也是由人的自然本性所决定的。当个体面对自然的时候，他（她）会生出一种对待的意识，从而意识到自我的存在，以及我与自然的关系和在自然宇宙中的价值位序。"天无私覆，地无私载，日月无私明。"[②]大地、山川与河流，它们对于生命——所有的植物和动物——等的包容和涵养，对于各种无机物、有机物的无声承载，构成了人之德性修养的博大背景和无限想象的空间。下有江河湖海之深，上有日月星辰之高，这种种体验恰是人之德性修养并成型的自然基础，"恒有二者，余畏敬焉。位我上者，灿烂星空；道德律令，在我心中。（李泽厚译）"[③]离开了这一点，人之个性和社会性的修养必将难以达到应有的效果和高度。真正的教育既要引导受教

[①] ［法］帕斯卡尔：《思想录》，何兆武译，上海译文出版社2007年版，第144—145页。
[②] ［清］朱彬：《礼记训纂》，沈文倬，水渭松校点，浙江大学出版社2010年版，第740页。
[③] 李泽厚：《哲学纲要》，中华书局2015年版，第5页。

者敞开自己的身体，使身体的感官完全向自然开放，与自然展开充分的接触和交流，"与天地参"[①]。又要引导受教育者敞开自己的心灵，使得受教育者的心灵处于一种自由的状态，与自然展开富有思想的交流，认识自然的规律，"赞天地之化育"[②]。进而在生命的实践和体验中参悟万物一体之仁，达至仁化自然的新生态观。

（四）澄明人性的类教育

从根本上讲，教育的本质在于澄明人性。借用康德（Kant）的话，教育是一把破解人性之伟大秘密的钥匙[③]。问题的关键在于，人性是一个复杂的多维度存在，包括物性、情性、知性、神性等的诸多面向。从存在的角度，马克思讲，人本质上是一种类存在物，类存在是人的本性。[④]这一判断具有两层含义：其一，迄今为止的人之发展尚囿于族群、民族、国族及由此所形成的特定时空的局限，还不具有整个人类一体存在的广大和谐之景象。表现在教育上，古代教育主要是一种道德的教育，着眼于人之伦理性和文化性的陶冶和塑造；近现代以来的教育主要是一种技术的教育，着眼于职业性、民族性和工具性的培养，囿于特殊国家和民族的视界；唯有当代，随着历史实践的展开，经由实践教育哲学，教育才有望走出民族国家工具性的狭隘视界，着眼于作为类存在的人的养成和存在意义，通达类教育的层次，真正成为创造未来的工具。其二，人的类本性是一种基于生命实践的创造性。"自由的有意识的活动恰恰就是人的类特性"，"通过实践创造对象世界，改造无机界，人证明自己是有意识的类存在物，就是讲是这样一种存在物，它把类看作自己的本质，或者讲把自身看作类存在物"[⑤]。在教育的

---

① ［宋］朱熹：《四书章句集注》，中华书局1983年版，第32页。
② ［宋］朱熹：《四书章句集注》，中华书局1983年版，第32页。
③ Immanuel Kant. *Anthropology, History, and Education*, Cambridge University Press, 2007, pp.437-439.
④ 马克思，恩格斯：《马克思恩格斯文集·第一卷》，中共中央马克思恩格斯列宁斯大林著作编译局编译，人民出版社2009年版，第161页。
⑤ 马克思，恩格斯：《马克思恩格斯文集·第一卷》，中共中央马克思恩格斯列宁斯大林著作编译局编译，人民出版社2009年版，第57页。

意义上，创造性不仅是实践教育哲学的源动力，而且使得实践教育哲学所倡导的教育形态走向了类的创造教育，引领学习者不断地超越现有的民族国家的界限，走向卓越。

（五）诗意栖居的审美教育

现代教育在符号思维的支配下编织了一个无所不在的虚拟网络，指引着现代人进入网络社会，网络织就了现实，电子游戏强暴了生活实践。科学和技术是网络社会的基础，"科学是现代的根本现象之一。……同样重要的现象是机械技术。"[①] 因此，"我们当前的生存乃是一种由科学来规定的生存。"[②] "科学已然成了我们的激情。"[③] 然而，当现代人自豪于技术和网络的世界，沉浸在生命意志力张扬的憧憬中时，他们发现自己正陷入一个无法自拔的悖论和危险之中：失去了对自然和真实的感受力，正在被技术牵引着远离脚下厚实的土地。海德格尔（Heidegger）借用荷尔德林（Hölderlin）的诗告诉我们，"但哪里有危险，哪里也生救赎。"[④] 有救赎的地方就需要有诗，唯有诗才能召唤我们返归故乡，开启诗意王国的大门。"充满劳绩，但人诗意地，栖居在这片大地之上。"（孙周兴译）[⑤] 现代人"诗意地安居"之所以成为可能，是因为"充满劳绩于大地之上"，在"劳绩"——也即是在实践中——与大地融合为一，脚踏实地，仰望星辰，消泯功利的意识，超越技术的欲望，与万物和谐共处。这种可欲之状态是一种满含善良愿望的乌托邦，它启示了一片审美教育的希望地带。在这片审美教育的希望地带上，生活的审美化和社会的艺术化是它的至高至善之境界，"当人的栖居生活通向远方，／在那里，在那遥远的地方，葡萄季节闪闪发光，／那

[①] ［德］海德格尔：《林中路》，孙周兴译，上海译文出版社2004年版，第78页。
[②] ［德］海德格尔：《路标》，孙周兴译，商务印书馆2000年版，第123页。
[③] ［德］海德格尔：《路标》，孙周兴译，商务印书馆2000年版，第120页。
[④] ［德］海德格尔：《演讲与论文集》，孙周兴译，北京三联书店2005年版，第35—36页。
[⑤] Martin Heidegger. *Poetry, Language, Thought*, Translated and introduction by Albert Hofstadter, New York: Harper & Row, 1971, p. 217.

也是夏日空旷的田野，/森林显现，带着幽深的形象。"（孙周兴译）[1]由此，人类诗意生存之可能性才有了真实的教育基础。

第 2 节 我们的教育信条

教育信条是教育者从事教育实践活动的基本纲领，也是其毕生遵循的教育信念和操守。一百二十多年前，杜威发表了他的教育信条，初步描绘了实用主义教育哲学的基本观点，提出了"一切教育都是通过个人参与人类的社会意识而进行的""教育即是生活""教育应该被认为是经验的继续改造""从文明生长的活动中学"等一系列重要的教育思想观点。[2]近一百年前，陶行知发表了他的教育信条，阐明了教学做合一的生活教育哲学的基本观点及其理想愿景，发表了"生活是教育的中心""教法学法做法合一""乡村学校应当作改造乡村生活的中心""乡村教师必须有农夫的身手、科学的头脑和改造社会的精神""应当用科学的方法去征服自然，美术的观念去改造社会"等至今仍给予我们无尽启迪的教育思想观点。[3]实践教育哲学自觉接续上述两位教育哲学家的教育信条，提出了教育与实践相互蕴含而共生等诸项教育的基本观点和教育信念。

一、教育与实践相互蕴含而共生

实践教育哲学认为，一切真实的教育都直接或间接发生于实践场域中，都是经由（by/in）实践、为了（for）实践、属于（of）实践的。离开了实

---

[1] Martin Heidegger. *Poetry, Language, Thought*, Translated and introduction by Albert Hofstadter, New York: Harper & Row, 1971, p.227.
[2] ［美］杜威：《杜威教育论著选》，赵祥麟，王承绪编译，华东师范大学出版社1981年版，第1–12页。
[3] 陶行知：《陶行知全集·第一卷》，华中师范学院教育科学研究所主编，湖南教育出版社1984年版，第652页。

践的现实关涉——主要包含政治实践、科学实验实践、物质生产实践、社会改造实践、工具性实践、身体实践和生活实践等，教育便会沦落为一种伪教育。

从实践的角度，实践是人同世界打交道的复杂活动。在实践中（包含一定的时空结构），人事物境宇皆按照其所是的样子向我展现，同我照面，向我表达。我如何实践，我便如何存在；我如何存在，我便如何实践。实践与生命存在合而为一，相互赋值而丰富递升。人在实践中做事、建立关系、理解关系、使关系趋于善，继善成性，是实践教育目的的基本结构。教育活动是一种建立在师生交往实践基础上或者以师生交往实践为中介的特殊教育实践。这种教育实践承载了认知、伦理、审美和成圣的建构活动，并以上述四种建构活动为其主要内容。有效的教育，也即有效的知识学习、意志锻炼和情感陶冶活动首先是实践性的。学习者在实践中建构起来的理论结构是实践的结果，是学习者自主形成的理解世界和理解自我的独特分析原则。离开了参与性社会实践，这种理论建构就是外在于学习者经验的无效活动，是他者的经验和理论，其意义不仅难以理解，也无法同化于学习者自身的理论系统中为其所用。正是教育的实践性原则，决定了教育实践只是实践的一个环节，它须放在更为广阔的社会实践境遇中方有其应有的价值和意义。在理想的教育情境下，社会、家庭、学校三者之间的目标一致，并且在实践中相互改造和赋值，和合于真善美。

我们的时代，把教育单纯地理解为一种主要发生在学校里的知识授受的实践活动。在这种教育活动中，不唯师生之间的多元交往实践被忽略，真实发生的社会实践也直接被学校的院墙完全隔开，学习者成长所需要的复杂多维时空被简化为单一、纯净的学校时空。学校教育就被异化为一种符号化的程序学习，学习者被异化为机械记忆的工具。单一的教育时空、单一的教育程式，乃至单一的教育实践，必然造就出单一的学习者。一种知识学习，如果没有真实师生交往所产生的"信"的基础，没有针对社会实践的"用"的关怀，没有学习者个体生命实践参与的真情实感（审美性），一定是伪知识的学习。伪知识因其间接性、外在性和他人性，无关乎切己的体验，也就无法形成学习者真实的个性。伪知识与现实的社会实践之间总会存有一定的距离，其联系是一种抽象的联系。它所引发的学习者的行为（实践）活动，至多可以从理论上或者逻辑上讲得清。学习者知其所以然，知其应然，却无法投入情感而笃行之。当代知识教育的问题就在于学校教育实践脱离了广阔的社会实践，把原本有机的知识学习在学校教育中纯粹化，陷入极端符号化知识教育的泥坑，造成了生活、学校和知识三者之间的割裂，窒息了原本观照生活和实践创造的教育智慧。现代社会生活中的个体和社会所遭遇的种种问题和困境，都可以在这一现代化的抽象知识教育中找到最初的根源。

二、实践的方法是实现教育最有效的途径

在教育方法上，实践教育哲学遵循马克思主义"把教育同物质生产结合起来"①之教劳结合的基本原则，自觉继承杜威"做中学"和陶行知"教学做合一"之教育思想遗产，坚定地认为最有效的教育方式是经由实践活动进行的。社会实践和教育实践可以相通相融、相互资升共进，主要是因为无论是人文学知识、社会学知识，抑或是自然科学知识，皆与人之实践经验相对应。与人的进化史（包括各种工具在内）相对应，人类实践也是历史性的，是实践进化的结果。个体所要习得的大量知识所对应的是过去的实践经验，现实的实践经验因与其具有情境的相似性而有了相互间通解的可能。

具体地讲，教育之实践的方式至少包括三种路径：其一，把理论知识化为经验表征。其二，把职业活动（实践经验）化为理论演绎。其三，理论知识和职业活动交化相生。在知识层面上，这三种路径的知识习得最后都需要进行文明化（符号化）提炼，成为一种相对于个体而言普遍性存在的知

---

① 马克思，恩格斯：《马克思恩格斯文集·第二卷》，中共中央马克思恩格斯列宁斯大林著作编译局编译，人民出版社 2009 年版，第 53 页。

识，也成为新的学习者进行实践的引导性和资源性知识，人类文明恰恰在这种累积中不断向前演化。尽管实践的表现形式在不同教育阶段有不同的特点，但实践性学习始终是贯穿整个教育活动的一根红线。"最重要的教育方法总是鼓励学生去实际行动。这对于初学的儿童第一次学写字是如此，对于大学里快要毕业的博士研究生写博士学位论文也是如此，就是在简单地默记一首诗，写一篇作文，解释和翻译一段课文，解一道数学题目，或者进行体育运动训练，也都无不如此。"①爱因斯坦（Einstein）这段话里的"实际行动"，就是实践教育哲学所讲的实践。

三、审美是教育的形而上境界

实践教育哲学认为，审美教育澄明了教育的形而上品格，是教育的最高境界。审美教育的形而上性质，使得审美教育可以引导学习者及其所造成的新时代冲破封闭的藩篱，超越旧的、有限的狭隘视域，向新的、无限开放的未来扩展。在对未来的不断扩展中，受过审美教育的人必然会按照美的规律自由地改造世界和塑造自我。"所谓美，就是人们在一个具体事物的形象中看到了人类改造世界的智慧和力量，看到了人的劳动与创造的本质，看到了人在社会实践中所达到的自由，从而获得一种精神的愉悦，精神的享受。"②

真正的知识必定是浸润了个体之审美体验的知识，无论它是以文学、艺术、科学，抑或宗教作品等的形式存在。知识的审美本质也是生命的审美本质，生命的创造性，其根本的原动力恰是来源于这种审美冲动。任何实践都是人的实践，在实践过程中，人成就了自己的形象。这些形象或坚毅勇敢、仁爱智慧，或柔美多情、灵巧可爱，或温和善良、谦卑达观，等等。这些形象因其所蕴含的多重行为意味而令人敬仰赞叹，心向往之，散发出

---

① ［美］爱因斯坦：《爱因斯坦文集：增补本·第三卷》，许良英等编译，商务印书馆2009年版，第171页。
② 叶朗：《中国美学史大纲》，上海人民出版社1985年版，第653—654页。

熠熠光辉。这一充实、崇高之人格形象即是孟子所谓的大美,"充实之谓美,充实而有光辉之谓大"。① 人格美是最为重要的美,包含人格美的人的形象也是世界上最美的艺术作品。

客观存在的艺术作品,作为一种特殊的引导性材料,或作为一种重要的心理工具,因审美的自由创造性,"审美心境产生了自由",② 反过来又会给予学习和欣赏艺术作品的人一种自由的启示和启思,照亮存在者的存在状态和世界的局限,澄明人性的本真及其存在条件,通达人性修养之道。它把人暂时从现实的实践中抽离,通过艺术澄明的审美创造,再把人以一种全新的方式重新置入与天、地和世界的关系之中,开辟生活世界的新视域,促进学习者心理情感气氛的生长,给予学习者利用知识美化、批判或改造社会以持久的动力,并以美的社会改造实践为基点,破除小我、自私、功利、国族之执念,打通个体与社会自觉趋向至善之境的大道,走向全球伦理平等主义。遵照实践教育哲学,劳动技术教育在整个教育体系或整个人生教育中占有基础性地位。在劳动(技术)教育中,出自伦理关系的,即是道德教育;出自智力关系的,即是智力发展教育;出自身体关系的,即是体育。德育、智育与体育三者之间的和谐关系,必然产生对教育及教育所引发的个人成长的愉悦感,生发出审美教育。在教育实践中,每一种类型的教育都可以达至具体的美育这一最高境界,其所习得的结果可以分别称为技术美、知识美、道德美(或美德)、身体美,等等。缺少审美教育的范导和润化,技术将撕裂人性,知识会沦为伪知识,道德只是无效的讲教。缺少审美的教育不过是媚俗的工具罢了,最终造就的是一个庸俗的社会和时代。"可欲之谓善"③。庸俗的社会和时代不是可欲的,造就它的教育便是不善的教育。

---

① [宋]朱熹:《四书章句集注》,中华书局1983年版,第370页。
② [德]弗里德里希·席勒:《审美教育书简》,冯至、范大灿译,上海人民出版社2003年版,第212页。
③ [宋]朱熹:《四书章句集注》,中华书局1983年版,第370页。

四、社会文化引领与审美改造的心脏是教育

实践教育哲学认为，教育是社会改造的心脏。教育对社会的改造作用，主要体现在它传承创新的文化对社会的文化引领，以及文化的审美性作用于社会的审美实践上。离开了文化及其所蕴含的审美实践，教育对社会的改造必然会落入歧途，要么陷入庸俗的物质主义泥坑，要么陷入狭隘的功利主义陷阱。

从文化的角度，学校教育的价值在于它把人类改造自我和改造世界的实践经验进行文明的提炼和总结，以文化知识的形式固定下来，传递给新生的一代，使其在文化的批判继承中有所领悟和创新，不断改善人类生存的文化和自然环境，赓续人类生命于无穷。"教育的原则，是通过现存世界的全部文化导向人的灵魂觉醒之本源和根基。"[①]"启发他们为了人类更高的目标而奋斗。"[②] 因此，使人类在文化实践中学会驾驭规律，承担社会改造的责任，体验并生成万物一体之仁道，与自然共在、与宇宙共生，这是教育的大善，也是教育的大美。实践教育哲学倡导经由个体的文化实践打通教育（学校）实践与社会实践之间的障碍和关节，把两者统一起来。把社会实践引入教育实践中，把教育实践植入社会实践中，双向用力，从做中学，从学中做。这样，家庭之改善、学校之变革、社会之改造，共同统一于个体的文化实践活动中。个体在这个系统中生长，其实践经验成为最有价值且无可替代的教育资源和教育生长点。同时，个体与个体之间，社会各组织、各部门之间，都会通过个体的文化实践而交流无碍，社会的政治、经济等事业皆从系统内部生长并获得持续更新的生命力，民主在实践中提升，财富在实践中增长。社会事业真实地成为马克思所讲的"一本打开了的关于

---

① ［德］雅斯贝尔斯：《什么是教育》，邹进译，北京三联书店1991年版，第3页。
② ［德］雅斯贝尔斯：《什么是教育》，邹进译，北京三联书店1991年版，第4页。

人的本质力量的书，是感性地摆在我们面前的人的心理学"[1]，社会历史与人的历史成为一个历史。在这个过程中，因人的文化实践活动除了系统内部的交流，仍需外在自然提供各种物质的材料和环境，整个系统会自觉向外伸展，变得动态、开放，充满无限生机，与自然系统之间展开信息的交流和互换。"整个自然界——首先作为人的直接的生活资料，其次作为人的生命活动的对象（材料）和工具——变成人的无机的身体"[2]，自然系统与社会系统同频共振，和谐共生。在这种情境下，大化流行，万物自动生长且趋善向美。世界成为有情的世界，宇宙成为有情的宇宙，人诗意地栖居在世界之中。

人的实践活动同动物的实践活动有本质的不同，这种不同主要体现在实践的审美性上。"动物只是按照它所属的那个种的尺度和需要来构造，而人却懂得按照任何一个种的尺度来进行生产，并且懂得处处都把固有的尺度运用于对象；因此，人也按照美的规律来构造。"[3] 教育实践是一种文化实践，是人类之社会实践经验的知识化提炼和升华。教育实践在实践中发生，也开辟出一种新的实践样态，或澄明一种新的实践样态的可能性。因此，教育实践必定内在地包含着审美实践，指向个体和社会的审美改造。教育之于社会实践的文化引领和改造，相应地就变成一种审美的引领和改造。陶行知讲，要用"美术的观念改造社会"[4]。唯有彰显教育中的审美因素，把具体的学科之美经由文化教育实践深刻地烙印在学生的心灵中，社会的平均艺术素养才会同时得到有效提升。进而，作为艺术素养陶冶的教育实践也才会成为社会审美改造的动力之源。为人生而艺术，是中国艺术

---

[1] 马克思，恩格斯：《马克思恩格斯文集·第一卷》，中共中央马克思恩格斯列宁斯大林著作编译局编译，人民出版社2009年版，第192页。

[2] 马克思，恩格斯：《马克思恩格斯文集·第一卷》，中共中央马克思恩格斯列宁斯大林著作编译局编译，人民出版社2009年版，第161页。

[3] 马克思，恩格斯：《马克思恩格斯文集·第一卷》，中共中央马克思恩格斯列宁斯大林著作编译局编译，人民出版社2009年版，第163页。

[4] 陶行知：《陶行知全集·第一卷》，华中师范学院教育科学研究所主编，湖南教育出版社1984年版，第652页。

的正统。[①] 为人生的艺术最终造就了中国之审美润化的伦理社会。社会的审美性或艺术化，正如杜威（Dewey）所深刻认识到的，标志着一个社会文明的最高成就。"审美经验是一个文明生命的显示、记录和赞颂，是文明本身向前发展的促进因素，也是一个文明质量的终极评价标准。"[②] 然而，只要教育还没有成为审美的，完全的社会艺术化就是不可能的，真正的生态环境建设和宜居世界的建设就仍然在路上。

第3节 现代课程与教学观

课程与教学观是一个时代文化教育实践的成果及其精神的集中反映，潜蕴着人之成长的密码和民族生长的未来命运。清思和检视时代的课程与教学实践并提出合理化的建设道路和方案，是实践教育哲学之课程与教学观的基本责任。实践教育哲学之课程与教学观一方面对当代课程与教学理论之转变进行了批判性继承和超越，吸收了所包含的教育科学的合理成分，另一方面又针对其自身理论的现实逻辑对新的课程与教学理论建构进行了尝试性探索和实践设计，以期对当代课程与教学实践有所裨益，启思来者。

一、当代课程观的转变及超越

在现代课程史上，美国现代课程论学者泰勒（Tyler）为现代课程观立下了四个有着内在逻辑的基本原则：其一，学校应该达到哪些教育目标？其二，提供哪些教育经验才能实现这些目标？其三，怎样才能有效地组织

[①] 徐复观：《中国艺术精神·石涛之一研究》，九州出版社2013年版，第141页。
[②] John Dewey. *Art as Experience*, New York: Penguin Group (USA) Inc, 1934, p. 339.

这些教育经验？其四，我们怎样才能确定这些目标正在实现？[①]学校教育的目标、经验、组织和评价组成了现代工业时代课程领域著名的泰勒原理，承前启后，影响深远。不唯现代课程观于此获得了清晰的理论基础，后现代课程观也由批判它而开始。仔细思之，泰勒原理反映的是现代工业社会背景下静态知识论趋向的课程观，侧重于强调有效开展教育实践活动所需要的诸多方面固态化了的成人世界的教育经验。这一教育经验在课程实践中被简化为较为客观准确的学科知识，以学科知识（教材）的形式呈现。按照泰勒原理，什么知识最有价值、最应该为学习者有效习得，是课程领域的基本问题。系统化的知识建构逻辑也因之成为教学过程的基本原则，学生的心理发展逻辑不过是对这一原则的适应或调适。在这一原则的指导下，教学就是知识的传递过程，是教育者对学习者进行的知识输送。教学之成效的标准主要看学习者所习得知识的量之多少，知识掌握之稳固程度，以及是否形成了一个合理的知识体系。

近现代以来，随着社会的发展和人类认知水平的提高，相对人文知识和社会学知识，科学知识逐渐取得了决定性优势。"科学已然成了我们的激情"。[②]经由科学之物化形式的技术，科学"已经发展出一种在地球其他任何地方都找不到的强力，并且正在把这种强力最终覆盖于整个地球上。"[③] "什么知识最有价值，一致的答案就是科学。"[④]与科学知识的权力获得相匹配，科学以及科学之物化形态的技术知识在现代课程领域里同样取得了相应的价值位序。当然，今天的课程学者，已经不必像当初斯宾塞（Spencer）那样为了在课程里引入科学素材，借"什么知识最有价值"之发问程式努力论证科学知识存在课程中的合法性。相反，今天课程学者的任务之一是论证人文学和社会学知识的合法性存在，以及它们对于个体发展

[①] Ralph W. Tyler. *Basic Principles of Curriculum and Instruction*, Chicago: The University of Chicago Press, 2013, p.1.
[②] ［德］海德格尔：《路标》，孙周兴译，商务印书馆2000年版，第120页。
[③] ［德］海德格尔：《演讲与论文集》，孙周兴译，北京三联书店2005年版，第39页。
[④] ［英］赫·斯宾塞：《斯宾塞教育论著选》，胡毅，王承绪译，人民教育出版社2005年版，第44页。

的价值和意义，积极谋求和探索人文学知识、社会学知识和科学知识的共同存在与合理性结构，引导学习者形成知识的整体视野和生活世界的智慧。具体论之，在组成课程的知识材料里，人文知识旨在求善，其价值在于昭示学习者生命的价值以及人生的意义，指向的是人何以生存；科学知识旨在求真，其价值在于为学习者提供探索自然的知识和工具，指向的是人以何生存；社会学知识旨在求公，其价值告知人们如何才能实现社会的公平和正义，指向的是人何以成群。这三大领域的知识材料共同组成一个"文化知识的宇宙"[①]，以供学习者学习使用。教育就是引导受教育者徜徉于文化知识的宇宙之中，寻找人之终极皈依的文化方程式，破解人在天地位序中的存在密码，经由知识获得人性的解放。

无知识不成课程，科学的课程必定组成有序的文化知识宇宙供学习者开发利用。仅有知识也不成课程，课程不是一堆死的知识的堆积物，静静地等待着学习者赏玩和吸收。个体发展不只是知识发展这一个维度，知识体系的建构也只能是个体发展的一个维度而已。知识体系的建立与个体的发展，何者具有逻辑的在先性，表征的是不同的课程价值观。如果知识体系的建立是第一位的，现实的教育实践就是要求学习者努力习得人类的知识，课程就变成死的知识的堆积物，知识成为目的，个体异化为知识学习与掌握的工具，成为知识接收的容器，这是泰勒课程原理在现代工业社会发展到极端所必然达至的逻辑结果。如果个体的发展是第一位的，现实的教育实践就要求一切知识的学习都要服务于个体的发展，知识成为个体发展的重要工具，知识因个体的选择、激活和接受成为活的知识。在这样的前提下，美国当代课程论学者多尔借"跑道"的隐喻指出，当代的课程已然成为一种动态的过程，课程学习犹如学习者在跑道上跑，其实质是经由学习者会话共同

---

① 文化知识宇宙是牟宗三先生的概念。它与科学宇宙和哲学宇宙等相并列。牟宗三讲，"这一个文化意识宇宙是中国文化传统之所独辟与独显。它是由夏商周之文质损益，经过孔孟内圣外王成德之教，而开辟出。此后中国历史之发展，尽管有许多曲折，无能外此范宇。"请参阅：牟宗三：《道德的理想主义》，台湾学生书局 2000 年版，第 266 页。

体建立起各种复杂性的关系。①个体正是在这种复杂性的关系场域中习得知识和经验，逐渐发展和成熟起来。多尔形象地用 4R 表示了他的课程观，即 Richness（丰富性）、Recursion（回归性）、Relations（关联性）、Rigor（严密性）。分而论之，Richness 意指学习者意义层的体验，Recursion 意指学习者经由不断地过程性反思体验所获得的能力增长，Relations 意指着眼于课程结构展演的一种超越了地方文化局限的广义文化关系（意识）的建立，Rigor 意指课程超越相对论和唯我论的科学和客观，保证个体富有意义的生长性转变。多尔强调，他的课程是"转变性课程"，是"存在经验课程"，这一课程更加关注个体的转变过程，关注个体在课程中经由材料和自己与他人的协商过程。学习者经由课程得以转变生成，建构起自己独具个性的经验体系。②尤其难得的是，多尔提出了一种关联和建构人类共同体的课程概念。"共同体指的是人类的共同体。""我们需要扩展这个概念，不仅关注人与人之间的关系，而且关注人与生态、人与宇宙的关系。""我们需要和岩石对话。""共同体是我们转变和超越自身的动力。"③这样，多尔就把他的课程思想拓展到了一种教育人类学的视野。他提醒我们，课程和教学中还有一种宇宙意识，一种万物一体共在的存在意识。

多尔是在描绘一种已经逐渐转变了的新课程观，它的核心是由知识材料的记忆转变为知识过程的学习和体验。在教育哲学层面，它追问何种知识学习过程对个体发展真正具有价值和意义。尽管多尔也提出了过程、体验、回归、协商等极富教育价值和启示的概念，这些概念却以有限会话实践的形式仍然落在了现代课程知识领域的窠臼里。所谓有限，主要指多尔仍然把这种对话实践限制在了学校教育场域。而且，多尔的学校场域中的生命实践也是间接性的，是个体反思后的生命体验。当然，多尔的会话实

---

① ［美］小威廉姆 E. 多尔，［澳］诺尔·高夫：《课程愿景》，张文军等译，教育科学出版社 2004 年版，第 47 页。
② William F. Pinar. *Understanding Curriculum: an Introduction to the Study of Historical and Contemporary Curriculum Discourses*, New York: Peter Lang Publishing, 2008, pp.501-502.
③ ［美］小威廉姆 E. 多尔，［澳］诺尔·高夫：《课程愿景》，张文军等译，教育科学出版社 2004 年版，第 57 页。

践毕竟把个体知识体系的建构置于鲜活的生命体验过程，使得个体知识的习得更加具有灵活性和深刻性，是对现代课程观的一次有益超越。问题在于，会话实践仍然只是个体生命实践的组成部分，发生在学校教育场域中的实践因其是相对于生活实践的次一级性存在而最终无法取代生活实践本身，生命实践本身及其所蕴含的无限的教育性才具有逻辑的在先性。生活经历和社会改造，物质生产和商业活动，科学发现和技术发明，艺术探险和无限体验，等等，无一不是个体生命实践的展开和绵延，文化知识也在这一展开和绵延的过程中得以创造和发展。在这个意义上，个体的发展与知识的建构合而为一。个体如何发展，知识就如何建构；个体发展到何处，知识就延伸到何处；个体形成什么个性，知识就成为何种性质的知识。所以，当代课程观的建构和发展仍要在多尔 4R 课程观的基础上再向前推进一步，走到人之生命实践的基点处，与广阔的生命实践建立起广泛实质的联系。

二、新课程观的基本观点

实践教育哲学认为，一切真正的教育都是从学习者的生命实践活动开始的。[①] 教育发生于调适、优化和美化生命实践活动的过程之中。学校教育源出于生命实践活动又反过来拓展和丰富了生命实践活动本身。离开了生命实践活动，不唯知识的学习是无效的，伦理道德观念的生长也失去了肥沃的土壤，技术的创新也自然失去了深刻的源动力。生命的成长和发展是教育的目的，基于此，实践教育哲学之课程就是，学习者的生命生长和发展所经历的由各种有益的人事物境以及文化知识材料所构成的动态变化过程。在其价值取向上，新课程实践是要把康德的"人是他自己的最终目的"[②]的人本教育理念贯彻到底，彰显课程的人文性。以往的课程注重知识建构本身，客观上把人变为实现课程或知识体系建构的工具，这是一种工具性

---

① 黄英杰：《我们时代的大学转型》，人民出版社 2018 年版，第 97 页。
② ［德］康德：《康德著作全集·第七卷：学科之争、实用人类学》，李秋零主编，中国人民大学出版社 2008 年版，第 114 页。

价值支配目的性价值颠倒了的旧课程价值观。新课程观则立足生命实践本身对其进行了根本的扭转，它努力申明，一切的人事物境及其可资利用的文化知识材料皆变为学习者生命发展的有效素材，"宇宙为学校，自然是吾师"。① 实践即学习，学习即建构，建构即改造，改造即成就大我，也即成就民胞物与、万物一体之大我。实践第一，玉汝于成。"继之者善也，成之者性也"。② 生命实践与知识学习，知识建构与社会改造，社会改造与个性生成等诸过程有机地成为一个完整的过程。康德讲，"在教育背后，隐藏着人类本性的完善性的重大秘密。"③"人唯有通过教育才能成为人。除了教育从他身上所造就的东西，他什么也不是。"④ 这一判断唯有经建基于生命实践活动之上的新课程观的烛照才会释放出它所蕴含的巨大解放性力量！

在另外的层面上，所谓学习者所经历的人事物境及其文化知识材料，是就课程的内容而言。新课程观并不排斥学科知识，它反对的是把学科知识静态化和权威化，致使学习者成为知识学习的工具或奴隶。学科知识作为人类实践经验的一种程式化和符码化了的抽象提炼仍然具有无可替代的教育价值。由于学科知识的文化属性，人类的实践活动才具有了文化性、历史性和可理解性，才有了递嬗和交流的可能。可也正是因为学科知识相对于实践活动的抽象存在，以及在现代学校片面知识教育的客观要求下，一方面学科知识反过来取消了实践相对于教育活动的原初性和实践本身所蕴含的教育性，成为实践的对立面，直接造成理论与实践的对立性存在，把原本是第一级的实践降为第二级的存在，实践场域被异化为理论的实验室。另一方面，抽象化的课程与教学又以"理论要接地气""理论要联系实际"等借口，武断地贬低了理论本身的价值和地位，走向了另一个极端。新的课程概念除了要恢复实践在课程中的首要价值位序，它还要确立知识相对

---

① 陶行知：《陶行知教育文集》，胡晓风等主编，四川教育出版社2007年版，第300页。
② ［清］李道平：《周易集解纂疏》，潘雨廷点校，中华书局1994年版，第559页。
③ ［德］康德：《康德著作全集·第九卷：逻辑学、自然地理学、教育学》，李秋零译，中国人民大学出版社2010年版，第444页。
④ ［德］康德：《康德著作全集·第九卷：逻辑学、自然地理学、教育学》，李秋零译，中国人民大学出版社2010年版，第443页。

于人之发展的工具性价值，弘扬个体学习中的主体性地位。除了显性的形式化的文化知识材料是课程的内容，是生命实践所需要的重要工具，大量隐性的未形式化的经验材料也是课程的重要内容。尤其是人事物境，更是作为影响学习者的诸多经历而成为课程内容必不可少的组成部分，在一定的意义上，其重要性甚至在学科知识之上。因为人事物境直接是生命实践活动发生的现实场域或过程，知识学习恰恰是为服务它们而获得了存在的合理性。

既然学科知识皆是服务于个体生命生长的工具，它们中的任何一种自然无法成为课程统一的基础。学校课程统一的基础只能是生命实践活动本身。"天地之大德曰生。"[①]整个宇宙的创生演化皆是为了生命本身，生命的法则便是宇宙演化的法则。因此，统一课程的生命实践活动便是正向的和文明化的，是"沿着现代文明所由来的同一的、普遍的建设路线"的，[②]它趋向真善美，排斥假恶丑。人性本善，"在人里面只有向善的胚芽"，好的课程是"世界上一切善从中产生的东西"。[③]那么，问题的关键仍然落在对生命实践之课程概念及其所引发的教育关系的剖析上。杜威讲，"教育最根本的基础在于儿童正在发生着的活动能力（powers at work）。"[④]这个活动应作儿童的生命实践活动解。比如，健康的婴儿天然具有生长的冲动，在婴儿的哺乳活动中，母婴之间的眼神交流、身体接触，母亲给予婴儿的爱抚和语言，父亲的在场，以及母乳喂养的自然环境等等，这些素材都聚焦于婴儿的生长。婴儿有意无意地回应各种来自母亲及其自然环境发出的大量信息，正是与回应一道，生命的力量沛然而勃发。就这样，哺乳活动成了教育活动，哺乳的过程也成了婴儿生长的课程，婴儿经由哺乳活动开始体验、理解和建构他（她）自己的世界，他（她）逐渐地意识到可以用身体

---

① [清]李道平：《周易集解纂疏》，潘雨廷点校，中华书局1994年版，第559页。
② John Dewey. *On Education*, Chicago and London: The University of Chicago Press, 1974, p.433.
③ [德]康德：《康德著作全集・第9卷：逻辑学、自然地理学、教育学》，李秋零译，中国人民大学出版社2010年版，第448页。
④ John Dewey. *On Education*, Chicago and London: The University of Chicago Press, 1974, p.433.

的各个部位去处理和回应来自外界的信息。母亲的爱抚、微笑和满含爱意的眼神，成为婴儿成年后以爱为核心概念的人文知识大厦建构的最初胚芽，也是他用爱改造生活和社会的动力之源。微知著见，窥一斑而知全貌。无论是学习字词语段，公式和概念，图画和演唱，抑或是写作和实验；小到一个发音，大到一个工程；近到田间劳作，远到宇宙探险；一切生命实践的课程及其教育都可以作如是观。

因之，新课程的逻辑起点是个体之生命实践活动，其关键是围绕做事或活动建立起各种文化联系。在课程实践场域中，个体内外兼修，上天入地，越古迈今，过去和未来一并在生命实践活动的场域中融汇起来。人始终挺立，成为课程聚集的核心。从教育逻辑上分析，出自人的关联的，便生发出文学、历史、哲学、宗教等的知识和生活；出自社会的交往的，便生发出伦理、政治、管理等的知识和生活；出自物的关系的，便生发出生产、技术、经济、物联网等的知识和生活；出自境的关照的，便生发出地理、环境、艺术、太空等的知识和生活；出自数的演化的，便生发出科幻、计算、虚拟、大数据等的知识和生活；等等。总括这所有的关系及其全部的知识和生活，人之生命与宇宙之生命间便会相互开放和感通，信息交流无碍，渐进于民胞物与，万物一体，共同演进以趋无限的审美之境。这正是实践的课程观的大视野、大境界。

三、教学方法的性质

教学的方法是根据学科知识本身的逻辑，还是根据学习者生命生长的心理逻辑，近现代以来教育学者争论不休，各抒己见。学科中心论者强调知识体系的形成顺序，儿童中心论者则强调儿童的心理发展顺序。既然学科知识的学习只是儿童整个学习和成长的一个重要组成部分，且是作为生命实践的工具而存在，那么学科知识论者就只能具有部分的真理性。另外，个体心理发展需要媒介，无论是皮亚杰的集中于个体发展的数理活动，还是维果茨基（Vygotsky）的集中于群体发展的文化活动，两个理论都承认这个媒介就是活动，就是做事或行动。随着生命的生长和发展，婴儿的无意识动作发展成了有意识的动作：随着他（她）的抓握行为而有了抓握的意识，随着他（她）对距离判断的成功或失败而有了距离的意识，随着它的身体生物钟与外界生物钟的协调配合而有了时间的意识，随着物体位置的摆放而有了空间意识，随着身体与物体的空间参照而有了方位的意识，如此等等。一旦有了对某种活动的意识，反过来这种意识又会对活动本身起到更加清晰的理解和把握。在其本质上，意识总是与行为相互发生和建构。在这相互建构的过程中，学习者把自身的实践经验和学科知识进行融合创造，建立起自己的生命知识体系。因此，从教育学上讲，学科知识的形成逻辑和心理发展的逻辑实质上与行动（做事）的逻辑相符合，三种逻辑归根于儿童生命实践的逻辑。把这一结论应用到教育教学方法上具有十分重要的意义。

陶行知说，"事怎样做就怎样学，怎样学就怎样教；教的法子要根据学的法子，学的法子要根据做的法子。"[1] 由是，做事的程式，即个体生命实践之展开过程必然就是教学方法的依据。由于除了婴儿最初生命生长的自然冲动外，个体之生命实践受其环境和经验的影响会越来越聚焦于兴趣、个性和已获得的能力，方法的问题最后可归结为兴趣导引的个体生命成长与发展的顺序问题。总之，正如杜威所说，方法不是外在强加于个体的，它内在于个体生命实践过程之中，"内含在儿童自己的本性之中"。[2] 现代教学法的根本问题在于，把知识学习设计为一套机械的程序，让学习者循程序而学习，从而把知识输送给学习者。因之，尽管教学技术和方法不断翻新，却因教学方法本身相对于学习者的被动和强制，以及与学习者生命实践相疏离而达不到教育的理想效果，离本真的教育反而愈远。"儿童被置于被动、接受或吸收的状态之中。教育的环境和方法（the conditions）不

---

[1] 陶行知：《陶行知全集·第二卷》，华中师范学院教育科学研究所主编，湖南教育出版社1985年版，第42页。

[2] John Dewey. *On Education*, Chicago and London: The University of Chicago Press, 1974, p.435.

允许儿童遵循自己本性的法则，结果造成阻力和浪费。"① 遵循儿童的本性，聚焦于儿童的兴趣，自觉地把教育素材分解组合到儿童兴趣生长的做事或活动之中，才是对儿童的生长最有价值和富有教育意义的方法。

从生命进化的角度讲，人是宇宙间进化的最为精彩的生命体。一方面，人得益于生物基因的进化，具有了人的性状；另一方面，人又承受文化因子的遗传，成为一个能够接受教育且能自主学习和发展的文化生命体。荀子讲，"水火有气而无生，草木有生而无知，禽兽有知而无义，人有气、有生、有知且有义，故最为天下贵也。"② 明是非善恶为"知"，依理事之当然为"义"，这是从伦理道德层面给人下的一个判定。生命之所以进化，文明之所以演进，唯有这个善字而已。善保证了生命实践活动的正向性，教育即是"尽善"。经由善的生命实践活动，人可以"赞天地之化育"，"与天地参矣"。③ 这样，人的生命实践活动就成了文化实践活动，人类生命的代际传递也就成了文化的承续，文化最终成为个体生存的基本框架。人之具有相同的文化禀赋，才有了可教与相互交往理解的可能。然因生理遗传、所受环境，以及后天经验活动不同，个体又各具个性，兴趣各异。不同的兴趣恰是丰富的文化之个体性体现。如杜威所言，兴趣是个体能力的信号和象征，表征着个体之能力发展的程度和方向，决定了教学方法的选择④。更为重要的是，兴趣还是个体生命实践活动之所需意识、能量和能力的一次聚集，是生命机体活动的集中展示，也是其未来发展之潜能的一次精彩绽出。好的教学方法要发现和聚焦于个体之兴趣点，自动跟随兴趣，拓展其边界，提升和引导兴趣走出个体视界，融入社会视野和文化视野，不断向外扩展，长得枝繁叶茂，开花结果。这样，兴趣就会获得源源不断的生长灵感和资源，持续自主生长，生长为社会兴趣，进而联合不同的兴趣形成相互交叉和支持的兴趣意象丛。

---

① John Dewey. *On Education*, Chicago and London: The University of Chicago Press, 1974, p.435.
② ［清］王先谦：《荀子集解》，沈啸寰、王星贤点校，中华书局1988年版，第164页。
③ ［宋］朱熹：《四书章句集注》，中华书局1983年版，第32页。
④ John Dewey. *On Education*, Chicago and London: The University of Chicago Press, 1974, p.436.

因此，兴趣是自主发展的生命实践活动所固有的。真正的教学就是要努力保持和扩展内在于生命本身的这一固有兴趣，而不是泯灭它。有了兴趣的洗礼，生命实践才是灵活且满含灵性的，万事万物才会秩序井然，理性由此而生，情感由此而充沛丰盈；有了兴趣的参与，生命实践才不会枯竭，意志由此而彰显，生命之律动由此而满含乐感。陶醉于生命本身，愉悦而不含功利，即是审美，知识的学习也即成为一种知识教育的审美实践。这样，个体之建构的知识系统与生命本身和合为一有机的整体，所形成的文化知识宇宙必定是包含审美因素于自身，成为一审美的存在。这是教育的化境，也是教学方法的化境。此种教育之化境的形成除了真正的兴趣，尚需要另一种元素，即想象力的参与方始可能。想象力是人之生命实践活动中始终伴随兴趣的一种重要能力。如果说兴趣是生命实践的定向与集中，想象则是生命实践的扩展与实验。想象有两个重要特点：一是它的创造性，即把出场的东西和未出场的东西综合为一个整体的能力，这有点类似于格式塔心理学之心理整体构造能力，可以把点连成面，看到分散的线条组成的图形会辨认为杯子等；另一是它的共时性，即只有在想象里才能打破时间的限制，过去现在未来同时在场，完美地实现生命实践活动。[1]创造性包含了空间性，与时间性一起即构成为生命实践活动发生的时空结构。没有这样一个时空结构，教育如何发生，生命何以有为，尤其是何以诗意地有为！因此，富有意义的教学要善于激扬学习者的想象力，使教学在无限想象的时空界里充满实践智慧，进而引导生命醉心于创造和自主繁荣生长。

第4节　以教师为志业

文明昌盛，必尊师而重教。教师是解决教育实践问题的关键。古代社

---

[1] 张世英：《张世英文集·第6卷，哲学导论》，北京大学出版社2016年版，第47—49页。

会曾把教师置于"天地君亲师"的牌位上，现代社会也毫不吝惜地授予教师人类灵魂工程师的称号。从古代到现代，三千年来一代代教师前赴后继，铸就了教师之为教师的光辉位格和不朽精神。与之相对应，中华民族也创造了生生不息、绵延恒久的华夏文化，光昭日月，泽被世界。

然而，随着现代社会的日益祛魅式发展，社会分工泾渭分明，职业分途迥异，教师作为一种职业也被充分职业化。现代教师逐渐习惯了把教师当作一种谋求生计的手段，一种万千工种当中的之一而已。在这种已经异化了的教育状态之下，教育事业很容易被物质功利主义哲学和谋制的计算主义哲学所侵袭，教育所培养之人才也在奉献精神和创新能力上与教育的理想和社会的需求之间存有较大的距离，有些高智商的人才甚至成为"精致的利己主义者"。因此，如何在教师已经成为一种职业的现代社会丛林中重塑教师的价值，澄明教师的理想、使命和角色，使得教师回归到教育的本位上，追随教育真理，开辟教育实践，以振兴和发达伟大的教育事业，便成为对时代教师教育的重要挑战。为此，我们需要提出作为志业的教师的教育命题，并在这一命题下谨慎设计教师生成之实践路径。

一、教师志业的历史证成

教师的概念里有着超越职业定位的因素在，这一因素是历史赋予的，里面隐藏着人性和人类文明发展的关键密钥。教师概念里所隐藏的这把密钥，可以用志业加以澄明。所谓作为志业的教师，意指教师是带着某种使命从事教育的，他们有着明确的教育价值和理想诉求。按照教育是培养人的社会实践活动这一概念的要求，教师的教育价值和理想诉求又会受到来自人性和社会性的双重规定，并且教师的教育活动会自觉主动地围绕这一双重规定而展开。

（一）厚植仁爱以化成天下

关于怎样做教师，孔子曾经用了三个判断和一个反问对其进行了形象化描述。"默而识之,学而不厌,诲人不倦,何有于我哉?"[1]引导教师从事教学的内驱力就是默识而得到的东西,即仁。人与天地参,人能够通天达地、挺立于天地之间,其精神的支柱和信仰就是仁。教就是教仁,学就是学仁。仁不是常明的,常受到各种利益和欲望的引诱而被遮蔽。仁也不是固定的,常隐匿于天地万物之内而不显。故而要"学而不厌",勇于在日常生活的实践之中孜孜不倦地去学习它、发现它、澄明它。何为不厌呢?"发愤忘食,乐以忘忧,不知老之将至"。[2]也即废寝忘食,忘记了忧愁、忽略了年龄,因体验到仁而内心充满喜悦和快乐。所以,学内在地包含于教之中,无学不成教。学是教之始,教是学之成,学教合一于仁。教育是审慎地文化实践,审慎即是对自身的教育实践进行审问和慎思。"何有于我哉?"有哪些我还没有做到呢?孔子追问的是自己,昭示的却是后世之师者。

孟子继承了孔子对于教师的根本体认。孟子讲,"君子有三乐,而王天下者不与存焉。父母俱存,兄弟无故,一乐也;仰不愧于天,俯不怍于人,二乐也;得天下英才而教育之,三乐也。君子有三乐,而王天下者不与存焉。"[3]孟子认为,做教师,聚集天下英才而加以教育,是人生三件最快乐的事情之一。并且孟子反复申明,以德服天下的王者并不在三乐之间。为什么呢?按照孔子的教诲,教师所从事的是仁之实践的教育志业,要自觉立人于天地之间,行仁于天下。孟子的三乐之教正是与其一脉相承。第一乐点明仁之所始。仁的教育,需要有一个稳定而合理的基本点。"孝弟也者,其为仁之本与!"[4]本即根本、根基。把行仁建基于父母兄弟的血亲之上,便有了一个教育实践的稳定且合理的心理——心理情感基础。第二乐点明仁之所由。人立于天地之间,人之所受皆本天之所命,仁即是天之所命,是天地之理所赋予。第三乐点明仁之所继。仁虽受命于天,内在于人性,仍需要教育的澄明、培植和激发。"人之异于禽兽者几希,庶民去之,君子存

---

[1] [宋]朱熹:《四书章句集注》,中华书局1983年版,第93页。
[2] [宋]朱熹:《四书章句集注》,中华书局1983年版,第98页。
[3] [宋]朱熹:《四书章句集注》,中华书局1983年版,第354页。
[4] [宋]朱熹:《四书章句集注》,中华书局1983年版,第48页。

之。"① 教师的天职和使命，就是要开发和激扬人区别于禽兽之"几希"的仁。综上，教师以仁教为基本圭臬，从仁之所始、所由、所继向外逐渐铺陈开去，以至于把仁推而广之，及人及物及天下，便使得仁从个体心理情感的基本点逐渐渗透到整个民族精神的伦理、政治、文化和信仰之中，最终造就出一个仁爱的国家和社会。中华民族的文化生命之所以能生生不息，虽历尽劫难终能"贞下起元"，薄兴于当世，其秘密尽在于此。

韩愈集孔子和孟子关于师者体认之大成。韩愈在《师说》一文中讲，"古之学者必有师。师者，所以传道授业解惑也。"② 有教师方有教学，有第一流的教师方有第一流的教学，有第一流的教学方有第一流的人才。教师的指导之责主要体现在传道、授业和解惑这三件事情上。教师闻道在先，学生对道的体认和学习又存有困惑，学生诚于向教师求教，教师乐于向学生传授，于是围绕道的修习就形成了有效的教学。所谓道，作为儒家思想的典范者，韩愈当然指的是儒家教育的道，也即仁道。结合今天的教育状况和教育精神，现代教师所传之道至少包含了如下四种含义。其一，是中华民族伟大复兴的国家意识。教师有义务融合专业知识向学生教授国家精神和国家意志，使其理解中华民族伟大复兴的历史自觉，并把这一理解主动转化为服务民族复兴的积极行为意识。其二，是经由知识达至人性解放和自由的文化意识。知识的价值在于它会形成人们理解自我和外在世界的文化力量，不断地扩展学习者的自我意识，进而不断拓展人类意识的边界。其三，是人类全球一体共在的命运共同体意识。全球化时代，人类已然处于命运一体的共存状态之中。习近平总书记的人类命运共同体概念对世界文化发展具有重大的理论贡献，对全球文化教育实践也有着重要的影响。③ 为此，教师有责任在教育实践中教授和践行人类命运共同体这一概念所包含的深刻价值。其四，是自然乃人的有机身体的天人合一之生态意识。地球是人类的家园，自然的破坏和污染毁掉的是人类存在本身。全球的环境治

---

① [宋]朱熹：《四书章句集注》，中华书局1983年版，第293页。
② [唐]韩愈：《韩昌黎文集校注》，马其昶校注，马茂元整理，上海古籍出版社2014年版，第47页。
③ 习近平：《习近平谈治国理政·第三卷》，外文出版社2020年版，第45页。

理问题需要经由教育培养大众的环境理性，唤醒大众的环境自觉方能从根本上加以解决。

（二）教育为公以改造社会

如果说古典儒家所追求的理想教师是能够自修育人，施仁爱于天下之人，那么现代教师则把重点放在了人们生活和社会实践的改造上，教师的价值和职责主要就是培育现代民主社会及其所需要的现代人格。

首先，教师应该是教育为公的信仰者。"第一，要有信仰心。认定教育是大有可为的事，而且不是一时的，是永久有益于世的。"[1]教师之于教育信仰，就是认定教育是改造社会的重要工具。并且能够笃定不移，付出极大的心力去做，自强不息，百折不挠。陶行知在1924年所写的诗中讲，"人生为一大事来"。[2]这件大事对于陶行知就是教育救国之信仰和抱负。陶行知经由教育改造社会的信仰是其一生一以贯之的追求。可谓"造次必于是，颠沛必于是"。[3]改造社会当然有很多的工具，比如军事的、政治的、经济的、科技的、艺术的、宗教的，等等，但是所有的这些作为工具的存在，没有不出自教育或者以教育为基础的，它们要么是直接的，要么是间接的。教师改造社会之教育信仰，必定要求"教育为公"，[4]不能存有一毫的私欲。人类之于社会有很多的理想，比如天下为公。然而天下为公首先要从文化观念和心理意识上是为公的，这就要求教育是为公的。"天下为公要建筑在普及教育上。"[5]一旦教育成了私欲的倾轧之处，文化为公、天下为公之教育目的就成了缘木而求鱼。

其次，教师应该是实践和理论合一的教育家。陶行知讲，"教育为改良社会而设，为教育社会人才而设。"[6]教师的天职，是培养人才服务和改造现

---

[1] 陶行知：《陶行知教育文集》，胡晓风等主编，四川教育出版社2007年版，第51页。
[2] 陶行知：《陶行知教育文集》，胡晓风等主编，四川教育出版社2007年版，第101页。
[3] ［宋］朱熹：《四书章句集注》，中华书局1983年版，第70页。
[4] 陶行知：《陶行知教育文集》，胡晓风等主编，四川教育出版社2007年版，第535页。
[5] 陶行知：《陶行知教育文集》，胡晓风等主编，四川教育出版社2007年版，第349页。
[6] 陶行知：《陶行知教育文集》，胡晓风等主编，四川教育出版社2007年版，第37页。

实的世界。要想培养出改造现实世界的人才，教师需要深入现实世界的内部了解社会的需要，把教育做到社会实践中。教师必须是实践家，要有干事创业的胆略和魄力，扎根现实世界最需要的地方做教育，开辟出一条教育的大道。"国家有一块未开化的土地，有一个未受教育的人民，都是由于我们没尽到责任。"[1] 教师开辟教育实践的勇气从哪里来？从教育信仰中来，从社会需要中来，也从教育理论中来。教育理论具有照亮教育实践的作用，会给予教育实践深刻的洞察力和持久的动力。教育实践需要自觉联系教育理论，不主动联系教育理论的教育实践总无法摆脱狭隘的经验主义窠臼。归根结底，实践出真知，教育理论是从教育实践和社会实践中来。教育实践是教育理论的根基，教育理论是教育实践的升华，两者相滋互进。

最后，教师应该是改造社会的美术家。陶行知在1926年发表的《我们的信条》一文中讲道："我们深信乡村教师必须有农夫的身手，科学的头脑，改造社会的精神。""我们深信乡村教师应当用科学的方法去征服自然，美术的观念去改造社会。"[2] 陶行知的这两句信条里面包含了劳动、科学和美术等三个概念。这三个概念不只是对乡村教师讲的，也是对所有的教师讲的。陶行知生活教育学讲的三个命题——"生活即教育""社会即学校""教育即社会经验的改造"——突出地强调了教育的社会改造价值，教师的社会性，以及教师在社会改造实践中的地位。"教育就是社会改造，教师就是社会改造的领导者。"[3] 这样就从根本上确立了教师必须是具有劳动性的教师的训诫。科学是人们社会生活改善的重要工具，艺术则是社会生活改善的美的价值和方向。生活教育必然要求科学和艺术的教育，科学和艺术的需要和发展便是生活教育的重要内容。科学教人求真，艺术教人求美。这在客观上必然要求教师具有充分的科学素养和美术观念，及其相应的科学和美术实践能力。也唯有如此，教育才能培养出具有科学意识和美术观念的各类人才，从而推动社会改造走向真和美的正道。

---

[1] 陶行知：《陶行知教育文集》，胡晓风等主编，四川教育出版社2007年版，第47页。
[2] 陶行知：《陶行知教育文集》，胡晓风等主编，四川教育出版社2007年版，第150页。
[3] 陶行知：《陶行知教育文集》，胡晓风等主编，四川教育出版社2007年版，第206页。

二、教师志业的当代维度

习近平总书记在2014年第30个教师节同北京师范大学师生代表座谈时讲到,"每个人心目中都有自己好老师的形象。做好老师,是每一个老师应该认真思考和探索的问题,也是每一个老师的理想和追求。我想,好老师没有统一的模式,可以各有千秋、各显身手,但有一些共同的、必不可少的特质。第一,做好老师,要有理想信念。第二,做好老师,要有道德情操。第三,做好老师,要有扎实学识。第四,做好老师,要有仁爱之心。"[1] 这段话是习近平总书记对当代教师如何做到一名好老师提出的规范性要求和殷切期望,对我们思考何谓当代好教师提供了基本的思维路径和价值范式。

(一) 笃定教育信仰,爱满天下

所谓教育信仰,就是"坚信教育是一种自修化人的启蒙事业,是一种改造自我与变革世界的伦理实践,是一种经由审美实践达致精神层面的形上建构。"[2] 自修化人是这个概念的核心。《大学》云,"自天子以至于庶人,一是皆以修身为本。"[3] 向内修身,植仁爱于心田,沛然充乎全身,才能向外感化育人,推动社会实践向仁爱的方向扩展。如果自身缺乏仁爱之修养,就无法引领他人进行修身养性的自身实践。教育信仰是教育情感的升华,最终所追求的是达致个体精神层面的建构和结构,由此整合上升至时代的精神建构和扩展。这样的一种精神的修养和建构必是艰辛而需要投入坚强意志和无畏之毅力的。所谓"动心忍性"[4],"先难而后获"[5]是也。在智慧

---

[1] 习近平:《习近平同北京师范大学师生代表座谈时的讲话》,2014年9月10日。http://politics.people.com.cn/n/2014/0910/c70731-25629093-2.html。查阅时间,2021年8月4日。
[2] 黄英杰:《我们时代的大学转型》,人民出版社2018年版,第250页。
[3] [宋]朱熹:《四书章句集注》,中华书局1983年版,第4页。
[4] [宋]朱熹:《四书章句集注》,中华书局1983年版,第348页。
[5] [宋]朱熹:《四书章句集注》,中华书局1983年版,第89页。

的陶冶和仁爱的修养过程中始终伴随着勇敢品质的淬炼。因此，要反对借教育情感把知识实践庸俗化为一种简单的快乐主义。要从儿童教育阶段起就自觉地培养人的勇敢品质，直至到成年时期他们可以拥有知识求索的意志和对科学实验的坚守。在教育中也要切忌用庸俗的快乐主义窄化和矮化教育主题，对受教育者实施一种低于其心智发展水平的弱智化或反智化教育，必将是对教育的犯罪，一种康德意义上的"违反人性的犯罪行为"[①]。

（二）以人为本，为国育才

爱生是因为识人。以教育为志业的教师必定是深刻理解了人之本质的教师。教育要以学生为本，这是不够的，还要以人为本。什么是以人为本？就是教师的眼里要有人。人是什么，人是一个独立自由的存在者，在人格上与教师处于平等的地位上。这是第一义。有了这第一义，教师就可以站在人的角度想问题，从人之成长本身出发思考教育。眼里有人的第二义就是要认识到人是具有无限发展可能性的连续存在体。人的这一无限可能的展开，教育起了最主要的作用。教育就是要做两个事情，教人怎样美化世界和教人怎样善化自己。

《礼记·学记》里说："建国君民，教学为先。"[②] 对教育教学的认识应该上升到对国家的大情和对人民的大爱的高度。学生是未来社会的建设者，是国家、社会和民族的一分子，教育任何一个人，都要从这个高度出发。国家和社会未来的样子，人们未来的生活状态和水平都取决于这些正在受教育的人。近现代民族国家建立之后，无论公立私立，人类教育的一个主要任务就是服务国家建设和民族发展。甚至民族国家兴起本身也是教育的重要成就之一。在这种情境下，教育一方面要自觉强化民族国家观念和价值，服务国家发展战略，凝聚民族文化意识和精神。另一方面要主动培育全球化观念和价值，服务全球共同利益，凝聚世界意识和世界精神，为建造

---

① ［德］康德：《历史理性批判文集》，何兆武译，商务印书馆1990年版，第28页。
② ［清］朱彬：《礼记训纂》，沈文倬，水渭松点校，杭州大学出版社2010年版，第535页。

"各美其美、美人之美、美美与共，天下大同"[①]的多元化人类命运共同体而奋斗。

（三）追随教育真理，开辟教育实践

教育真理出自教育实践，是具体教育经验的普遍理论性提炼，也必然在新的教育实践中得到验证、扩展和丰富。这样，教育真理和教育实践之间便建立了共生共在的天然联系。拥抱教育真理的教育者必然对教育实践抱有无限的热情，勇于开辟新的教育实践。这是教育真理的本性使然，也是以教育为志业的教育者的使命所在。教育具有一定的稳定性和恒常性，这是文化硬核之延续的惯性，时常也是民族文化精神之核心品质的反映。虽然如此，教育实践的求新却是与教育实践的惯性共同构成了教育实践之一体两面的存在，也是教育实践本身所固有的。教育之所以是常新的，原因至少体现于以下两个方面。一方面，新一代的教育者和学习者在继承了人类文化遗产之后必然会有一个新的发展基础，他们所使用的新的学习工具和教育资源，以及他们所拥有的新的教育视野等都是以往的教育者和学习者所无法想象的。另一方面，新一代的教育者和学习者所面临的生存环境和国家对其所抱有的现实预期也是不一样的。当今的全球化时代是一个科学技术竞争的时代，世界格局发生了百年未有之新变局，民族生存环境也发生了激烈变化。着眼于人类文明的福祉，新一代的教育者必须自觉平衡各种政治意识形态和物质实践的界限，把人类所积累的科学技术财富转化为全球的共同教育资源，相互敞开，有效分享研究成果，树立"教育和知识是全球共同利益"的新人文主义教育观，[②]不断创新教育实践，集聚全球优秀的智力因素以攻坚克难，发明新的科学原理，创造新的关键性技术，积极拓展人类生存的有限境域。

---

① 费孝通：《文化的生与死》，上海人民出版社 2009 年版，第 173 页。
② 联合国教科文组织：《反思教育：向"全球共同利益"的理念转变？》，联合国教科文组织总部中文科译，教育科学出版社 2017 年版，第 69 页。

三、第一流教师的生成路径

以教师为志业的教育者是第一流的教师，用陶行知的话讲，便是教育家型教师。教育家型教师的涌现，是国家和民族之教育兴旺发达的关键要素。关于教育家型教师的生成，陶行知曾经这样发问："但是这种人才，究竟要到什么时候才能出现？究竟要由什么学校造就？究竟要用什么方法养成？可算是我们现在最关心的问题。"[①] 这就是陶行知关于教师教育的著名问题。一百多年过去了，"陶行知之问"仍然是教师教育的重要时代问题。第一流教师如何生成，这是一个实践问题，也是一个理论问题。理论是实践的抽象概括，实践是理论的现实演绎。随着实践的有序展开和效果彰显，实践就是理论。随着理论的自洽和逻辑构建，理论就是实践。理论和实践互为表里，相滋共生。因此，第一流教师的养成是在教育理论的研修和教育实践的淬炼中完成的。这一过程不是静止的短暂过程，而是动态的长期过程，甚至伴随着第一流教师整个的人生过程和职业生涯。

（一）教育理论研修

其一，在现实的政治生活中修习教育。

在培养未来的教师时，师范大学主要采取的是由教育通识课程、学科专业课程和教育实践课程组成的课程和教学体系。教师的教育素养主要是经由教育通识课程完成的，教师教育的目的是经由教育通识课程把学生培养成为深刻理解教育并能自觉按照教育方法科学施教的教师。在传统的教育学视野里，教育是治国安邦的重要手段，是政治设计的重要组成部分。《论语》和《理想国》分别是中国和西方社会之治国安邦策略的理想参照。《论语》仁爱核心的德性政治设计既是孔子的政治理想，也是其教育追求。同样地，《理想国》正义核心的理性政治设计既是柏拉图

[①] 陶行知：《陶行知教育文集》，胡晓风等主编，四川教育出版社2007年版，第47页。

第一章　实践教育哲学纲要

的政治理想，也是其教育追求。《论语》和《理想国》分别是孔子和柏拉图对其生活于其中的政治实践之反思后的教育改造方案。当有人讥笑热衷政治的孔子却做了教育时，孔子回答，做教育即是在做政治。"或谓孔子曰：'子奚不为政？'""子曰：'《书》云，孝乎唯孝、友于兄弟，施于有政。'是亦为政，奚其为政？"[1]柏拉图在《理想国》里直接宣称国家首先是一个教育机构，他呼吁国家的治理者要尽心致力于教育。在柏拉图看来，唯有教育才能保证人性发展的正确方向，才能保证建设一个善的城邦国家，使人们生活在幸福之中。柏拉图不仅为理想城邦的统治者——哲学王设计了严格的教育程序，而且亲自实践教学，开创性地建立了柏拉图学园这样一种高等教育机构。因此，在传统教育学的视野里，教育学是一门治国安邦的大学问。教育修习者只有积极参与政治实践，关注国家命运和天下苍生，关怀人类未来发展，方能成就教育的大视野，成为第一流的师者。

其二，在广阔的社会实践中理解教育。

杜威在写到，"一切教育都是通过个人参与人类的社会意识而进行的。这个过程几乎是在出生时就在无意识中开始了。它不断地发展个人的能力，熏染他的意识，形成他的习惯，锻炼他的思想，并激发他的感情和情绪。由于这种不知不觉的教育，个人便渐渐分享人类曾经积累下来的智慧和道德的财富。他就成为一个固有文化资本的继承者。世界上最形式的、最专门的教育确是不能离开这个普遍的过程。教育只能按照某种特定的方向，把这个过程组织起来或者区分出来。"[2]杜威的意思是，教育实践的发生离不开人类的社会意识，人类的社会意识在文化层面上会以一种文化资本的形式而存在。在这个意义上，教育学既是社会学的一部分，也是文化学的一部分。引导学习者进入这个社会文化资本之中，陶冶文化性情，是教育的核心使命。就个体的身心发展讲，个体必须积极参与人类的社会

---

[1] [宋]朱熹：《四书章句集注》，中华书局1983年版，第59页。
[2] [美]杜威：《杜威教育论著选》，赵祥麟，王承绪编译，华东师范大学出版社1981年版，第1页。

文化意识，他才能获得发展。没有社会文化意识，个体是无所谓身心发展的，即使发展也不是一种趋向人类的发展。就教师的施教讲，教师对人类社会文化意识必须有切实的体验、理解和把握，他才能按照人类社会文化意识的方向进行科学合理的施教。要想把握健全的人类社会文化意识，客观上要求教师在教育学的学习过程中投身社会实践，把教育学知识的学习和广阔的社会实践相结合，深刻地理解教育。作为未来的教师，他们"首先所需要的就是要明白我们所生活着的是一个什么样的世界；要考察它的力量；要看出在争夺领导中各种力量的对立现象；要决定哪些力量是世界在其潜能中从过去遗留下来的过时的东西，以及哪些力量会指向一个更好的、更幸福的未来。"① 因此，为了第一流教师的培养，高水平的师范教育需要加入更广阔的社会实践环节，经由合理的课程教学设计，引导学生进入学校、工厂、社区、政府部门、贫穷地区，甚至国际社会等地方参加学习和实习，使其在广阔的社会实践中受到全身心的淬炼，如此，方有望成就第一流的教师。

其三，在科学技术的发展中革新教育。

谈到科学技术的本质问题时，雅斯贝尔斯（Jaspers）讲，"绝大多数的人对科学可以讲完全无知。这是我们时代的意识的断裂。科学仅为少数人所特有。科学是当今时代的一个基本特征，尽管它具有真正的本质，而在精神上却是无力的，因为大多数的人并没有踏入科学之门，而只是强占了技术上的成就，或者是通过提问学到了可以学到的一些教条的东西。"② 人类在太空、海洋、生物、基因、计算机等技术上取得了重大成就，直接便利生活的计算机技术等更是获得突飞猛进的发展，科学技术意识成为人们的一种普遍意识。随着计算机的广泛发展和使用，互联网和物联网织就了新的社会网络，大数据和高端智能机器逐渐向人类生活的各个层面渗透。人类把这一新的时代称为信息时代或智能时代，由计算机所推动和建构的

---

① ［美］杜威：《人的问题》，傅统先、邱椿译，上海人民出版社1986年版，第55–56页。
② ［德］雅斯贝尔斯：《历史的起源与目标》，李雪涛译，华东师范大学出版社2016年版，第109页。

新型社会则被美国社会学家卡斯特（Castells）称为网络社会。关于这一社会对于人类的深层次价值和意义，卡斯特从人类社会行动的自然——文化维度深具预见性地指出，人类"已然进入文化仅指涉文化的新阶段，已经超越自然，到了自然人工再生成为文化形式的地步"。"进入社会互动和社会组织的纯文化模式之中"，在其中，"信息和意义流动构成了我们社会结构的基本线索"，"我们生活在一个根本上是社会性的世界之中"，"文化相对于我们生存的物质基础获得了自主性"①，等等。当代世界科技发展之速度早就超出了人的想象，借助科技以往仅属于诗人的梦想正在变为现实。"可上九天揽月，可下五洋捉鳖，谈笑凯歌还。"② 这一切自然是现代教育的结果。作为报偿，教育实践也在科学技术的变革中发生了明显的技术上的变化。人们把计算机及其相应的智能技术广泛应用于教育实践，在课程、教学、评价和观念等领域都产生了重大变革。在新冠肺炎疫情的挑战下，线上教育不断升级发展，正在日益展示一种新教育模式的未来前景。然而，正如雅斯贝尔斯所讲的科学本质仍在呈现中一样，科学技术所引发的人们对教育本质的思考也在探索中。这就要求未来的教师能够着眼于人类科学技术的发展，把教育本质的追思置于科学技术发展的现实和未来视野之中，以重塑新的教育哲学理念，开辟新的教育实践。

其四，在深刻的哲学运思中叩问教育。

康德在其教育学讲座中说，"也许，教育将越来越好，每一个后来世代都将向着人性的完善更趋近一步；因为在教育背后，隐藏着人类本性的完善性的重大秘密……设想人的本性将通过教育而发展得越来越好，而且人们能够使教育有一种合乎人性的形式，这是令人陶醉的。"③ 这里康德提出教育的本质在于破解人类本性无限完善的伟大秘密。人类社会进入近现代以来，教育的民族价值和社会服务功能彰显。教育越来越被有意识地纳入

---

① ［美］卡斯特：《网络社会的崛起》，夏铸九等译，社会科学文献出版社2006年版，第440—441页。
② 周振甫：《毛泽东诗词欣赏》，中华书局2010年版，第175页。
③ ［德］康德：《康德著作全集·第九卷：逻辑学、自然地理学、教育学》，李秋零主编，中国人民大学出版社2010年版，第444页。

国家的重大战略规划和设计里。正是在这一趋势中，教育学成长为一门显学，主要致力于服务民族国家文化精神建设和制式人才培养的诉求，并自觉探求人才成长的规律及其与之相符合的教育教学方式。但是仅仅这样是不够的，这种教育学还只是停留在一般的层次和水平上。教育学应该有更高远和更根本的学术追求，也即康德所讲的探求作为类存在的人类本性的秘密，以使人的本性发展得越来越好。"孩子们受教育，应当不仅适合人类当前的状态，而且适合人类未来更好的状态，亦即适合人性的理念及其整个规定。"① 很显然，这种人类学层次的教育学追求已经超越了民族国家的界限，超越了任何种族的狭隘视野，上升到了普遍性的人之为人的更高层次的发展视阈和实践操作。在学理上，这一追求自觉上升到了教育哲学的视阈。教育和哲学相互包含，哲学是教育的核心构件，教育哲学是教育的更高级的存在形态。哲学无教育则空，教育无哲学则盲。无论孔子的弘扬私学，还是柏拉图的创办学园，人类历史上这两位伟大的教师既是教育家也是哲学家，他们所从事的正是哲学的教育实践。不经教育哲学的洗礼，教育理论及其实践只能停留在较为初级的层面上。因此，第一流教师需要不断加强教育哲学的素养，自觉从普遍的人类存在的视角不断重思何为人性这一基本问题，并且把这一思考与教育实践——如何更好地塑造善的人性——相互参证，勇敢向前拓展形而上教育的新境界。

其五，在清醒的自我意识中完善教育。

教师的职责是立德树人，研习教育理论则可以更好地帮助教师找到实现这一职责的路径或方法。现代教育学理论也正是本着这样的目的来引导未来的教师从事教育学的学习的。问题在于，以教育他人为指向的学习，主要是一种价值外指的求知活动。它诱导学习者向外求而不是向内求，忽略了其内在价值的塑造和自我人格的修养。在这样的情境下，无论现代大学培养的是何种规格的人才，皆属于器具之学。器具之学必须建筑在人学

---

① [德]康德：《康德著作全集·第九卷：逻辑学、自然地理学、教育学》，李秋零主编，中国人民大学出版社2010年版，第447页。

之上，人学是器具之学的根基，根基不稳，器具也难以成为好的器具。孔子讲，"君子不器。"①君子指的是成德之人。按照孔子的意见，成德之人不会拘泥于某一具体的才艺上，因为他在修养的实践中已经首先把自己造就成为一位具有健全人格的完整的人，才艺不过是其人格之所指或表达而已。从逻辑上讲，君子的培养顺序首先是成人，然后才是成器。扩而广之，在学习实践中，首先应该是成己，接下来是成（他）人，然后是成物（器），直至成就一个有我存在其中的民胞物与、万物一体之大宇宙。这是牵涉教育理论和教育实践的根本性大问题。人性的本质是文化性。人之所以是人，全在于他（她）继承了以往所有的文化成果，内聚为人性。教育就是要在文化习得的基础上淬炼人性，古往今来一切的教育本质即在于此。所以，教育首先应该给予学习者一个通识性的一般文化的大根基，在此基础上才是专业文化知识的学习和修养。然而，包括师范类大学在内的现代大学把教育的重心放在了成就他人他物上，没有达至理解宇宙的高度，使得原本是成己成人成物成宇宙的深远的大教育学被缩减为只是成就他人和制造器具的狭隘的小教育学，第一流的教师自然也难以生成。要想造就第一流的教师，现代师范大学需要引导未来之教师涵养于文化的世界，博学多识，立足大地，洞察宇宙，积极关注自己的内心，注重自我内在的修养，修德讲学，向义求善，求索不止，"如切如磋，如琢如磨"②，以立牢自我人格的根基。

其六，在人类命运的沉浮中创新教育。

人性是教育的逻辑起点。不同时代、不同民族和国家的教育者在从事教育实践的时候，他们虽然是从各自具体的教育情景出发思考人性和教育的，但是这种思考本身却无意中包含了类的因素，超越了具体的范围。教育是在人性中培植真善美的种子，使其不断得以生长和扩展，这是人类教育在整个历史发展阶段中不断追求和澄明的，是放之四海而皆准

---

① ［宋］朱熹：《四书章句集注》，中华书局1983年版，第57页。
② 《诗经》，陈戍国校注，岳麓书社2004年版，第67页。

的永恒教育真理。当然，真善美的具体内容，以及真善美的对立面假恶丑则具有一定的特殊性，会因时因地因民族国家的不同存有某种变化或区别。教育的功能之一便是辨识这种变化，调适这种变化，丰富人们之间的共同想象，拒斥假恶丑，激扬真善美，以增加民族和国家之间的理解，消泯隔阂，走向共在。一部人类社会发展史就是一部人类不断消除隔阂走向共同理解的历史，作为其有效促进工具的教育的发展史恰与其相伴而行，如影随形。当今时代比以往任何时代都更具有了相互理解的必要性和可能性，也比以往任何时代面临着更加严峻的挑战。贫穷、疾病、歧视、偏见、暴力、病毒、战争、自然和宇宙的危机，等等，这些在根源上出自人之私欲的恶还在很大程度上威胁着人类的共同存在。2020年新冠肺炎疫情的暴发和全球传播，从反面证明地球已经成为一个人类休戚与共的村庄，需要人类首先消除政治偏见，求同存异，真诚地共同面对问题，寻找科学的解决方案，这便是人类共同的命运。为此，人类必须重新思考教育的命运，重新界定教育。人类命运的全球一体性是教育实践的结果，这种结果反过来又反哺教育，改变着教育观念。教育已经成为人类突破全球生存困境和应对不确定未来所能凭借的最为有效的工具，成为人类的一种共同利益。所谓共同利益，指的是"人类在本质上共享并且互相交流的各种善意，例如价值观、公民美德和正义感。它是人们的紧密联合，而不仅仅是个人美德的简单累计。这是一种社会群体的善意，在相互关系中实现善行，人类也正是通过这种关系实现自身的幸福。"[①] 既然教育是人类的共同利益，第一流的教师就应该着眼于人类的共同命运，汇聚全球智力成果和人类整体的教育实践智慧，提升教育理论的深度和包容性，不断创新符合人类共在之命运的教育形式和知识生产方式，不再把教育局限于民族国家的狭隘视界里。

---

① 联合国教科文组织：《反思教育：向"全球共同利益"的理念转变？》，联合国教科文组织总部中文科译，教育科学出版社2017年版，第71页。

（二）教育实践淬炼

上文的教育学的学科知识学习还只是一种必要的教育理论储备，只不过这种教育理论储备采取了与广义实践相结合的有效学习方式。要想把第一流教师的生成变成现实，尚需要在教育实践中对其加以岁月的磨炼。因为教育是教学相长的文化实践活动，第一流的教师必定有第一流的学生培养实践与其相对应，这就落到了师生关系实践上。第一流的教师最终在师生学习共同体中得以完成。

其一，"兴于诗"：审美引导。

亚里士多德（Aristotle）说，"求知是人类的本性。"[①] 教育是保护人的这一求知本性并自觉组织开展求知活动的一种主要形式。但是这并不意味着教育求知活动一定会按照人的本性的要求而展开。教育的发生尚需要学习者心理意愿的支撑，缺少了这一支撑，任何教育都会因心理意愿之动力的缺失而难以发动，即使勉强发动亦难以持久。心理意愿的催发需要一定的学习环境——自然环境和人文环境。就自然环境而言，马克思早就讲过，"自然界，就它自身不是人的身体而言，是人的无机的身体。人靠自然界生活。""人是自然界的一部分"。[②] 这里马克思是从经济学角度上讲的，也即自然界提供了人之生活的一切工具和材料。这段话也可以从生物学和人类学的角度理解，即人是自然环境的产物，有什么样的自然环境便会有什么样的身体与其相适应。环境对身体的影响还可以从疾病的角度理解，类风湿性疾病或椎体类疾病会随天气变化而使身体发生病痛等反应。除了影响身体，环境也会影响人的心情。压抑的环境使人沮丧，开阔的环境令人舒心，壮美的环境催人奋进，丑陋的环境令人作呕，如此等等。这就是因景而生情，由情而生理。情成为学习发生的重要心理意愿。教育始于诗，兴观群怨，激扬情志；成于乐，自由创造，继善成性。诗乐之发生皆需要环境，要么是自然之景，要么是人文之景。大凡教育之景，虽属自然，多添加了人

[①] ［古希腊］亚里士多德：《形而上学》，吴寿彭译，商务印书馆1959年版，第1页。
[②] 马克思，恩格斯：《马克思恩格斯文集·第一卷》，中共中央马克思恩格斯列宁斯大林著作编译局编译，人民出版社2009年版，第161页。

文的痕迹。无论是现实发生的实写还是理想之建构的虚写，伴之以春风徐徐或者悦耳之音乐，无疑已经成为教育发生的美丽场域。置身于此美的教育场域之中，情景理融为一体，心情自由而舒畅，情志自然而生长，教育的诗性与人的诗性和合为一。

其二，"樊迟从游"：师生相知。

有了环境所催发的心理意愿的支撑，教育和学习的发生便具备重要的条件。信其师学其道，接下来便是解决师生互相信任的问题。《论语》里记载，"樊迟从游于舞雩之下，曰：'敢问崇德、修慝、辨惑。'""子曰：'善哉问！先事后得，非崇德与？攻其恶，无攻人之恶，非修慝与？一朝之忿，忘其身，以及其亲，非惑与？'"[1] 这里发生的师生关系便是相知而从游。知必从游，游必相知。不相知，学习者便无法排除万难主动游学于圣人之门下。古今中外教育史上，学生从游于师者之门的故事比比皆是。相知而从游是理想的第一流师生关系的常态。师生相知而共习，共习而上升，结成从游的学习实践共同体，成为社会文化发展的胚胎。从游相知之深，往往得学习之奥妙。《论语》里记载："子曰：'参乎！吾道一以贯之。'曾子曰：'唯。'子出。门人问曰：'何谓也？'曾子曰：'夫子之道，忠恕而已矣。'"[2] 孔子知曾子，所以夫子乐以自道为学之要；曾子知孔子，所以曾子能心解忠恕之为仁道。师生相知，为师之乐莫过于此！然而现代工业逻辑支配下的班级授课制多重口耳相传之教，身教有所不及，影响了学习效果。樊迟问其师孔子如何修德、去恶念、辨是非，孔子先是对问题大加赞扬，"善哉问！"然后逐一对问题做了针对性回答。所谓针对性回答，是讲孔子针对樊迟有些狭隘近利的缺点讲的，意在教其纠偏。值得注意的是"先事后得"，意指孔子所教针对的是事情，必是樊迟困惑于具体的事情中方有其问，孔子也方有所答。这就是因材施教，因其不足而施教。孔子赞扬樊迟，是因为樊迟有改过的努力，且也因其能从具体的

---

[1] ［宋］朱熹：《四书章句集注》，中华书局1983年版，第136页。
[2] ［宋］朱熹：《四书章句集注》，中华书局1983年版，第72页。

事情中提出人性修养的普遍性问题,如是方有德性的提升。知之深,方有教之切学之真。

其三,"吾与点也":志趣激发。

人之学习贵在立志。俗谚讲,有志者事竟成。孔子十五岁立志于学,经由长期的修养,终成一代人师。志向可以集中学习者的意志力和兴趣,给予学习活动以持久不息的动力和目标,促使学习者攻坚克难,进步不止。虽有艰辛,却可苦中求乐。有了学习的意愿和师生之相知,再辅之以学习者的志趣,学习便犹如春天之禾苗,勃然兴起而无所阻碍。就志趣而言,孔子以"兴于诗,立于礼,成于乐"之规程教人,重视在诗歌和音乐中陶冶学习者的性情和志趣,其乐圆融,其情纯厚,其所造就之人性自由而不逾矩,其志趣远大而坚毅,人性之善由此而生,这便是孔子诗教的要义所在。诗教所培育和产出的社会是一种艺术化的社会。在艺术化的社会里,社会风气必然和谐、质朴而上进,整个社会自会安静且充满无限生机。这是教育和治国的大境界。现代教育之所以出现诸多问题,其根本原因之一便是在教育实践中师生之间缺少了深入人性的志趣交流和沟通,教师象征性地成了一架传授知识的程序机器,只是按照教学计划向学生传授客观的知识、观念和技术,学生也只是被动的理解和接收。当知识的学习与学习者的志趣无关,知识就会异化成为学习者的一种额外负担,知识劳动相应地异化为完全的物质劳动,无法给予学习者精神的愉悦和享受。既然缺乏了知识本身所引发的志趣和快乐,为了维持异化的知识劳动,教育只有借助于强加的各种功利化的物质性外力,这就进一步加剧了现代教育的异化。故而,为了教育的正本清源和回归本位,第一流教师必须能够灵活使用教育的方法和技巧与学生情感相通,师生交流无碍,如果能够借助音乐和诗歌等艺术化的教育手段激发学生的志趣,知其性而施其教,那便是教育的大善大乐了。

第5节 走向教育真理

夸美纽斯（Comenius）讲，"假如要形成一个人，就必须由教育去形成。"[1]康德也讲，"人是唯一必须受教育的造物"[2]。所以，教育是形成一个人的最为重要的工具。教育真理需要到人之形成的实践中去寻找。这里的关键是经由教育形成一个人的意涵是什么？正是这个意涵决定了教育真理。康德讲，"人并未完全达到自己存在的目的"，"把人性从其胚芽展开，使得人达到其规定"[3]。可见，一个人的形成主要不是指身体之机体上的。教育更关注其他的东西，它要引导人在其人性的胚芽上逐渐生长，"达到其规定"，实现其"存在的目的"。可见，教育真理是关于人之形成的真理，是引导人在其人性的生长中达到其规定，实现其存在目的的真理。

教育一个人，首先必须知道人是什么以及人如何是，这是教育设计和实践的逻辑起点。故而，教育真理还是关于人是什么以及人如何是的真理。人是什么以及人如何是，并没有统一绝对的标准模型，人类历史的承续、变化和累积决定了我们对人的理解只能是一个历史性的时代命题。就个体而言，每个人都是在他（她）自己禀赋的基础上经由后天的学习逐渐成长起来的。每个人的存在都是绝版的，他（她）的生成和变化的道路是唯一、常新和不可复制的。在这个意义上，教育真理是多元的真理，是复数的真理，就是要澄明人的生成的多元性和创新性。人性不断在教育中澄明，个体也在澄明了的文化教育视阈里不断觉解自己，生成（becoming）常新的自己。在这个过程中，教育所能做的只是探讨人之存在澄明的道路和准备

---

[1] [捷克]夸美纽斯：《大教学论》，傅任敢译，人民教育出版社1984年版，第39页。
[2] [德]康德：《康德著作全集·第九卷：逻辑学、自然地理学、教育学》，中国人民大学出版社2010年版，第441页。
[3] [德]康德：《康德著作全集·第九卷：逻辑学、自然地理学、教育学》，中国人民大学出版社2010年版，第445页。

存在之生成的可能性条件。教育所澄明的人之存在的道路，也只能是一种永远无法穷尽所有面向及其结果的可能性的道路，在这条道路上，可能性多于必然性，主动性多于被动性。教育在人之存在道路澄明的过程中也为人之存在的生成准备了条件，但是这些条件仅仅是必要条件，并不是充要条件。可能性的道路决定了无论教育提供多少条件，对于人的生成来讲都是不够的。因此，在澄明论的意义上，教育真理就只能是可能性的真理，而非必然性的真理。

一、人是文化的存在者

关于人是什么，以及人的行为的动力研究一直伴随着人之发展的历史，从最初的人之产生的神学和宗教学构建，到哲学上性善和性恶、理性和非理性、情感和欲望等的分辨，到心理学上意识和无意识、自我和本我、原型和人格的描述，再到生物学、医学和人类学上的实证演绎，解释多元纷呈，概念不断翻新，所涉及之领域渐至深入和扩展。然而我们至今对人的理解仍然处于不断的探索之中。正如舍勒（Scheler）所讲，"研究人的各种特殊科学与日俱增，层出不穷，但是无论这些科学如何有价值，它们却掩去了人的本质，而不是去照亮它。……，在历史上没有任何一个时代像当前这样，人对于自身这样地困惑不解。"[1] 卡西尔（Cassirer）也讲，"即使有可能对所有这些心理学的、社会学的、历史学的问题都作出回答，我们仍然还只是存在'人的'世界的外围地带，还是没有迈进它的门槛。"[2] 即使这样，由于人的概念是教育学理论及其实践发展的重要基础，这些探索仍然对教育学的发展产生了十分有益的影响。不只探索过程本身就是对人的概念的澄明，教育实践也积极参与到了人的理解的实验之中。教育学在实践中积极主动地对其他学科的探索结果进行验证、吸收、纠偏和扩展，启示

---

[1] ［德］马克斯·舍勒：《哲学人类学》，魏育青等译，北京师范大学出版社2017年版，第130–131页。
[2] ［德］卡西尔：《人论》，甘阳译，西苑出版社2003年版，第121页。

着它们的进一步研究。这是一个多学科之间围绕人的理解和发展而展开的复杂的良性研究互证过程。我们对人的理解和教育也在这个过程中不断地向前推进。

（一）弗洛伊德和荣格对人类文化意识秘密的揭示

在人类向自己内心世界探索的伟大征程中，弗洛伊德艰苦的理论研究和心理治疗实践使得无意识（unconscious）成为20世纪最具影响力的一个心理学乃至思想史概念，启示和丰富了我们对人之本性的理解。弗洛伊德认为，人的无意识里面压抑储存着人之本能性的能量和个体在自身生活经验中所积累的能量，这些能量既有死本能的消极的负能量，也有爱本能的积极的正能量，还有个体经受的各类痛苦所压抑下来的负能量。个体行为不只是受到理性的决定，还受到无意识中非理性能量的重要影响。无意识中的非理性能量很难为个体所自觉驾驭，但是个体可以借用一定的心理技术，比如催眠术和释梦等，对无意识中所蕴藏的非理性能量进行分析和澄清，引导它们转化和升华以服务其心理的健康发展。与自我心理健康发展相同步，个体又进一步引导其本能力量加入人类文明的创造中。荣格继承和发展了弗洛伊德的无意识概念，把无意识又进一步细分为个人无意识和集体无意识。他提出，"构成个人无意识的主要是一些我们曾经意识到，但以后由于遗忘或压抑而从意识中消失了的内容。集体无意识的内容从来就没有出现在意识之中，因此也就从未为个人所获得过，它们的存在完全得自于遗传。个人无意识主要是由各种情节构成的，集体无意识的内容则主要是'原型'。"[1]原型是无意识中的"遗传倾向"，"是心里生活的先天决定因素，它使得个体在面临类似的情景时与祖先产生同样的行为方式。"[2]"是心理本身的原始的基础"。[3]因此，集体无意识里蕴藏的主要是人类进化过

---

[1] ［瑞士］荣格：《心理学与文学》，冯川，苏克译，译林出版社2011年版，第61页。
[2] ［美］舒尔茨（Schultz, D. P.），舒尔茨（Schultz, S. E.）：《现代心理学史（第10版）》，叶浩生，杨文登译，中国轻工业出版社2014年版，第448页。
[3] ［美］塔纳斯：《西方思想史》，吴象婴等译，上海社会科学出版社2007年版，第464页。

程中所有积淀遗传下来的有利于人的生存和发展的能量，它给予人的心理活动和相对应的行为以明确的价值和意义。个人无意识里主要包含着个体在生活中所遭遇和压抑下来的消极的负能量，表现为左右或扭曲人之行为的各种情节。

弗洛伊德经由本能升华转化为文明建设的积极力量这样一种运思路径，澄明了文明与人的本能之间存有必然的联系。这种路径和联系被荣格注意到，并进行了更为深刻和宽广的研究。荣格批评了弗洛伊德把心理（包括无意识）仅仅归于个体个人生活经历的观点，"在我看来，把人的心理视为纯个人的事情从而完全从个人的角度去对之作出解释，乃是一个致命的错误。"① 荣格明确指出，"心理并不是个人的，它来源于国家，来源于集体，甚至来源于人类。在某种意义上，我们不过是一个唯一的、无所不包的精神的一部分，……，是一个唯一的'最伟大者'的一部分。"② 这样，意识就被荣格扩展为社会意识、人类意识和历史意识。"无意识是一个巨大的历史仓库"，涵盖了"巨大的历史领域"。③ 由是，意识就不再只是一种个体的主观性存在，同时它也是一种历史的客观性存在。集体无意识"是彻头彻尾的客观性，它与世界一样宽广，它向整个世界开放。"④ 个体经由意识的这种历史客观性而融入社会、历史和人类，与整个世界一同存在，成为世界的一部分。"在那完全的客观性中，我与世界完全同一，我在如此之深的程度上变成了这世界的一部分。"⑤ 我、意识与宇宙便一体同在。至此，无意识的内容已经不再只是消极的本能和负面生活经验的压抑，而是同时包含了人类文明的历史经验，成为个体融入社会和世界的积极凭借力量。没有这种力量，个体就会在实践中滑向一种无根的存在，陷入巨大的虚无之中，丧失存在的意义。

---

① ［瑞士］荣格：《精神分析与灵魂治疗》，冯川译，译林出版社 2012 年版，第 19 页。
② ［瑞士］荣格：《精神分析与灵魂治疗》，冯川译，译林出版社 2012 年版，第 234 页。
③ ［瑞士］荣格：《分析心理学的理论与实践》，成穷，王作虹译，译林出版社 2011 年版，第 140 页。
④ ［瑞士］荣格：《心理学与文学》，冯川，苏克译，译林出版社 2011 年版，第 40 页。
⑤ ［瑞士］荣格：《心理学与文学》，冯川，苏克译，译林出版社 2011 年版，第 41 页。

（二）人类文化心理结构的遗传和积淀

意识的历史人类学来源也就是文化的来源。人的发展就是在生活经验中不断丰富自己的文化意识，同时自觉把自己的文化意识与集体（人类）的文化意识建立有效联系，使其富有价值和意义。从这个意义上讲，教育是人之文化意识的持续不断的丰富和扩展。人类的进化包含两个方面，其一是身体—机体的进化，其二是心理的进化。前者主要靠的是生物基因遗传，后者则主要靠文化基因遗传。生物基因遗传进化决定了人的身体性状的种族连续性，文化基因的遗传进化则保证了人的民族文化意识（包括精神）层面的持续存在。身体的进化与意识的进化交互发生，相互影响，协同共进。恩格斯（Engels）说，"正如母体内的人的胚胎发展史，仅仅是我们的动物祖先以蠕虫为开端的几百年的躯体发展史的一个缩影一样，孩童的精神发展则是我们的动物祖先、至少是比较晚些时候的动物祖先的智力发展的一个缩影，只不过更加压缩了。"[①] 恩格斯讲到了人类进化的身体和精神（文化意识）两个方面。格尔兹（Geertz）以人类中枢神经系统的进化为例说，"我们的中枢神经系统——最重要的大脑皮层——部分是在与文化的交互作用中成长起来的。"[②] 格尔茨的意思是，即使身体—机体方面的进化也会受到文化的有益影响，反之亦然。

拉姆斯登和威尔逊在《基因、心灵与文化：协同进化的过程》一书中提出并论证了影响深远的"基因——文化协同进化"概念。按照这个概念，人类的心灵是伴随着人的复杂社会交互活动经由人之生物基因和文化基因协同进化的结果。这样的一种进化过程包含有四个回路。"基因通过后成法则，塑造文化环境中神经认知的发展。这是回路的第一步。下一步，评价与决策的作用塑造了行为。知识为这些作用提供基础，包括对群体水平或大规模社会趋势的具体化得来的知识。文化进化作为惯例、信念、服饰等——特纳的符号丛林——的模式化倾向，在大量的选择中随波逐流。

---

① 马克思，恩格斯：《马克思恩格斯文集》，中共中央马克思恩格斯列宁斯大林著作编译局编译，人民出版社2009年版，第559页。
② ［美］格尔茨：《文化解释》，韩莉译，译林出版社1999年版，第62页。

这是回路的第三步。在第四步也是最后一步中，这些经由行为选择汇集而成、变迁着的文化模式，将反馈回生存（你是一名吸烟者吗？）与繁殖（你决定不要孩子了吗？）进而随时间的流逝改变基因的频率。这就是自发的、自组织的基因——文化协同进化循环。"[1]在他们的描述中，我们可以看到，不只是基因和文化的协同进化塑造了心灵，而且文化可以改变基因的频率。他们还谈到，"在社会性的交往活动中，个体或群体的选择与决定影响着其他人，放大了基因的微小变化产生的效应，经常会在文化上导致一些可预测的大变迁。我们称这种前馈效应为基因——文化放大。"[2]因此，基因和文化之间可以相互作用，改变彼此的存在。基因、心灵和文化三者之间经由社会交往活动彼此影响，循环上升。教育作为有目的、有计划、有规程的文化实践，必定会对基因、心灵和文化三者之间的增益进化产生非常有益的重要影响。

李泽厚把人之向前进化的本原活动归之为实践，其中最为基础的是工具的制造和使用。"人类最根本最基础的'实践'是使用——制造物质工具的劳动操作活动，亦即社会生产活动。"[3]人类向更高级阶段的进化，主要是经由实践活动持续不断地加以"内在自然的人化"的结果。这一过程在逻辑上又可以具体分为"硬件"和"软件"两方面的人化。李泽厚讲，"所谓'人化'的'硬件'，就是指如何改造作为人类自身的自然，即人的身体器官、遗传基因等等。……，21世纪的克隆、基因科技将在此揭开新页，使'内在自然人化'的'硬件'方面的发展达到高峰。它将史无前例地促进人的健康，治疗人的疾病，延长人的寿命，加强人的体力和智力，成为科技发展的最强音。"[4]"软件"的人化指的是人类心理状态或者意识层面的进化，李泽厚称为"文化心理结构"的"积淀"。"经由制造使用工具和

---

[1] ［美］拉姆斯登，威尔逊：《基因、心灵与文化：协同进化的过程》，上海科技教育出版社 2016 年版，第 33—34 页。
[2] ［美］拉姆斯登，威尔逊：《基因、心灵与文化：协同进化的过程》，上海科技教育出版社 2016 年版，第 36 页。
[3] 李泽厚：《实用理性与乐感文化》，北京三联书店 2008 年版，第 3 页。
[4] 李泽厚：《历史本体论·己卯五讲》，北京三联书店 2008 年版，第 247 页。

社会群体组织的漫长历史，人的心理机制和功能，有不同于动物的特异之处。这特异之处就在于，动物性与文化性已交融混合在一起：既是动物心理，又有某种文化成果积淀其中；既有社会性（文化性、理性），又有个体性（动物性、感性）。我称为'文化心理结构'。这也就是'内在自然人化'的'软件'。"[1]"硬件"的人化决定了人之生命及其所归属的种族生命的延续，"软件"的人化则决定了作为个体的、种族的存在的文明的演化和文化的发展。通过长期的"内在自然的人化"，人类积淀而形成了由"'理性渗透感性'的审美结构、'理性凝聚'的意志结构和'理性内化'的认知结构"三大部分组成的"文化心理结构"。[2] 在教育的作用下，人类的"文化心理结构"被有意识地加以训练和传承。由是，人作为人而存在于人类文化世界之中。

（三）人类的文化生命实践

综上，我们可以谨慎地得出结论：人是文化的存在者。格尔茨讲，"每一个人毫无例外都是文化的作品。"[3] 婴儿也是一件文化产品。婴儿经由生物基因和文化基因的协同进化而成为一个人，他（她）来到这个世界之上，承载着人类文化进化的全部历史。李泽厚的文化心理结构积淀理论显示，文化不是固定的静态存在，而是每时每刻都在发生的实践过程。文化的实践过程、人的教育过程和意识的塑造过程，三者是同一的。在每时每刻的文化实践中，人受到启蒙和教育，不断超逸出自我的生存视阈，操心于人类世界，进入广大深远无垠之存在境界。

其一，人能够超越物质生命而入于精神存在。人之所以是人，更为根本的恰恰体现于后者的存在。"人在本质上是一种精神。"[4] 在精神生命的维度上，人是追问和实践其自身存在之价值和意义的生物。我是谁，如何存

---

[1] 李泽厚：《历史本体论·己卯五讲》，北京三联书店 2008 年版，第 247 页。
[2] 李泽厚：《实用理性与乐感文化》，北京三联书店 2008 年版，第 34 页。
[3] ［美］格尔茨：《文化解释》，韩莉译，译林出版社 1999 年版，第 64 页。
[4] ［印度］泰戈尔：《人生的亲证》，宫静译，商务印书馆 1992 年版，第 133 页。

在才有价值，如何生活才有意义，我从哪里来又到哪里去，如何超越生命的虚无和焦虑实现生命的不朽，等等，这些看似深奥和抽象的问题总会在个体存在的某个时刻成为他（她）当前的具体问题。卡西尔讲，"人被宣称为应当是不断探究他自身的存在物——一个在他生存的每时每刻都必须查问和审视他的生存状况的存在物。人类生活的真正价值，恰恰就存在于这种审视中，存在于这种对人类生活的批判态度中。"[①] 在逻辑意义上，对生活的审视和批判是个体围绕切己生存状况的一种重要文化实践活动，其后便进入更加重要的文化实践环节。在前面环节个体探究的是其精神生命存在的价值和意义，后面环节个体追求的则是其精神生命的实现。经由文化实践，个体完成了其物质生命存在的超越，进入精神生命的存在和创造，并在本己存在的改造环节中实现了两者的统一。个体之物质生命与精神生命统一于其完整生命的实践和发展。

其二，人能够超越自我局囿而入于人类意识。教育是有目的的文化实践活动。教育的必然和高贵之处在于它能给学习者提供一种不断突破自我融入他者的视阈和手段。主动融入他者，认识自我，理解世界，也是人的本性使然。教育只是遵循了这一人的本性对其施加了有目的有组织的有益影响而已。马克思讲，"人的本质并不是单个人所固有的抽象物，实际上，它是一切社会关系的总和。"[②] 社会性是人的本质属性，社会性的扩展要求个体能够积极主动地结合本己存在的社会性内驱力和实践——人的自我改造实践和社会改造实践相统一的生活实践——的力量。内外两种实践相统一，共同引领个体不断突破自我进入日趋扩展的大我。"文化通过个人自己的存在而使个人进入对整体的认识。"[③] 在文化的作用下，个体通过对整体的认识自觉进入世界，进入人类。进入世界和人类的深度决定了个体存在感的深度，这种存在的深度又直接关涉个体的生命创造活动。

---

① ［德］卡西尔：《人论》，甘阳译，西苑出版社 2003 年版，第 11 页。
② 马克思，恩格斯：《马克思恩格斯全集·第三卷》，中共中央马克思恩格斯列宁斯大林著作编译局编译，人民出版社 1960 年版，第 5 页。
③ ［德］雅斯贝尔斯：《时代的精神状况》，王德峰译，上海译文出版社 2013 年版，第 94 页。

从根本上讲，个体创造的不竭动力正是来源于他（她）对整体感知的深度存在感。教育成功与否，主要就看它能否引领个体经由文化的学习进入作为整体存在的人类的境界。"教育的原则，是通过现存世界的全部文化导向人的灵魂觉醒之本源和根基。"[①] 灵魂觉醒是一种文化生命的觉醒，它既是个体文化生命的觉醒，也是作为人类存在的客观的文化生命的觉醒，更是个体文化生命与作为人类的文化生命之间关系的觉醒。在此，个体深刻意识到了他者存在的价值和意义，也意识到了自己与他者共存的命运。"人之完美寓于他中。"[②] 他者不只是一种参照式的存在，同时它也是一种个体之自我的构成性存在。个体借助文化实践意识到了这一点。文化是人类的文化，人类是文化的人类。个体主动放下自己的傲慢，谦卑地进入文化宇宙之中，自由地涵养和创造，担负起人类文化创新绵延的重任。人类的谦卑、悲悯、善良和公正等一切高贵的道德品质无不根源于文化创造的实践活动。

其三，人能够超越有限存在而入于无限。泰戈尔（Tagore）说，"人不仅具有生命，而且具有无限。"[③] 生命有长短，无限却无法测量。有限存在之人却渴望永久存在，渴望无限，这是人的一种本能，也是人的一种本质。人因时间限制而渴望不朽，在对不朽的渴望中创造出了科学、宗教、艺术和伦理。从人所拥有的角度上讲，无限反映的是人的一种意识或精神，或者讲是意识或精神的更高级别的层面。进一步准确地讲，人所拥有的无限是人的意识的无尽的扩展。"我们全部的诗歌、哲学、科学、艺术和宗教都是用来使我们的意识的范围延伸到更高更广的领域。"[④] 无尽意味着自由，无尽的扩展也即自由的扩展，也即不带任何偏见地向周围扩展。没有边界，只有绵延。受科学的影响，现代人的宗教意识已经不再强烈和狂热。人类自觉离开宗教，在其实践和智识活动中与万物相融，"与万物结合而进入

---

① ［德］雅斯贝尔斯:《什么是教育》，邹进译，北京三联书店1991年版，第3页。
② ［印度］泰戈尔:《人生的亲证》，宫静译，商务印书馆1992年版，第131页。
③ ［印度］泰戈尔:《人生的亲证》，宫静译，商务印书馆1992年版，第138页。
④ ［印度］泰戈尔:《人生的亲证》，宫静译，商务印书馆1992年版，第13页。

宇宙之中"[1]。通过分享宇宙的无限，人便进入了"以天下万物为一体"的境界之中，[2]人的意识也被无限所填充。人便达到了无限这一存在的最高境界。"从个体到群体，从群体到宇宙，从宇宙到无限——这是灵魂的既定线路。"[3]无限澄明存在。这一澄明是更高层面的澄明，在澄明之中，人因与无限建立联系而获得了存在的终极意义，社会和世界也相应获得了存在的位序。"在真正自由的心灵中，无限的概念被保存在对人类生活的有限性和人的不可改变的孤独的领悟中，它使社会不至于陷入不加思考的乐观主义，使社会不至于把对自身的认识膨胀为一种新的宗教。"[4]

二、教育的本原价值

价值是衡量有用性的概念，教育价值探讨的是教育的功用性问题。教育有很多种功用，比如经济的、政治的、文化的、社会的功用等。教育具有原本的生产性，一切社会存在皆由教育所生出，这是教育的基本价值或功用。这是因为教育是培养人的社会实践活动，人的形成及其存在是教育所赋予。人的存在是一种基础性存在，一切非人的存在的价值和意义皆因人的存在为前提。建立在人的存在之生产基础上的教育的总体生产性，决定了教育功用的多元和复杂。尽管教育之价值和功用是多元的，它却有一个统一的、最为根本的功用。所谓最为根本的教育功用，意味着它是其他教育功用的基础和本原。一切其他教育功用皆由它所生出，为它所规定，被它所评判。教育的最为根本的功用，是对人性的真善美圣之价值的呵护、生发与开阔。

---

[1] ［印度］泰戈尔：《人生的亲证》，宫静译，商务印书馆1992年版，第10页。
[2] ［宋］程颢、程颐：《二程集》，王孝鱼点校，中华书局1981年版，第15页。
[3] ［印度］泰戈尔：《人的宗教：泰戈尔论文集》，曾育慧译，商周城邦文化2016年版，第203页。
[4] ［德］霍克海默：《霍克海默集：文明批判》，曹卫东编选，渠东、付德根译，上海远东出版社2004年版，第166页。

（一）教育是实现人性无限完满的有效途径

万物由命而成性，顺性而修，这一过程就是教育。因之，教育就是顺天之命，依道而为，继善成性。成的什么性？成的是人性，是人之善性。人之善性之所是及其各具形态的表现，是教育实践的逻辑起点。教育就是要澄明人之善性，发扬人之善性。那么，人之善性又具有怎样的内涵？《周易》里又讲，"刚柔交错，天文也。文明以止，人文也。观乎天文以察时变，观乎人文以化成天下。"[①] 文，甲骨文写为，像一个站立着胸口有文身的人。《说文解字》解为"错画也"，[②] 意为交错刻画，用以记录重要的事情。所以，文最初指的是现象、纹路、轨迹、纹饰等义，后又引申为纹理和原理等义。文，初以人形类比，使其有了人的蕴含。在历史实践中人不断自觉为文赋义，直至人文合为一词，表征人所具有的根本精神。基于此，《周易》中的上述两句可解释为，四时变化，运行不息，成就天之文。人情往来，仁义畅行，成就人之文。天之文与人之文和合而成整全之文化，也即天人合一之文化，天地万物得之而成自性。这里的得之也就是李泽厚所讲的心理结构的积淀。在这个意义上，人性即是文化的心理积淀，也即是文化积淀为人之心理后所表征出来的人的属性。我们也可以简略地称为，人性即是文化性。教育的宗旨在于澄明和发扬人之善性，决定了教育是一种审慎的文化实践活动。

人的整全的文化实践活动就至少包含了宇宙、意识、身体和自然等四个维度的实践。进而，作为文化实践活动的教育也就必然包含了上述四个维度的实践。在普遍的意义上，身心完整统一且与自然宇宙之秩序相合的人性才是人区别于动物性的根本属性。本真的教育，就是在经由知识解放学习者身体—机体的基础上，不断拓展其意识，引导其下学上达，进入无限之畛域。然而，在物质功利主义哲学和谋制的计算主义哲学的助推下，现代教育实践极大发展了心理—理智主义的教育路径，把教育的核心任务放

[①] 金景芳，吕绍刚：《周易全解》，上海古籍出版社2005年版，第198页。
[②] 宗福邦等编：《故训汇纂》，商务印书馆2007年版，第1822页。

在了文化知识学习的维度上，忽略了身体解放、自然理解和知识通向无限的维度，陷入了教育平庸化和功利化的泥坑。我们时代的教育任务，就是要彰显身体—实践主义的教育价值和教育路径，和合心理—理智主义和身体—实践主义两种价值取向的教育实践，澄明教育真理的完整性，陶冶包含有宇宙、身体、意识和自然四种要素与其身的整全人性。

（二）教育的道、仁、理念和无限

雅斯贝尔斯在论述历史的起源与目标时提到一个关于世界史的"轴心时代"的概念。他认为，世界史上的轴心时代"似乎是在公元前500年左右，是在公元前800年到公元前200年产生的精神过程"。在轴心时代"人们开始意识到其整体的存在、其自身的存在以及其自身的局限"，"体验到了无限制性"。"意识再次意识到其自身，而思想指向了思想本身"。"产生了我们至今思考的基本范畴，创立了人们至今赖以生存的世界宗教的萌芽。不论从何种意义上来讲，都走出了迈向普遍性的一步。""自此以后，人才之所以成为人。"[1]在人类意识获得根本突破的世界轴心时代，教育无疑起到了重要作用，并且教育自身的发展和繁荣也是这个世界轴心时代的伟大事件。为了凸显教育的价值，我们比较着提出人类教育轴心时代的概念。所谓教育轴心时代，指公元前800年至公元前200年间同时出现在中国、西方和印度等地区的教育突破现象。在这一时代，教育确立了它深刻影响当时乃至后世的几个本原性价值。这些本原性价值组成了教育价值结构的有机体，范导着人类教育实践不断向至善之道演变和发展。

其一，老子的道。老子的道至少有六个含义。第一，道是一种先于天地的先验之存在。道具有客观性，是至高的存在，是万事万物存在和好坏评判之价值和根源。"先天地生"，"为天下母"。[2]其次，道具有创生性，

---

[1] ［德］雅斯贝尔斯：《论历史的起源与目标》，李雪涛译，华东师范大学出版社2016年版，第8—9页。

[2] 高明：《帛书老子校注》，中华书局1996年版，第348页。

"道生一，一生二，二生三，三生万物。"①。遵循道，万物无所施为而日益滋长繁荣；背离道，万物失去存在的根据而渐至枯萎消亡。第三，道有自明的规律性。"人法地，地法天，天法道，道法自然。"②道的规律性即自然性，万事万物自然地生长，自然地消亡。第四，道的生生以人为主体。"故道大，天大，地大，王亦大。域中有四大，而王居其一焉。"③虽然崇尚无为和自然，但并没有贬低人在宇宙中的位置。相反，老子认识到，道、天、地与人是宇宙中的四大。道的创生性和自然性，道作为"宇宙之母力"④，皆集聚于人之心。第五，道可为心灵所认识，但要付出辛苦的努力和艰辛的修养。道的认识不是外骛于心之外，而是在心内体悟，要"心善渊"⑤。心内体悟要虚心安静，要经由艰苦的修养，"致虚极，守静笃。"⑥"载营魄抱一，能无离乎？专气致柔，能婴儿乎？"⑦这样，方能达至心灵的宁静和纯净无私。第六，自然和无为是"道"的（运行）性质，也只有在这样的性质中心灵才可以体悟道。道的体悟需要在道的运行（动）中，尤其是在水、橐龠、万物的运动中进行。综上，老子的道的教育思想及其实践讲明，真正的学习或教育就是探索、体（试）验和顿悟自然宇宙之中的道，在自然宇宙之繁复变化中找到其中的基本规律和根本原则，从而引导学习者立于道之中，与道一体，以道观天下。

其二，孔子的仁。《论语》中谈仁，多言简而义远。举其要大概有如下几义。首先，仁是人之为人的标准，也是人事当然之规则。学生樊迟问仁，孔子以"爱人"回答。⑧《中庸》有"仁者人也"。⑨《讲文解字》释

---

① 高明：《帛书老子校注》，中华书局1996年版，第29页。
② 高明：《帛书老子校注》，中华书局1996年版，第353页。
③ 高明：《帛书老子校注》，中华书局1996年版，第352页。
④ 高亨：《老子正诂》，清华大学出版社2011年版，第21页。
⑤ 高明：《帛书老子校注》，中华书局1996年版，第255页。
⑥ 高明：《帛书老子校注》，中华书局1996年版，第298页。
⑦ 高明：《帛书老子校注》，中华书局1996年版，第262页。
⑧ ［宋］朱熹：《四书章句集注》，中华书局1983年版，第139页。
⑨ ［宋］朱熹：《四书章句集注》，中华书局1983年版，第28页。

仁为"亲也。从人,从二。""古文仁从千心。"① 有兼爱、博爱之意。可见,仁是人的本质属性。仁发生于人与人之间,是处理人事关系的基本原则,是"爱之理,心之德。"② 人之本意为从心出发而爱人。爱人,从父母兄弟开始,推及众人,即是"泛爱众"。③ 反之,如果缺失了仁,一切制度皆失去了根基和价值之准则。其次,仁是安身立命之基。孔子讲:"仁者安仁。"④ 真正的仁者能够寄身于仁之中不为外物所困,也不为恶劣或美好之环境所宥,直行仁道而竭力以进。"修己以敬","修己以安人","修己以安百姓"。⑤ 仁之价值和情感扩而广之,乃是使人们在仁(人事)中安身以立命。这便是仁的形上意义。确立爱为中心的仁道,以使人们能够在乱世之中找到生命的终极皈依。再次,仁之及物,造就万物一体之大情感。亲近仁者,泛爱众人,仁之由近及远推己及人之本性引导个体超越自我之世界和有限之时空,进入更加广阔的情感境界和无限时空。"逝者如斯夫,不舍昼夜!"⑥ "天何言哉?四时行焉,百物生焉,天何言哉?"⑦ 仁活泼泼如灵动之水融入天地,于无言之中生发无限生机。这正是《中庸》所讲"万物并育而不相害,道并行而不相悖"⑧之意蕴,亦是宋儒张载所言"仁者,以天地万物为一体"之精义。⑨ 最后,识仁成仁需要勇敢践行。孔子向曾参传道,"参乎!吾道一以贯之。"曾参心悦诚服,"夫子之道,忠恕而已矣。"孔子"一以贯之"之仁道,其核心在于"忠恕"。忠恕当然首先指的是为人处世。朱熹解为:"尽己之谓忠,推己之谓恕。"⑩ 为人处世之忠恕,关键在一"尽",也即尽心尽力。那么,尽己为何?推己又为何?"樊

---

① 宗福邦等编:《故训汇纂》,商务印书馆2007年版,第154页。
② [宋]朱熹:《四书章句集注》,中华书局1983年版,第48页。
③ [宋]朱熹:《四书章句集注》,中华书局1983年版,第49页。
④ [宋]朱熹:《四书章句集注》,中华书局1983年版,第69页。
⑤ [宋]朱熹:《四书章句集注》,中华书局1983年版,第159页。
⑥ [宋]朱熹:《四书章句集注》,中华书局1983年版,第113页。
⑦ [宋]朱熹:《四书章句集注》,中华书局1983年版,第180页。
⑧ [宋]朱熹:《四书章句集注》,中华书局1983年版,第37页。
⑨ [南宋]叶采:《近思录集解》,程水龙校注,中华书局2017年版,第17页。
⑩ [宋]朱熹:《四书章句集注》,中华书局1983年版,第72页。

迟问仁。子曰：'爱人。'"忠恕之仁指向爱人之实践，其形成之基在于孝悌。"孝悌也者，其为仁之本与！"①仁的实现和获得是在仁之事中。"居处恭，执事敬，与人忠。虽之夷狄，不可弃也。"②仁的实践还需要付出勇敢和磨砺智慧。"仁者必有勇"③，"有杀身以成仁"④，有"知者利仁"⑤。等等。因之，根据孔子仁的教育思想及其实践，真正的学习或教育就是在社会人际关系的实践中立仁爱之心，体验并寻找伦理道德原则和操作规程，情感化我们生活其中的世界。大化流行于仁爱之实践，仁体万物，情景交融而生生不息。

其三，柏拉图的理念。柏拉图认为，现实世界之事物的存在和好坏有一个终极的标准或原因，即理念（idea）。现实事物因分有理念而获得存在的合理性及其价值。"一个东西之所以能够存在，只是由于'分有'它所'分有'的那个实体，别无其他办法。"⑥实体即是理念。现实事物也因分有"理念"而有了层级的位序和好坏美丑的价值标准。"一件东西之所以美，是由于美本身出现在它上面，或者为它所分有，不管是怎样出现、怎样分有的……美的东西是美使它美的。"⑦根据理念的概念，柏拉图谨慎区分了理智世界和可见（现实）世界，并把前者之层级置于后者之上，使得前者成为后者生成及其存在的价值和根据。按照柏拉图的讲法，现实世界之事物是理念的摹本或影像。理智的世界是完美的世界，独立而永恒；现实的世界则是幻灭的世界，方生方灭。理智世界不因现实之存在而存在，现实世界则需要理念世界为其存在之基础。比如，一匹马因分有了马之理念而成为马，一匹美的马不唯分享了马的理念而成为马，也因分享了美的理念而成

---

① ［宋］朱熹：《四书章句集注》，中华书局1983年版，第48页。
② ［宋］朱熹：《四书章句集注》，中华书局1983年版，第146页。
③ ［宋］朱熹：《四书章句集注》，中华书局1983年版，第149页。
④ ［宋］朱熹：《四书章句集注》，中华书局1983年版，第163页。
⑤ ［宋］朱熹：《四书章句集注》，中华书局1983年版，第69页。
⑥ 《西方哲学原著选读·上卷》，北京大学哲学系外国哲学史教研室编译，商务印书馆1986年版，第74页。
⑦ 《西方哲学原著选读·上卷》，北京大学哲学系外国哲学史教研室编译，商务印书馆1986年版，第73页。

为美的马。马之理念不依一匹马而存在，一匹马则需马的理念赋予其存在的合法性。同样的道理，即使一匹美丽的马不存在了，美的理念依然存在。那么，人们该如何认识理念？柏拉图讲："人应当通过理性，把纷然杂陈的感官知觉集纳成一个统一体，从而认识理念。这就是一种回忆，回忆到我们的灵魂随着神灵游历时所见到的一切；那时它高瞻远瞩，超出我们误以为真实的东西，抬头望见了那真正的本体。"① 因此，人们是通过灵魂经由训练有素而生成的理性，在纷繁复杂多变的现实事物中把握理念的。这样的一种把握柏拉图称为回忆，也即人们把灵魂曾经见到过的理念在其现实事物的影像中回忆出来。因此，真正的学习或教育在其本质上是一种对理念的回忆活动。理念为事物所当有，有待发现和学习。

其四，无限之于教育。自从尼采宣布"上帝死了！"宗教的现实权威性就逐渐式微乃至完全消失，人类的社会生活便失去了宗教的根基。现代人把存在的希望和价值寄托于科学、技术和文明的进步。然而，现代社会发展进程中的战争顽疾和各种其他人为灾难证明了这一完全寄托于科学技术及其进步的观念不过是人类的一种迷幻。其原因正如雅斯贝尔斯所讲，"它们既服务于善，同时也服务于恶。"② 为此，人类必须积极寻求另外的寄托，以消除对科学技术和进步的迷幻所产生的消极后果，同时为其诗意栖居于这个世界而澄明可能性的道路。这个另外的寄托便是信仰。那么，什么是信仰？"信仰是统摄，社会主义、政治自由和世界秩序在其道路上必然要由信仰来支撑，因为只有从信仰中它们才能获得其自身的意义。""信仰归根到底是人正在充实和行动的内容，人在信仰之中相互联结，并借助于存在的起源而超越其自身。"③ 从雅斯贝尔斯的这两个判断中我们可以得出如下关于信仰概念的理解，信仰可以引导人与原始的存在建立密切联系，赋予存在和行动以价值和意义，从而实现人的自我超越。雅斯贝尔斯告诫，

---

① 《西方哲学原著选读·上卷》，北京大学哲学系外国哲学史教研室编译，商务印书馆1986年版，第75页。
② ［德］雅斯贝尔斯：《论历史的起源与目标》，李雪涛译，华东师范大学出版社2016年版，第246页。
③ ［德］雅斯贝尔斯：《论历史的起源与目标》，李雪涛译，华东师范大学出版社2016年版，第247页。

"人不能没有信仰地生活。"[①] "如果没有信仰的话,就没有源自'人之存在'的指引,而只会有堕落至想象的、臆测的以及空想的产物,堕落至教条以及其后的暴力,堕落至混乱与毁灭。"[②] 由是,信仰必然是关于原始存在的信仰,是关于一切存在之物从中生出的存在的信仰。这个存在又是什么呢?"这个存在,我们称之为无所不包者,或大全:它不是我们某一时候的知识所达到的视野边际,而是一种永远看也看不见的视野边际,一切新的视野边际却倒又都是从它那里产生出来。""它是那样一种东西,它自身并不显现,而一切别的东西都在它的里面对我们显现出来。"[③] 更明确一点,"存在是指无所不包的大全所代表的那个至大无外的空间,"[④] 这个大全,至大无外的空间,我们可以称为无限。所谓信仰,从根本上讲,就是对于这个无限的信仰。无限是生生之境,它向一切生的可能性敞开。这本身就是宇宙的大善的证明。无限的可能性被由真善美诸因子所蕴含的人的行动所充满,人类生存的可能性的选择和展开恰恰又由行动实践中真善美诸因子的比例和组合而定。相对于社会生活,无限规范了它的健康发展。"在真正自由的心灵中,无限的概念被保存在对人类生活的有限性和人的不可改变的孤独的领悟中,它使社会不至于陷入不加思考的乐观主义,使社会不至于把对自身的认识膨胀为一种新的宗教。"[⑤] 宗教式微,教育兴起。以教育代宗教,无限在教育中生根。经由教育,人类洞察无限,抓住了希望。进而用希望之利剑,劈开虚无主义的裂缝,建立起不朽的人性丰碑。

其五,本原价值要素之间的关系。综上,道、仁、理念和无限之间的相互关系可以简略概括如下。其一,找到人事物宇之本质,并推进到极致,实现个体之意识由有限向无限的飞跃,是教育和学习的最高境界。真正的学习或教育,即是本质的学习或教育,它离不开对道、仁、理念和无限的

[①] [德]雅斯贝尔斯:《论历史的起源与目标》,李雪涛译,华东师范大学出版社2016年版,第248页。
[②] [德]雅斯贝尔斯:《论历史的起源与目标》,李雪涛译,华东师范大学出版社2016年版,第247页。
[③] [德]雅斯贝斯:《生存哲学》,王玖兴译,上海译文出版社2013年版,第4页。
[④] [德]雅斯贝斯:《生存哲学》,王玖兴译,上海译文出版社2013年版,导言第16页。
[⑤] [德]霍克海默:《霍克海默集:文明批判》,曹卫东选编,上海远东出版社2004年版,第165–166页。

理解与把握。仅仅在逻辑的意义上，教育实践只不过是这四个概念在新时代的展演和丰富。其二，道、仁、理念和无限这四个概念来源于教育实践，并经由教育实践而扩展和绵延。柏拉图的理念探索的是物之性，表现为真；孔子的仁探索的是人之性，表现为善；老子的道探索的是自然之性，表现为和谐之美。美是真善的和合，也是真善的皈依。无限则是真善美得以运转和实现的永恒时空。其三，道、仁和理念之内涵不是绝对、固定、静止不变的，其内涵会随着人类知识的扩展及其社会实践的发展而不断获得丰富和充实。这就使得知识教育实践具有了无限丰富的可能性和指向未来的无限性。其四，道、仁、理念和无限这四个概念源于人类实践经验之长期的心理积淀和文化教育固化，是一种在类的意义上的文化心理意识。这种文化心理意识塑造着人类社会实践的人文性，规范着人类进化的人道主义方向。这就从根本上决定了，教育的本质必定是人之文化心理意识的无限扩展和丰富。其五，道之纯净虚灵，仁之温润如玉，理念之明确合规，皆在学习中为人之心灵所理解和把握，上升至天人合一的审美之境。于是，追求道、仁和理念的教育必然会走向审美之境。在无限之敬畏和深邃的生命体验中觉知善的大化流行和美的敬畏深邃，思考万物一体之人类命运，这才是教育所达至的最高境界。

三、建设美丽心世界

从人之生成的实践讲，教育须是外鹜于物，内收于心。一方面，教育要着眼于社会建设的需要，引导学习者学习创新经世致用的技术，以创造社会的物质财富，保证社会延续的物质性。另一方面，教育还要着眼于心理建设的需要，引导学习者掌握身心修养的方法，以创造社会的精神财富，保证社会延续的文化性。外在的技术创新和内在的精神陶冶相滋互进，统一于个体的文化心理实践。有是心方有是行动，有是行动需要有是心与此相适应。教育就是在继承文化传统的基础上立足现实的文化实践活动陶冶个体之心，使其能够产生与其文化传统和现实社会文化气质相适应的行动。在最终的意义上，教育是立心的文化实践，简称之为心育。[①] 心育是中国教育的优良传统。个体只有心安才会守得正道，遵循礼法，挺立践行大善的人格，遇事不怒不迁，奉道直行，敬业乐群，与人为善，倡导社会秩序和谐。孟子讲，"学问之道无他，求其放心而已矣。"[②] 放心指被一己之私利和个人之欲望蒙蔽了的心。教育之道，就是经由合理的修养方法使迷失了的心回归正位。学问之道，教育之实践，如切如磋，如琢如磨，皆集中于恢复和开阔道心。反复修养，去芜存菁，使其纯净无私，晶莹剔透，具有无限的包容性和勃勃生机，以容纳万物，创生世界，这是教育的基本义。

（一）立仁心以成人

仁是古典儒家思想的核心概念。有仁爱之心，方能成就仁爱之人。有仁爱之人，方能力行仁爱之实践。个体仁爱之实践汇而集之，方能成就仁爱之社会，铸就仁爱之宇宙。

教育如何立仁心？需要彻底消除物质功利主义和计算主义的教育哲学，重建人文类课程体系，重新确立其在教育中的核心地位。古典人文类课程主要是仁爱特质的文化之传承创新，是立人的规程。它教人"志于道、据于德、依于仁、游于艺。"[③] 博学成仁，学艺践行；它教人"知者乐水，仁者乐山。"[④] 智慧如山厚重，如水清澈；它教人"下学而上达。"[⑤] 立己立人，行忠恕之道。不唯如此，人文类课程还会塑造个体从仁从善的愿力。"我欲仁，斯仁至矣。"[⑥] "为仁由己，而由人乎哉。"[⑦] 如何为人、为学、做事？先贤千教万教，千学万学全在"我欲"和"由己"上！这才是教育的大道。在教学方法上，人文类课程可以如孔孟之采取讲授加（社会）

[①] 黄英杰：《我们时代的大学转型》，人民出版社2018年版，第113页。
[②] ［宋］朱熹：《四书章句集注》，中华书局1983年版，第334页。
[③] ［宋］朱熹：《四书章句集注》，中华书局1983年版，第94页。
[④] ［宋］朱熹：《四书章句集注》，中华书局1983年版，第90页。
[⑤] ［宋］朱熹：《四书章句集注》，中华书局1983年版，第157页。
[⑥] ［宋］朱熹：《四书章句集注》，中华书局1983年版，第100页。
[⑦] ［宋］朱熹：《四书章句集注》，中华书局1983年版，第131页。

游学的方法，亦可如苏格拉底柏拉图之对话法，据所讲之主题，依讲者之个性，适合且有效即可。在教育内容上，人文类课程除了发扬中国古典之诗教传统，继承中国文化的仁爱精神，培养学生自强不息、厚德载物的大情怀，还需要发掘中国古典悲剧教育之社会批判精神，融合西方古典悲剧教育的生命内在之冲突精神，形塑个体对人生的忧患意识、对宇宙的敬畏意识，对生命有限的感喟意识。悲喜平衡，个体对人在宇宙中的位置方会有一个正确的认识，从而成就一个刚健有为、张弛有度、富有悲悯情怀的人生。

（二）立匠心以成物

现代教育在民族国家竞争的刺激下继承和张扬了教育的技术性培养之面向，致力于技术的学习、改造和发明，并把这一面向关联到科学的层面上，使技术制造教育牢牢建基于科学原理的发现和创新上。技术教育和技术创新由此获得了突飞猛进的发展，人类的技术文明被推演到了新的高度，极大地促进了人类的全球化技术实践和意识。人类必须学会合作，充分分享技术教育的资源，在教育实践中立一颗技法自然、循道而造、精益求精的匠心。

教育如何立匠心？它需要破除轻视科学技术的社会心理，把科学技术类课程置于学生学习的重要位置。现代技术教育的关键在于经由教育实践对受教育者进行关于技术本质和科学本质的教育。它要超越对技术只是一种合乎目的的工具（手段）的认识，使其上升到关乎人类终极命运存在的价值高度。我们时代尚缺乏对技术教育应有的必要社会意识和信仰支撑的文化心理气候。这就要求在现实的技术教育中还要融合西方科技教育的成功经验，着眼于对学习者进行科学精神的陶冶和科学方法的训练。从而引导学习者在科学的求索上不畏艰险，在技术的制造上精益求精，游乎于无穷。在教育教学方法上，科学采用的是实验法或演算法，可以是单独的实验，亦可以是团队的合作；技术则是制作法或操作法，可以是单独的制作，亦可以是深度产教融合背景下的师徒合作的现代学徒制，等等。在教育内容的选择上，科学技术类课程要着眼于基础科学原理的授受与探讨，着眼于技术创造的实践与训练，并且把两者围绕实践中的问题结合起来，互相支撑和验证。无法技术验证或加以原理解释的，遵循实验或制作的逻辑，疑而存之。面对我们时代之全球生态的恶化和危机，科学技术教育有必要从西方主导的技造自然观转变为中国文化主导的技法自然观，要多遵循自然规律，顺势而为，从生态的角度出发考虑问题和设计课程，给予学习者一个健全的生态科技观。我们的未来，在很大程度上将取决于一种健全的生态科技观的建设。

（三）立公心以奉献

仁之心理虽是兴发于血亲之爱，但却是通过推己及人之思维方式把个体置于社会关系之中，使其自觉承担起奉献社会、建设社会的责任和义务。这样便是在教育中引导个体立下了一颗服务社会的公正之心。一部人类教育发展史所昭示，教育中缺乏公心的养成，社会必将失去凝聚力和向心力，最终涣散了民族精神。教育实践中的公心，要求教育者树立每一个体都是民族和人类平等存在的一分子的大教育观。

教育中如何立公心？它需要整个社会都参与到社会学类课程的建设与实践中，以民主的价值为依归全面重建社会学类课程。唯有融合社会力量并引导其全面充分地进入教育，方会成就富有成效的民主教育。公心核心的社会价值既然是教育的普遍价值，就不应该只是学校的事情，就需要融合社会各方面的力量设计合理的课程，使得社会力量能够自觉主动地进入课程实践中。另外，还需要在教育中采取弱者的立场。按照这一立场，教育者在实践中尤其要对学习中的弱势群体给予更为积极有效的关注和关心，耐心地引导他们，帮助他们在其自己的基础上不断向前进步，充满生长的信心和希望，这就是教育的公正。至于教育教学方法，社会学类课程强调"合法的边缘性参与",[①]提倡一种共同参与的实践法。学习者是社会行动课程的直接参与者,只有采用事中实践和事后反省的形式提高对社会行动的理解、认识和内化,体知社会普通大众的心理,感受社会底层民众的吁求和表达,方会形成理性地对社会的责任、公正和担当意识。扩而广之,共同参与的实践既是一种社会学课程的学习方法,亦是社会学课程本身。以现代教师教育的实践教学为例,现代教师教育的实践环节越来越窄,师范教育基本上遵循从课堂学习到学校实践这样单一的规程,结果造成师资水平不能达到理想的教育和社会效果。参与实践法则要求师范生进行广泛的社会实践和调查,把教育学知识与社会实践深度融合,学生要深入社区、工厂、机关等各级各类社会组织以全面了解社会,在此基础上达到教育服务社会和改造社会的目的。

(四)立美心以自由

审美是内在于人性的基本属性。人按照美的规律制造物品和器具,人也按照美的规律塑造自身。人能够按照美的规律构造,必然拥有一颗审美的心。审美的心也必然是自由的心,因为人在构造中懂得遵照任何一个物种的尺度,并且懂得处处把固有的尺度运用于对象。自由为审美所内在蕴含。美是自由的表征,是自由之果。教育就是要陶冶——引出、塑造和丰盈——这颗审美的心。自由的精神状态是审美教育所能给予学习者的最佳馈赠。审美教育就是在自由的文化实践中引领生命在美的艺术中诞生,立起一颗自由的审美之心,充分实现人性的完满。

如何立一颗审美之心?它需要在广博的文化知识学习中接受生活实践的磨炼,要经历许多人和事,要识得世间万物。唯有多多识得鸟兽草木,多多考究社会政治生活,方能理解如何让鸟兽草木讲话和表情达意,方能理解社会政治生活中的大善大美,这样才能对审美有所体验和感悟,写出一

---

① [美] J. 莱夫等:《情景学习:合法的边缘性参与》,王文静译,华东师范大学出版社 2004 年版,第1页。

首好诗。因为只有理解了世间万物，人情世故，体验万物一体之仁，才能培养出人之博大深远的审美心胸。曹雪芹讲，世事洞明皆学问，人情练达即文章。丰富的社会生活经验是养成人之审美心胸的第一要素。丰富的审美心胸，加之学习者对艺术作品的观摩、沉思和批判，学习者的审美能力才会初步形成。随之而来的是，要引领学习者根据自己的审美趣味，在艺术领域（书法、绘画、舞蹈、雕塑，等等）选择一门自己喜欢的审美技艺，勤加修习，反复感悟马克思融合万物之尺度为自由的尺度的论断和思想。这样，在审美技艺的练习与理论的研修中，经由审美心胸，至审美能力，再至审美趣味，[①]一颗审美的自由之心逐渐得以澄明和生成。

（五）统四心以进于天地之心。

教育是成人之学，成人从立心始，心正则人格挺立。立心包含立仁心、立匠心、立公心和立美心。立仁心是为成人，立匠心是为造物，立公心是为奉献，立美心是为自由。其中，立仁心以成人是核心。仁心为本，匠心、公心和美心皆生于仁心，仁心化于匠心、公心和美心之中，如月映万川。仁心生万物，宇宙万物之生长演变所体现的正是仁心之不断扩展。未来人类精神的大和解，民族国家文化冲突的消泯，也要从人人之仁心的挺立开始。这是教育之人类关怀的大责任，也是未来人类教育的必然归宿。我们时代仍然是民族国家林立的时代，不同民族国家之间仍然存有很大分歧，为各自不同的利益所支配。有分歧和利益，必然就会有冲突。民族国家之间的冲突有时甚至会达至相当激烈的程度。在这种境况下，现代教育仍然是属于民族国家的教育，局囿于民族国家的文化视界范围之内。它既要传承创新其所归属的民族国家的文化和历史，在它所归属的文化和历史中存在和发生教化作用，也要从现实世界的境况出发服务当前的民族国家安全战略发展和利益争夺的需要。民族国家时代教育的局囿是外在的政治经济

[①] 审美心胸、审美能力和审美趣味，是叶朗先生的概念。请参阅：叶朗：《美学原理》，北京大学出版社 2009 年版，第 412 页。

因素和内在的教育自身发展阶段的原因等综合力量所致，非单方面力量所决定。这种局囿也是我们时代教育无可逃避的命运。然而，教育之根本命运并非只是被时代所赋予和所局囿，它在时代局囿的命运之中尚内含有超越时代之因素在。教育的根本命运之超越性，指的是经由教育关注人类命运，从中生长出人类走出当下局囿的现实条件，以及走向未来之幸福的愿景和选择性可欲之目标框架。宋儒张载讲，"为天地立心，为生民立命，为往圣继绝学，为万世开太平。"[1] 我们时代的技术发展日新月异，人文精神也在技术的逼迫下渐进于繁荣昌盛。聚焦时代精神，传承张载的四句教，教育必能承担起它所应承担的伟大文化使命。

仁爱之心施与器物之研究和制造会成就人文科技，施与社会之治理和服务会成就温情人间，施与审美心性之舒展会成就自由生命。如何施与？古典教育中提供了两种思维方式。其一是推及思维。孔子讲，"己所不欲，勿施于人。"[2] "己欲立而立人，己欲达而达人。"[3] 孟子讲，"老吾老，以及人之老；幼吾幼，以及人之幼。天下可运于掌。《诗》云：'刑于寡妻，至于兄弟，以御于家邦。'言举斯心加诸彼而已。故推恩足以保四海，不推恩无以保妻子。古之人所以大过人者无他焉，善推其所为而已矣。"[4] 这就是推己及人之思维方式，姑且简称为推及思维。推及思维由己出发，可以及人，及物，及天下，其无限性完全取决于仁心之大小。其二是境界思维。冯友兰在《新原人》中对境界做了如下定义，"人对于宇宙人生底觉解的程度，可有不同。因此，宇宙人生，对于人底意义，亦有不同。人对于宇宙人生在某种程度上所有底觉解，因此，宇宙人生对于人所有底某种不同底意义，即构成人所有底某种境界。"[5] 并且冯友兰进一步把境界按照层次高低分为了自然境界、功利境界、道德境界和天地境界。人是有知且能按照所知加以行事的动物，

---

[1] [清]黄宗羲：《宋元学案》全祖望补修，陈金生，梁运华点校，中华书局1986年版，第664页。
[2] [宋]朱熹：《四书章句集注》，中华书局1983年版，第132页。
[3] [宋]朱熹：《四书章句集注》，中华书局1983年版，第92页。
[4] [宋]朱熹：《四书章句集注》，中华书局1983年版，第209页。
[5] 冯友兰：《贞元六书》（上、下册），华东师范大学出版社1996年版，第552页。

人是按所知行事且追求意义的动物，人也是按照对意义的理解进行自由制造的动物，所以人可以经由觉解从自然境界开始不断向更高级别的境界进阶，直至进于天地境界，也即进入"与天地参"的无限境界。

综上，未来的教育必将借助于它所创造的技术和文化知识宇宙，经由仁心的演进，充分发挥推及思维和境界思维两种人类优良思维方式，突破时空和民族国家的限制，也突破地方知识的限制，联合各种可资利用之教育力量，着眼于人类命运共同体建设，在课程和教学实践中增加国际交流与合作的内容，在不同文化之间架起相互交流、理解和认同的友谊之桥，为世界立心，培养有世界担当意识、有世界视野和胸怀，勇于参与人类世界共同实践的新人，进而开辟出一条人们共生共存、健康和谐发展、走向大同世界的美丽路径。

第二章　新时代的大学使命

　　从 11 世纪意大利的博洛尼亚大学（University of Bologna）算起，大学距今已有近千年的发展历史。在这近千年的时间里，大学非但没有丧失其基本的结构特性而湮没在历史洪流中，而且已从社会的边缘走向了社会的中心，成为指引人类前行的一盏智慧明灯。大学为人类社会的奋力前行提供了源源不断的精神动力，将困扰人类社会延续和发展的一切问题视为自己的认识对象，又将自己的一切认识成果转化成人类共享的共同福祉。通过文化教育实践，大学将自己嵌入具体的时空中，从而与人类社会融为一体，使自身根据时代的特点发动组织变革，以维持先进的认识论、政治论和文化论的特性。可见，教育实践是大学永葆青春的生命之源，是大学连接时代的桥梁。这也说明，大学必须积极应对时代提出的挑战，在推动人类社会进步的同时，实现自身的发展。自现代以来，人类社会的科学、技术、经济、民主政治等多方面取得了巨大的进步，但同时人类也深陷零和博弈的泥沼而苦恼有加。法国哲学家埃德加·莫兰（Morin）在总结人类社会在现代发展过程中所遭受的教训时对发展的概念进行了批判性省思，并进行了敏锐的总结：发展使西方中心主义得到深化；发展忽略了人类不可计算和度量的存在；发展的逻辑忽视经济技术造成的道德和心理迟钝；发展观念向其他国家地区渗透西方可疑、有害、消极的因素；发展忽略了不可测量和变卖的人类精神财富；发展虽然带来现代社会的飞速发展，但对环境和文化造成破坏，形成新的不平等；发展造成人类无视通往类属于人的潜在性回归。[1]为了从根本上解决人类现代发展的难题，大学急需充分发挥文化实践育人的功能，以人类文化意识宇宙建设与知识育人实践的方式推动人类社会之各项进步事业的发展，助力人类命运共同体的构建，为人类未来之诗意存在澄明道路。

第1节 新时代的大学世界精神

在其近千年的发展历程中，大学通过探求真知推动了解放，通过发展科学破除了愚昧，通过开发技术摧毁了障碍，通过创新文化培固了良知。大学以多元的教育科学研究方式，创造了人类赖以共存的文化意识宇宙，与自然物质宇宙比肩而立。克尔曾用三个"无与伦比"评价过大学的作用："它在维护、传播和考察永恒真理方面是无与伦比的；在探索新知识方面是无与伦比的；在整个历史上的所有高等学校中间，在服务于先进文明的如此众多的部分方面也是无与伦比的。"[2]这三个"无与伦比"既让我们看到大学是人类进步的象征，也必然与人类未来文明的发展共命运。高速发展的信息技术推动了人类文明的发展，拉近了每种文化间的距离，但同时也爆发出了越来越多的问题，人类的大联合已经成了当今时代的主要特点。在这样的时代中，大学因自身永恒的文明特性决定了其有莫大的责任和能力引领人类文明走向健康、持续发展的康庄大道。

---

[1] 哈佛燕京学社：《全球化与文明对话》，江苏教育出版社2004年版，第131页。
[2] Clark kerr：《大学的功用》，陈学飞等译，江西教育出版社1993年版，第29页。

一、人类命运共同体建设的世界愿景

人类世界正在从混乱和危机中迅速地出现新的价值观和社会准则，出现新的技术、新的地理政治关系、新的生活方式和新的传播交往方式。我们不能把昨天的陈规惯例、沿袭的传统态度和保守的程序，硬塞到明天世界的胚胎中。未来学家阿尔文·托夫勒（Toffler）在20世纪80年代对世界的预言已经成为现实，那就是工业文明发展到最后阶段，必然推动国家突破地缘模式走向全球化这一进程。为扼制不断扩散的全球性风险社会，也为从根本上消解加速恶化的由人口、资源、环境、气候、生物技术以及军备竞赛等因素而造成的全球危机，整个世界迫切"需要崭新的思想和推理、新的分类方式和新的观念"，这就要求彻底抛弃"昨天的陈规惯例、沿袭的传统态度和保守的程序"，[①] 揽观世界、把握全球、设计未来，创造重建人类共同体的认知指南和行动方案。

2012年，党的十八大报告正式提出"倡导人类命运共同体意识"，并绘制了人类命运共同体的蓝图。尔后，习近平主席在国内外多个场合深刻诠释了人类命运共同体的内涵。特别是2015年9月，在联合国成立70周年系列峰会上，习近平主席全面阐述了打造人类命运共同体的核心内涵，即建立平等相待、互商互谅的伙伴关系，营造公道正义、共建共享的安全格局，谋求开放创新、包容互惠的发展前景，促进和而不同、兼收并蓄的文明交流，构筑尊崇自然、绿色发展的生态体系。党和国家领导人多方位诠释的人类命运共同体思想，主要由"人类共同"精神、"人类共同价值"准则和"人类共同利益"愿景三部分构成。人类共同精神，是指民族与民族、国家与国家之间的"平等互信、包容互鉴、合作共赢的精神"；"人类共同价值"准则，即是国际社会"和平、发展、合作、共赢"的原则；"人类共

[①] ［美］阿尔文·托夫勒：《第三次浪潮》，朱志焱、潘琪、张焱译，北京三联书店1984年版，第47页。

同利益"愿景，被描绘为共同建设一个"持久和平、普遍安全、共同繁荣、开放包容、清洁美丽"的世界。

人类命运共同体思想，是新时代中国共产党人为人类世界发展所提供的富有智慧的中国方案。它至少饱含着如下几重含义：它从根本上体现了世界各国人民走向未来的最大公约数，凝结着人类生命共性的核心密码；从根本上体现了马克思主义政党领袖的天下情怀，凝结着共产主义者不懈奋斗的使命文化；从根本上体现了中华优秀传统文化的时代价值，凝结着中华民族血脉深处的文化基因；从根本上体现了实现中华民族伟大复兴中国梦的战略选择，凝结着中国共产党人将中国问题即实现中华民族伟大复兴与世界问题即实现共产主义的远大理想相统一的政治智慧。这一主张为风云变幻的当代人类世界向新文明前行指明了正确方向，中国智慧再次烛照世界。

二、大学的世界性基因传承

人类命运共同体思想，要真正化为当代人类的壮丽日出，必须突破国家间利益冲突和意识形态纷争等方面的坚冰，化解历史留下的各种恩怨，全面提升我国综合实力、国家治理能力和引领世界各国积极参与共同治理与合作治理的能力。这就需要大学明确责任、担当使命，积聚能量。大学能够成为构建人类命运共同体的中流砥柱，是时代赋予它的责任和使命，也是大学的本性使然。

其一，"大学"诞生赋予了它自身超越和普遍的精神气质，更赋予了它世界主义的视野和愿景。"大学"从 University 译来，其词根 Universus 之"普遍""整个""世界""宇宙"等本义，展示出 University 的超时空取向和普遍性诉求。所以，超越性和普遍主义，构成大学的内在精神气质。大学这一内在精神气质向外释放，必然生成世界性、全球性和国际性的人类视野和人类愿景。大学的世界性，是指大学虽然诞生于中世纪城市的狭小地域，但知识的无国界性决定了大学的世界性存在方式。这也必然的成为蔡元培

"大学者'囊括大典，网罗众家'之学府也"的最根本之解释依据。大学的世界性存在方式，决定了它必须超越地域限制走向普遍主义获得全球性品质；大学的全球性品质，要求它必须超越民族、国家、文化的限制实践其普遍主义并提升其普遍主义，这就形成大学的国际性。大学国际性的实践方式，展示大学的成长和大学的功能发挥不受国籍的限制，形成学生与教师、教学和研究的跨国性，形成跨国"游学""游教"和"游研"的大学人类学风景。大学的"三游"方式，既从不止息地创造了大学的流动性、生成性和创造性，更是以日常之姿实现了大学的世界性、全球性和国际性，贯通了超越性和普遍主义。这是大学能成为肩负构建人类命运共同体使命，并担当其中流砥柱重任的内驱动力。

其二，无论是东方的大学，还是西方的大学，其根本职能是培养人，并且其职能演变由早期单一的培养人向培养人和人才、科学研究并重再到培养人和人才、科学研究、服务社会三位一体方向展开。直到今天，大学肩负文化传承创新、国际交流与合作的职能更加强大，并且愈来愈受到世界各级政府组织和非政府组织的高度认可：人才培养、科学研究、文化传承创新、国际交流合作等构成世界大学的统一职能，成为大学推动人类命运共同体建设的现实条件。

其三，诞生于中世纪的大学，为大学设定了直到今天仍然贯彻其中的奠基性知识体系，即"文法、修辞、逻辑、算术、几何、天文、音乐"七科，史称"自由七艺"，这是培养人站立为人（即绅士）的基本知识体系，也是现代大学教育的奠基性知识内容。与此相对应，中国官学为培养社会精英，也建立起相对完整的知识－技艺系统，这就是"四书五经"（即《大学》《中庸》《论语》《孟子》和《诗经》《尚书》《礼记》《周易》《春秋》）以及礼、乐、射、御、书、数"六艺"。这一知识－技艺系统可以概括为"文史哲艺"四科，它仍然以冯友兰所讲的精神的普遍继承性贯穿于中国近现代大学教育之中。因此，无论是西方大学教育的奠基性知识体系，还是中国大学教育的奠基性知识－技艺系统，都分别从不同方面体现了大学教育的基础主义和普遍主义。而这一基础主义和普遍主义恰是大学成为构建人类命运共同体之中流砥柱的知识土壤和认知基础。

其四，无论是西方的大学还是东方的大学，都经历了由小到大的过程。这一过程展开为由纽曼所描述的居住僧侣的村庄式的大学，弗莱克斯纳所描述城镇化阶段的大学，克尔描述的多元化巨型大学即都市化大学，以及当今正处于发展进程之中的交互式大学。并且，无论是西方的大学还是东方的大学，其发展都经历了从精英教育向大众教育再向普及教育的转换：精英教育，使大学成为少数人享有的特权；大众教育，使大学成了多数人的福利；普及教育，使大学变成服务于每个公民使之成为世界公民的义务平台。正是如上的发展历程所形成的平台功能的演变，为当代大学能够以中流砥柱的方式践履人类命运共同体使命创造了必需的社会条件。

其五，无论是西方的大学还是东方的大学，都具有共同的组织特征。具体地讲，其非营利性是大学组织的性质特征，利益相关者是大学组织的产权特征，模糊性是大学组织的目标特征，二元权力结构是大学组织的权力特征，教师的"双重忠诚"是大学组织的人员特征，趋同性是大学组织的制度特征，连带性是大学组织的产品特征，复杂性和多样性是大学组织的管理特征，非进步性与成本最大化性是大学组织的技术特征，继承与创新相统一是大学组织的文化特征。大学组织的如上特征及其功能诉求，促进大学始终超越实利的羁绊而将服务于人类命运共同体视为己责。

三、大学助推人类命运共同体构建的必然选择

"大学是维系人类命运共同体的一条特殊纽带，一条博大而优雅、恒久而强大的纽带"。[①] 大学的国际性、育人、组织特性、求真等多种特性决定

---

① 陈洪捷：大学是人类命运共同体的特殊纽带。https://news.pku.edu.cn/mtbdnew/3f1f4082633b499fa602f4a34decfa4f.htm 查阅时间：2023 年 1 月 28 日。

了其在人类命运共同体构建中的作用与地位。说大学是构建人类命运共同体的纽带，主要是因为大学能够开展跨国学术交流与合作、培育具有国际视野和普遍人类情怀的人才、探索人类未知领域。大学在这三个方面的作为可拉近世界各国人民间的距离、增进不同文化间的互相理解、打造人类共同的观念，进而突破狭隘的民族国家观念，实现人类真正的大联合。这种人类的大联合是大学在人类命运共同体构建中的奋斗目标。为实现这一目标，大学为人类共同愿景打下坚实的精神基础；大学着力于人类共同价值观的奠基教育；大学全面打造人类共同利益准则和全面培养人类共同利益精神。

（一）世界发展大势所趋：全球治理需要中国智慧

当今世界依然是一个不安宁的世界，极端的国家权力观依然盛行，霸权主义和强权政治还在世界范围横行；狭义的国家利益观依然盛行，贸易保护主义和逆全球化势力开始抬头；偏执的普世文明观依然盛行，西方文明中心论与文化多元的现实冲突激烈；片面的国家安全观依然盛行，以扩张谋求安全和以孤立逃避风险的心态依旧；发达国家对生态保护的功利心态依然盛行，对发展中国家的生态破坏、资源掠夺与生态危机输出未能得到有效遏制。面对这样一个纷繁复杂矛盾尖锐的世界，党的十八大以来，习近平总书记以一个负责任的马克思主义政党领袖的世界胸怀和文明古国大国领导人的时代担当，对"建设一个什么样的世界"以及"怎样建设这样的世界"进行了科学而全面的研判，旗帜鲜明地提出"构建人类命运共同体"，为人类建设一个"持久和平、普遍安全、共同繁荣、开放包容、清洁美丽"的世界贡献了中国智慧。这充分展示了中国共产党的使命既要为中国人民谋幸福、中华民族谋复兴，也要为人类文明谋进步。正因为"构建人类命运共同体"的理念体现了世界各国人民走向未来的最大公约数，凝结着人类生命共性的核心密码，从而赢得了世界大多数国家的拥护和全世界人民的高度赞扬，这是人类思想史上的又一次壮丽日出。

当然，在构建人类命运共同体的漫漫征途中，一定会面临着各种各样的问题和考验，一是受国家利益观的阻碍，互惠互利观念难以短时间形成；二是受国家现实实力的限制，能主导世界公平正义的力量还需要长期的汇聚；三是受多元意识形态的纷争的影响，"各美其美、美美与共"的共识尚未取得；四是受治理体系和治理能力所束缚，联合国宪章的宗旨难以得到忠实地维护；五是受历史因素的纠缠，现实的隔阂和长期的误解难以短时间打破和消除。面临如此多的困惑和挑战，当今中国应该在"人类命运共同体"理念的指引下，以宽广宏大的视野、以顽强卓越的意志力、以能充分发挥各方面的主动性、能动性和创造性的优势，智慧地将中国问题与世界问题嫁接，将中国梦与和平繁荣的世界梦并联，为实现中国梦聚力，为实现世界梦导航。

（二）大国崛起的经验：中国大学应自觉地肩负起新的使命

大学作为人类创立的一类特殊的社会组织，自其创立之日起，已经历近千年的发展。从最初只是被动适应社会的行会组织或独立机构，到主动满足社会发展需要的新兴大学，继而成为积极引领社会发展进步的近现代社会的"轴心组织"和"人类社会的动力站"这样一种角色的漫长进程中，大学获得了越来越多的美誉，它被誉为是人类智慧的花朵、道德的高地、良心的堡垒、创新的活水、真理的福地，等等。

1088年在意大利半岛诞生的博洛尼亚大学被称为"西方大学之母"，从此吹响了文艺复兴的号角，最早的城邦资本主义经济也在意大利的威尼斯、热那亚和佛罗伦萨等地产生。1150年诞生的巴黎大学被称为"欧洲大学之母"，从巴黎拥有了最强大的大学集团开始，就为拿破仑的武功文治、革命大业、帝国辉煌提供了思想、技术和艺术的支持。自那时起，在学术界就流传着"意大利人有教皇、日耳曼人有帝国、法兰西人有巴黎大学"的美丽传说。自从英国拥有了当时最好的牛津大学和剑桥大学后，英国成为领导第一次工业革命的国家。这是因为毕业于牛津大学的亚当·斯密所著的《国民财富的性质和原因的研究》（简称《国富论》）为英国建立了新的经济秩序，毕业于剑桥大学的牛顿所发现的力学定律开启了英国通向工业革命的大门。1810年,柏林大学因普法战争失败而创立,由于有卓越的大学理念指引,科学研究成为其核心职能,世界科技中心很快就转移到了德国,德国也因此成功地超越英国,成为第二次工业革命最重要的国家。这是因为德国这一时期所依赖的由其大学创立的核心科技即化工技术,并得到了迅猛的发展。同时,柏林大学还培养和造就了大批的影响世界的思想家,马克思就是其中的杰出代表。柏林大学因此无可争议地被誉为"现代大学之母"。当成千上万的美国人到德国学习创办研究型大学的经验归来后,一方面他们创立了诸如"约翰·霍普金斯大学"这样的新型研究型大学,另一方面,他们把这些经验和早期从英国人那里移植的博雅教育的传统以及自己的实用主义文化结合在一起,改造了自己的一大批传统的大学,让这些大学焕发了新姿与活力,美国因此成为第三次工业革命最主要的发起者。美国这一时期迅速崛起所依赖的由其大学创立的核心科技即电子技术得到了广泛应用。"二战"后的日本能快速走向富强成为第三次工业革命重要的国家之一,主要得益于日本的大学所创立的半导体技术在全球取得了领先地位。

因此,近千年来世界大国崛起的历史表明,国家的强盛依赖于其大学的强盛;哪里是世界大学的中心,哪里就是世界的科技中心,随后就成为世界的强国。在中华民族实现伟大复兴的中国梦和构建人类命运共同体的历史进程中,中国大学既责无旁贷,更要成为这个伟大时代的奋斗者、创新者、思想者!

(三)大学发展的历史:大学本身就是一部人类命运共同体的构建史

构建人类命运共同体离不开大学的贡献,从大学发展史看,大学的知识属性和教育属性决定了大学一直是人类命运共同体建设的重要工具和重要力量。

从大学职能的演变视角,大学经历了单一的人才培养,到人才培养与科学研究两职能并重,之后到人才培养、科学研究、社会服务三大经典职能一体化,再到随着政治多极化、经济全球化、文化多元化、社会信息化进程的全面推进，主要经由中国大学实践的经验而发展出的第四职能文化传承创新和第五职能国际交流合作，大学正致力于人类文化和教育命运共同体的构建。

从大学教育内涵的视角，在社会实践，尤其是全球文化实践的促动下，大学不断深化科技领域的研究，由致力于其所属民族国家所需要的科技教育和研发转变为自觉谋求大学之间和学者之间、面向全球问题的科研合作路径和方法，探索关乎人类命运之全局的科学技术难题之解决，构建人类科技命运共同体。

从大学外部形态的视角，从中世纪作坊式的大学，到民族国家相对封闭的大学，再到真正意义上的大学国际社区，再到无边界的大学，大学的形体在不断扩大，其人员构成越来越复杂多样，包含不同民族、年龄和文化背景的各类人员，其知识构成也越来越具有包容性，无论何种知识皆可在大学的讲堂上得以自由和广泛地讨论。大学日益与其所在的社区的边界相一致，大学在未来也必将与全球的边界相一致，致力于人类命运共同体的构建。

从接受高等教育对象的视角，从中世纪大学培养城市需要的法律、牧师和医生等实用人才，到近代大学致力于培养民族国家建设和强盛需要的各类文职人员和各类科技人才，再到当代著名大学积极致力于培养能够参与人类共同事业建设和发展的具有全球视野的高层次人才，大学正在开拓构建人才培养的命运共同体的大道。

从大学组织特征的视角，从中世纪大学组织取法于中世纪各类行会，到与民族政治国家组织同构的近现代大学，再到立足全球经济政治文化结构改造的当代大学，大学正致力于构建人类组织之实验和建设的命运共同体。由此可见，大学的发展历程，本身就是一部人类命运共同体的建构史。

因此大学成为人类智慧的花朵和无数智者精神的家园。无论是哪个国家还是哪个时代的大学，它均肩负起了令人类共同神往的高贵品格和不朽的精神气质，这些正好构成了人类共同价值的核心内容。

(四) 中国大学的新使命：为构建人类命运共同体做出新贡献

作为构建人类命运共同体视野中的中国大学，坚持立德树人，既要培养中华民族复兴大任的担当者的基地，也要培养人类进步事业的积极参与者；潜心探求新知，大学既要成为国家经济社会科技文化生态等领域发展难题的解答者，也要成为人类面临的共同的重大难题解决方案的提供者；加快轴心转动，大学既要成为服务国家重大战略需求的积极参与者，也要成为服务全球治理和人类社会进步的思想库；倡导美美与共，大学既要成为民族优秀文化传承和现实文化批判的中心，也要成为实现人类文明交流互鉴共存的平台；拓宽资源渠道，大学既要成为落实国与国之间人文交流的担当者，也要成为国与国之间开展新的国际交流合作领域的开拓者。习近平总书记在党的十九大报告中指出："要尊重世界文明多样性，以文明交流超越文明隔阂、文明互鉴超越文明冲突、文明共存超越文明优越。"如果说由中国大学牵头建设的遍布全世界的孔子学院和孔子课堂是中国大学为构建人类命运共同体输出的文化软实力的话，那么由中国大学牵头，组建世界大学联盟，创造一个被世界广泛认同的人类命运共同体构建进程排行榜，就是中国为推动构建人类命运共同体输出的巧实力。大学具有共同价值追求的特性决定了由大学出面创立人类命运共同体进程排行榜，可以回避意识形态纷争，以相对中立的形象输出党和国家的主张，防范世界上其他国家的排斥心理。让世界上更多的文明国家与我们这个古老的东方文明形成文明联盟，可以使中国在民族复兴的伟大进程中摆脱被孤立的发展陷阱。

人类命运共同体构建进程排行榜的基本理论是人类命运共同体理论，包括人类共同的价值观、共同的政治观、共同的经济秩序观、共同的安全观、共同的生态观等。人类命运共同体构建进程排行榜指标体系可从五个方面来构建：以平等相待、互商互谅的伙伴关系，构建政治共同体一级指标；以公道正义、共建共享的安全格局，构建安全共同体一级指标；以开放创新、包容互惠的发展前景为原则，构建经济共同体一级指标；以和而不同、兼收并蓄的文明交流为原则，构建文明共同体一级指标；以遵循自然、绿色发展的生态体系为原则，构建生态共同体一级指标。在制订具体指标体系的时候，将从各学科最新知识和观念出发，制订详细而具体的二级指标和三级指标。每一个指标将进行系统而科学的论证，使之成为既能寻求世界各国最大的公约数，更能体现中国智慧和中国方略。例如，一个国家向世界范围提供的经济公共产品情况，就应是经济共同体的正向得分点；一个国家的森林覆盖率、流入大海或流入它域的水的合格率等均应成为生态共同体的正向得分点；而未经联合国授权悍然地发动一场战争将成为政治共同体或安全共同体的重要的扣分点。

大学在近千年的发展历程中，一直被誉为人类智慧的花朵和人类精神的家园。大学作为具有共同体的历史渊源又根植于本民族历史和文化传统的组织，天然地具有推动人类社会沿着共同的目标前行的基础、条件和实力。因之，世界各国的大学理应在构建人类命运共同体的漫漫征途中，敞开伟大的世界性抱负，当好开路先锋，发挥中流砥柱的作用。

第 2 节　大学的时代担当与责任

客观地看，人类命运共同体思想为竞争之世的当代社会提供了"平等互信、持久和平、普遍安全、共同繁荣、开放包容、清洁美丽"的人类和解愿景，这一愿景从根本上契合了大学的世界性和学术的人类性，使大学肩负起建构人类命运共同体中流砥柱之重任成为可能。然而，可能并非等于实现，大学如何才可全方位地释放自身潜能，将其本性使然的可能化为"为人类和平与发展贡献智慧和力量"的当下行动？这需要方向的导航。教育决定着人类的今天，也决定着人类的未来。人类社会需要通过教育不断培养社会需要的人才，需要通过教育传授已知、更新旧知、开掘新知、探索未知，从而使人们能够更好地认识世界和改造世界，创造人类的美好未来。世界是各国共同组成的命运共同体。战胜人类发展面临的各种挑战，需要各国人民同舟共济、携手努力。教育应该顺此大势，通过更加密切的互动交流，促进对人类对知识和文化的认知，对各民族现实奋斗和未来愿景的体认，以促进各国学生增进相互了解、树立世界眼光、激发创新灵感，确立为人类和平与发展贡献智慧和力量的远大志向。①

一、大学的伟大愿景

习近平总书记给清华大学苏世民项目启动仪式发的贺信，为大学如何为人类和平与发展贡献智慧和力量，提供了明确坚定的方向指引。

（一）大学应为人类共同愿景打下坚实的精神基础

根据大学世界性和人类性之自身要求，它必须为推动人类命运共同体文明的建设而全面担当起自身的责任，并全面践履自身的使命：大学的不倦责任，就是发现、培养能够站在前人肩膀上开创更为善美的未来世界的人和人才；大学的永恒使命，是勇往直前、义无反顾地探索真理、创造知识。合论之，无论是西方的大学还是东方的大学，它们的共同责任和使命，是启迪智慧、培育新人；探求真知、追求真理；传承文明、引领社会。为此，大学必须坚守和发展以"客观的依据、理性的怀疑、多元的思考、平权的争论、实践的检验、宽容的激励"为基本内涵的科学精神，必须坚守和发展以"独立存在、自由生存、平等尊重、限度生存、博爱慈悲"为基本内涵的人文精神，将培养人"自由的心灵、自由的意志、自由的思考、自由的探索、自由的表达"作为所有的大学人的共同的利益诉求。

（二）大学应着力于人类共同价值观的奠基教育

从大学教育的视角，推动人类命运共同体的构建，必须形成全人类共

---

① 《清华大学苏世民学者项目在京启动习近平和奥巴马致信祝贺——高等教育应为本世纪成为和平发展合作共赢的世纪作出独特贡献》，《人民日报（海外版）》，2013年4月22日第1版。

同的价值观,这是人类共存在、同发展的奠基石。为奠定好这块认知和精神的基石,大学实施人类共同体价值观培养的基本任务有四:第一,大学教育应使世界各国的一代一代青年学生深刻地认识到"和平、发展"是人类生存的价值观,是一切价值观形成的基础。因为没有和平,人类将丧失可持续生存的基础,更无法很好地生存下去。所以,和平是世界人民的共同愿望,更是发展的基础和先决条件。第二,大学教育应使世界各国的一代一代青年学生深刻地认识到发展是人类社会要更好地生存的必然作为。人类要谋求无阻碍的发展,必须遵守其共同发展的价值观。人类谋共同发展的价值观,就是经济、社会、环境的协调观,更是人与社会的和谐观和人与自然的共生观。第三,大学教育应使世界各国的一代一代的青年人深刻地认识到人类社会要很好地生存和发展,必须追求公平和正义,这是人类社会的基本价值观,也是世界各国在国际事务中必须遵循的基本规则。这里的公平,是指在世界舞台上,国家无论大小,无论强弱,其主权必须一律平等,并且每个国家应当成为处理全球事务的参与者。这里的正义,是指国际正义,它构成处理国与国之间责权利的基本准则。第四,大学教育应使世界的一代一代青年人深刻地认识到人类社会要实现天下大同的美好愿景,必然要追求民主和自由,这既是人类社会的政治价值观,又构成人类社会的最高追求。

(三)大学应全面打造人类共同利益准则和全面培养人类共同利益精神

人类共同的发展目标,是建设一个"持久和平、普遍安全、共同繁荣、开放包容、清洁美丽"的世界,这是人类共同的利益所在。当今世界,依然是一个不安宁的世界,面临和平、发展、治理、信誉"四大赤字",其具体表现有五:一是极端的国家权力观依然盛行,霸权主义和强权政治还在世界范围横行;二是狭隘的国家利益观依然盛行,贸易保护主义和逆全球化势力开始抬头;三是西方文明中心论与文化多元的现实冲突激烈;四是片面的国家安全观依然盛行,以扩张谋求安全和以孤立逃避风险的心态依旧；五是功利的生态观依然盛行，对发展中国家的生态破坏、资源掠夺与生态危机输出未能得到有效遏制。如上各方面的自发整合，必然生成如下世界性难题和挑战：一是在全球安全方面，最为突出的是地区冲突与战争、核武器的生产与扩散、国际恐怖主义、毒品泛滥；二是在国际经济方面，最为突出的是金融危机、南北贫富差距；三是在环境生态方面，最为突出的是水资源污染与浪费、能源资源短缺、全球温室效应、生态破坏；四是在跨国犯罪方面，最为突出的是走私、洗钱、非法移民；五是在基本人权方面，最为突出的是虐待妇女儿童、饥饿贫困、粮食安全；六是在新的领域的挑战，最为突出的是网络安全、外空探索、极地开发等。为有效解决这六个方面的世界性难题，真正消除世界范围内的"四大赤字"，世界各国的大学必须联合起来，对阻碍人类社会共同发展的如上难题展开协同攻关。世界各国大学一旦联合起来协同攻关，人类共同利益准则和共同利益精神就会在大学这个世界联盟里落地生根，世界各国也会因为大学联盟的如上努力而逐渐凝聚成为一个利益共同体，共同存在、共享发展、共建人类新文明。

二、大学的两类具体目标

根据亚历山大·温特（Wendt）的建构主义国际政治理论，构建人类命运共同体可理解为，各国以共商、共建、共享的方式开展互动，在文化选择机制的作用下塑造新的集体身份，并形成符合人类共同命运的利益需求，进而推动当下国际体系的宏观结构发生改变，最终打造"一种建构性、共享性的交往秩序体系"。[①] 所以，在以政治行动构建新秩序体系的过程中，国家是行动主体。然而，历史唯物主义表明人民是历史的创造者，所以作为共同价值的主体的世界人民，理应是构建人类命运共同体

[①] 刘同舫：《构建人类命运共同体对历史唯物主义的原创性贡献》，《中国社会科学》，2018年第7期第4—21页。

的又一行动主体。不同层次的两种行动主体，决定了构建人类命运共同体有着形式与实质两种行动结果。形式行动结果是指国家作为行动主体，通过政治行动构建新秩序体系，这种体系不仅决定了国际政治权力的分配方式，而且建构了各个国家的集体身份和利益需求，总的来说，作为形式行动结果的秩序体系为世界范围内的组织、团体甚至个人层面上的互动提供了基本的规范与引导；实质行动结果则是世界范围内的组织团体或个人在经济、教育、学术、文化、卫生等领域开展合作而产生的共同效益，这些实践活动结果构成秩序体系规范与引导下的内容。形式与内容的辩证关系指出，当形式行动结果与实质行动结果达到统一时，人类命运共同体才能成为现实。所以，构建人类命运共同体不光需要作为行动主体的国家做出有效的政治行动，也需要世界人民根据人类命运共同体理念开展的实践活动。

（一）构建平等与自由的国际政治环境

首先，大学要传播以自由为核心的伦理观念。社会心理学和道德哲学的一般观点认为，道德是一种文化上的确定目标以及指导这些目标实现的准则。[1] 新价值体系主导的求同存异、互惠共赢思想就是要实现共同且长远利益的追求，尽可能地使当下和未来的所有人都享有追求美好生活的权利。此价值体系所支持的伦理思想是伦理普遍主义，即道德行为或准则正当与否的判断要以其是否对整个人类促成的善超过恶为标准。这种善是外在于人的、非道德价值的善，弗兰克纳（Frankena）认为这种善的根本就是"快乐或满足和美德"，实现这个目标的准则是仁慈与正义，调和这条混合准则冲突的思想是：每一个人都享有他（她）所能得到的最好的生活。[2]"所能得到的"和"最好的"两个词充分体现了人在追求善的生活上存在的差异性与个性化特点，起调和作用的思想集中体现了自由的重要性。

---

[1] ［美］弗兰克纳：《伦理学》，关键译，三联书店1987年版，第15页。
[2] ［美］弗兰克纳：《伦理学》，关键译，三联书店1987年版，第106页。

密尔（Mill）认为人的自由包括言论自由和个性发展的自由，前者是通向真理的保障，后者是幸福的首要条件。个性是个人天性表现出来的生命冲动受到自身的教养的影响而得到发展和矫正的后果，所谓个性自由发展是指个体在生命冲动的推动下在自由的生活中实现自身的发展。[1]生命冲动的表达必须被限定在不给他人或公众带来恶的范围内。同时，冲动还必须以其他与之共存的目标或意向保持平衡，否则个体会被欲望所奴役，从而给他人带来恶。密尔的自由观属于伯林眼中的"消极"自由，即主体被允许在其能力范围内的选择权。相反，费希特（Fichte）认为冲动是个体尚未扬弃的思维所表现出来的趋势，趋势被设定为完整的自我的本质。[2]换句话说，趋势表现为主客完全同一的、完整的自我的冲动。这种冲动是绝对自动性的，而绝对自动性的感性表象就是自由。自由通过冲动表现出来，会产生一种思想，这种思想对完整的自我产生规定，即为重构自我的本质的依据与原则。当新的自我的本质一旦建构完成，自我就发生了扬弃，那么自我的趋势发生了变化，继而冲动将会产生新的思想。在这种循环过程中，个体不断实现自己的发展。建构自我的思想既不是任何客观事物所给予的，也不受任何其他思想的制约，它产生于达到绝对自动性的冲动。用伯林（Berlin）的话说，这是"积极的"自由，即个体的生活与决定取决于他自身。这两种观点并不是冲突对立的，而是自由概念所包含的两个属性，即领域与主权。当两个属性在各自维度上停靠的位置不同时，人所处的状态就不同，所以能否称之为自由还要看两个属性的取向。伯林认为应该由理性的自我来行使决定主权，如此便可抓住事物的必然性，并据此作出决定，从而避免沦为情绪与欲望的奴隶。[3]从理性推导出来的伦理观念，划定了个人与社会的活动范围。因此，自由可以定义为：个体能够在理性自我的主导下自觉地促进自己个性的发展，并能据此选择理想的生活方式。康德的"绝对命令"很好地解释了选择发生的过程，即"只按那

---

[1] ［英］密尔：《论自由译注》，杨宇冠、李立译·中国政法大学出版社2018年版，第111页。
[2] ［德］费希特：《伦理学体系》，梁志学、李理译·商务印书馆2017年版，第22—27页。
[3] ［英］以赛亚·伯林：《自由论》，胡传胜译，译林出版社2011年版，第192页。

你同时也希望它变为普遍规律的准则行动"。① 当自由准则上升为绝对的道德命令时，个体将自己理解的自由的主权和领域视为与他人同样的，因此，个人与他人或社会的自由界限便确定了。

其次，打造平等的人权观与主权观。在全球治理中，"构建人类命运共同体"超越了西方自由主义人权观的局限性，有望解决当下国际政治环境"治理赤字"的问题。构建人类命运共同体的目的在于促使全球在"和平性"与"规则化"的理念指导下，实现特殊利益与普遍利益在经济、政治、文化、生态、社会五个领域中的统一。"规则化"是"和平性"的保障，而"和平性"又是"规则化"的归宿。具体来说，就是要在世界和平的大前提下，基于一套国际规则形成合法的国际权力，以谋求世界发展与人类共同利益为目标，开展国际合作，保证利益共享。可见，国际权力是立足于全球主义和多边主义的基础上，通过共同协商、协同管理实现各自及总体预期效果的能力。从丹尼斯·朗（Wrong）的权力平衡观点看，权力主体角色和权力对象角色是相对的。② 在国际不同领域、区域及不同样式的互动中，两种角色之间的关系会出现对调，由此使得权力的非对称性在完整的国际互动中出现了平衡，这就避免了"世界警察"的出现。然而，国际权力的合法性来自国际规则，所以规则成了实现这一宏伟目标的关键。

一方面，国际规则要求各国人民在正义上达成普遍的共识。人类命运共同体关注的是全人类的命运，并非某种特定文化群体的命运，所以"强权即真理"的狭隘人权观必然无立足之地。同时，我们必须认识到不同国家和地区在文化上有差异，而且社会发展不均衡，因此，构建人类命运共同体必须坚持公平的正义观。罗尔斯基于无知之幕的人类原初状态提出了公平正义的两大原则："其一，每个人对与他人所拥有的最广泛的基本自由体系相容的类似自由体系都应享有平等的权利；其二，社会和经济的不平等应这样安排，使它们被合理地期望适合于每一个人的利益，并且依系于地

---

① ［美］撒穆尔·伊诺克·斯通普夫：《西方哲学史》，丁三东等译，中华书局2004年版，第441页。
② ［美］丹尼斯·朗：《权力论》，陆震纶等译，中国社会科学出版社2001年版，第45页。

位和职务向所有人开放。"[1] 第一条原则关于自由的要求，其含义和意义如前所述，即平等的自由权。第二条原则的第一部分指出要认识到全人类的共同利益，而第二部分是罗尔斯基于一个完整的社会基本结构对平等提出的设想。人类命运共同体的成员是国家，所以国际规则所产生的权力在广延性和强度上只保持在成员国的层面，绝不能超越成员国的主权去干预他国的内政。因此，罗尔斯（Rawls）关于平等的认识绝不同于国家层面的平等，国家层面的平等包括参与国际事务管理的机会、各国家追求本国文化延续与发展的机会以及作为主权完整的国家谋求自身发展的机会三方面。国际规则通过利益诱导促使国际权力形成了强制性。上述第二条原则的第一点隐含着差别原则，即利益的分配既要使发达国家达成较高期望的同时，又能够帮助落后或发展中国家达成其当下迫切的期望。与差别原则相对的是效率原则，该原则假定了存在一种分配方式使得下一环节产生的总利益能达到顶点，但是这种顶点根本无法确定，并且人类文化的发展也使得这个顶点在不断的变化，这就使利益的分配充满了臆断。事实上，差别原则是推动利益产生效率不断接近顶点的保障。因此，国际规则在人类共同利益分配上都有助于提高各个成员国的期望。当成员国在违背国际规则的情况下，国际权力无法保障其能获得国际合作所产生的利益，从而影响自身的发展需要，这便形成了国际权力的强制性权威。国际权力的合法性与强制性均来源于平等的人权观与主权观，构建人类命运共同体需要在各国人民及国家间形成"己欲达而达人"和"己所不欲勿施于人"的理念，国际规则的正义将由此而来。

（二）弘扬共同的人文精神

构建人类命运共同体就是建设顺应天道的人为世界。这虽是人类最终的前途，但因为人类理性的有限性，在不同时期会遇到不同的生存威胁，所以人类的前途命运充满了变数。至于如何控制这些变数，建设者需要对人

---

[1] ［美］罗尔斯：《正义论》，何包钢等译，中国社会出版社1999年版，第76页。

类本性、天道自然做出思考，对已存在的人为世界作出反思。既然是关乎全人类的共同命运，那么在过程上依靠全人类协同共建、在成果上能使全人类共享共赢。大学自身的特性决定了其在推动人类命运共同体构建中有着不可推卸的责任。

首先，大学为人类探索自然天道提供理性支持。一方面，任一时期的人为世界只是建立在那时人类对天道领悟的基础上，随着人类对天道的认识的深入，人为世界中所隐藏的背离天道的他物逐渐显现出来；另一方面，随着人类对其所处的人为世界的批判，也能使背离天道的他物被认识到，从而推动人类去建设更加完善的世界。可见，建设顺应天道的世界无法离开人类的理性。加塞特（Gasset）曾说，如果科学能够在西班牙得到充分发展，那么，它会优先在大学里得到发展，这一点几乎和其他国家的情况一样。① 他这一观点无疑肯定了现代大学在人类理性发展上的重要地位。大学自成立以来就肩负培养人类理性的责任，进入现代以后，大学更是对全人类开展知识育人实践活动，传播理性精神，培养人的理性。同时，现代大学还要承担科学研究和培养未来研究人员的责任，所以大学不仅向人类普及理性，还要推动人类理性的发展，并将人类导向苏格拉底式的"无知"。因此，建设顺应天道的人为世界离不开大学的理性支持。

其次，大学为人类社会的关系理性的维护提供情感基础。建设顺应天道的人为世界之所以进入人类的视野，是因为人类作为类的意识觉醒的结果。所要建设的这个世界是全人类共享的，换言之，全人类在这个人为世界中能共存共在。对共在的追求是人类由单一的个人理性转向个人理性与关系理性相互配合并且实现平衡的结果。这种转向的推动力来自以生命情感为核心的人道主义精神与理性的深度融合。一方面人类的生命情感推动人类对个人理性做出深刻的反思；另一方面，理性使人意识到人与人、人与自然的共生性。在这两者的相互作用下催生出关系理性。情感与理性相结合，这是一个整全人的必要前提。"就大学培养完整的人这一

---

① ［西］奥尔特加·加塞特：《大学的使命》，徐小洲译，浙江教育出版社2001年版，第52页。

目标来看，大学在严格意义上提升了一个人的人文素养。"[1]这种人文素养的养成必须依赖大学完整的文化体系。所以大学要以自身深厚的文化底蕴、自由且包容的文化态度构筑起人类精神家园，成为人类生命情感的寄托之所。

最后，大学是构建顺应天道的人为世界的重要实践者。从大学发展史来看，大学本身就是一部人类命运共同体的构建史。大学诞生伊始便以普遍真理吸引不同语种的学生齐聚一堂，以高深学问为共同旨趣构筑起了学术共同体。从普遍真理角度看，视传播与研究高深学问为第一使命的大学，本质上是世界性的，这是其作为构建人类命运共同体的实践者的先天条件。大学除了认识论外还具有政治论的哲学基础，一方面大学探讨与研究认识上的未知问题，另一方面关注和解决地区性乃至世界性的生存难题。大学从人类自身的求知与生存两大需求出发，针对这两方面问题开展跨地区、跨文化的合作与交流。求知与生存问题的解决，本质上是建设顺应天道的人为世界的必要条件。不仅如此，大学因自身的学术自由与学术自治权，使其成为真理的评判者以及人类行为的纠偏者，对人类的行动展开无情的批判。由此可以确定大学就是建设顺应天道的人为世界的实践者。对此大学应当有如下三种品质：其一，大学要有追求卓越的品质，大学自身高品质的发展就是推动人类命运共同体的建设；其二，大学要具有人类的情怀与正义之心，以便突破文化差异的束缚而开展交流与合作；其三，大学要有实事求是的态度，在涉及真理与人类问题上保持客观求真的立场。

三、大学的两种动力源

在有意识构建人类命运共同体的时代，大学成为推动这一壮举走向现实的核心力量。大学在推动人类命运共同体构建的实践活动中，承担为人

---

[1] ［德］雅斯贝尔斯：《大学之理念》，邱立波译，上海人民出版社2006年版，第85页。

类共同愿景打下坚实的精神基础、着力于人类共同价值观的奠基教育、全面打造人类共同利益准则和全面培养人类共同利益精神等使命。具体来说,大学一方面在探索和解决人类共同问题中创造共同价值并促进共同行为准则的形成,从而推动平等与自由的国际政治环境的构建,另一方面,大学通过弘扬和传播人文精神,营塑造构建人类命运共同体的精神氛围。那么,大学推动人类命运共同体建设的动力源是什么?或者,为什么说大学可以完成上述的伟大愿景?从文化史和文化传播学的角度,大学在服务人类命运共同体建设的实践上大体经历了知识教育的人类学象征、民主科学的共同价值观形塑、探索创造人类共存的文化意识宇宙三个历史发展阶段。这三个历史发展阶段表明,大学的知识属性和教育属性决定了大学一直是人类命运共同体价值观建设的重要工具和重要力量。

(一)构建人类文化意识宇宙推动人类命运共同体建设

推进构建人类命运共同体,这是一个国际政治实践和人类建设实践的问题。但任何实践要合理、合道、合法并最终卓有成效,都必须有认知的引导。能够引导实践合理、合道、合法并卓有成效的认知,必须是真知。所谓真知,就是符合事物本性、符合存在法则、体现存在运动的变化之道的认知、知识。所以,真知的本义是真理,它体现普遍可指涉的理、道、法,所以任何内涵的真知,都需探究得来。在古代,如古希腊或先秦,专门从事真知探究的人,被亚里士多德总结是那些有特别强烈的"惊诧感"和好奇心,并具备"闲暇"和拥有"自由"条件[①]的自然人;进入教会时代,探求真知的工作,被教会规训下的僧侣阶层所传承。其后的社会发展,使狭隘的教会和狭窄的僧侣阶层越来越不能担当起探求人类真知的重任,于是孕育出大学。自此以后至今,大学担当起了为人类探索真知和传播真知的主要责任,由此也使大学在风云突变的当代世界舞台上,必然以探求和传播人类真知的本来方式肩负起为推进构建人类命运共同体提供"不竭动力"

---

① [古希腊]亚里士多德:《形而上学》,吴寿彭译,商务印书馆1959年版,第5页。

的重任。要理解这一点，必须先理解大学的自身使命和责任如何可以构成推进构建人类命运共同体的不竭动力。

英国著名进化论者和教育家托马斯·亨利·赫胥黎（Thomas Henry Huxley）在《科学与教育》中指出："世界的未来掌握在那些对于自然的解释能够比他们的前辈更进一步的人手里。大学最重要的职责，就在于发现这些人，爱护这些人，并培养他们最大限度地服务于自己事业的能力。"[①]发现、培养能够站在前人肩膀上开创更为善美的未来世界的人，构成大学的责任。大学要称职地担当起这一责任的根本前提是探索、创造知识，这成为大学的使命。

探索、创造知识，何以构成大学的使命，这源于知识和大学的自我规定。先看知识，首先它是被创造的，而创造知识的思维工具和表达手段是语言：语言构成了知识的形态学方式。其次，以语言为呈现形态的知识，既是文化的本体，也是文明的方法，更构成探索建构人类命运共同体的认知基础和力量来源。最后，知识之如上功能，源于知识的自身规定。知识的自身规定，构成本体意义知识；对本体意义知识的探求，才成为大学的使命。

本体意义的知识是什么呢？美国哲学家罗伯特·诺齐克（Robert Nozick）在《哲学的解释》中专门讨论了知识的概念，最后得出关于知识的如下定义：所谓知识，就是知道，它是知识论（theory of knowledge）或认识论（epistemology）探讨的对象。什么是"知道"呢？诺齐克又给"知道"下定义：所谓"知道就是拥有追踪真理的信念。知识是世界联系的一种特殊方法，拥有与世界的专门的真正现实的联系：追踪它。"[②]

知识作为持有（"万物都有道理"的）信念对真理的追踪方式，其认知成果既构成人类文化的本体内容，也构成人类教育的本体内容。大学之为大学，其肩负两个基本任务：第一个基本任务是探索、创造知识。大学探索、创造知识，就是坚持"万物背后总是有道理的，道理构成万物的本

---

① ［英］托马斯·亨利·赫胥黎：《科学与教育》，单中惠、平波译，人民教育出版社2015年版，第171页。
② NOZICK: *Philosophical Explanations*, Cambridge: Cambridge University Press, 1981, p.178.

质"的信念,去发现、挖掘、清理出这些道理并证明它,然后用系统的语言(即概念、命题、判断、推理)来呈现它。这一前赴后继的努力开出大学的源头活水,浇灌出绚丽灿烂的人类文明,并为人类走出丛林法则,放弃野蛮竞争,走向存在共同体,提供普遍的世界之理、根本之道和普世之法,即为人类如何能够走向平等合作、建构共同价值、创造共同利益、实现共同安全提供真知、真理、方法。第二个基本任务是向学生传播探索、创造得来的知识,并使之转化为人的智慧和力量。这是"大学的理想与其说是知识,不如说是力量;大学的目标是把一个孩子的知识转变为成人的力量"[1]。也是大学"真正有价值的教育是使学生透彻理解一些普遍的原理"[2],因为激励学生理解"知识何以如此是?"就是引导学生掌握世界、事物、存在的原理,或可说"大学的作用是使你摆脱细节去掌握原理。"[3]所以,"在一个理想的大学教育里,学生不是从最新的观察着手然后回到第一原理,而是从第一原理着手,到所有那些我们认为对了解这些原理是有意义的最新观察。"[4]

(二)以知识育人实践活动推动人类命运共同体的建设

其一,大学自中世纪诞生以来就在以知识育人实践发展人类共同体。

大学是欧洲中世纪文化遗留给现代的最为重要的文明成果和文明形式之一,其影响之深远至于今亦至于遥远的将来。大学在诞生之初虽仅局限于它的欧洲的狭小地区,散落于几个日渐复兴的城市,但是它在几个重要特征方面已经显示出"世界"的抱负,成为象征意义上的"国际社区"。其一是学者们之间可以用于通用交流的拉丁语,只要掌握了拉丁语,便可以在学者之间进行自由的交流。[5]其二是中世纪学者所自觉继

---

[1] [英]怀特海:《教育的目的》,徐汝舟译,三联书店2002年版,第49页。
[2] [英]怀特海:《教育的目的》,徐汝舟译,三联书店2002年版,第48页。
[3] [英]怀特海:《教育的目的》,徐汝舟译,三联书店2002年版,第49页。
[4] [美]菲利普·弗兰克:《科学的哲学》,许良英译,上海人民出版社1985年版,第6页。
[5] [美]房龙:《人类的故事》,刘缘子等译,三联书店1988年版,第220页。

承的古希腊罗马文化是其主要的知识形式和内容，这些学者超越种族的局限，把古希腊罗马文化作为人类文明的象征，编写为教材，以语法、逻辑、修辞、数学、几何、天文、音乐等课程形式传授给学生，不断开拓人类知识的边界，并进一步地把这些知识提升为人们生存所依赖的思想形式和思想观念，形塑了人类是思想和文化的存在者，思想和文化是人类福祉的共同价值认识。其三，中世纪大学的知识追求是一种服务上帝的信仰，这些大学学者们把知识的探索作为对上帝的知识献祭形式，[①]自觉服务于一个统一的上帝，最后这种上帝的服务意识成为一种普遍化的"无限"的意识，一种服务于全体人类的意识。由是，相互平等、命运与共、同处在一个地球之上等价值认同悄然生根。其四，中世纪学者们在大学的实践过程中，进一步凝练了知识探究和科学研究的方法论体系，使得知识的求索从此具有了一定的可以依存、也是可以离开具体的知识内容传播的章程。方法形塑思维方式，相同的方法形成了相同的真理之真值的价值判断形式，进而建立起具有相同价值的国际文化社区，经由大学教育，这些共同的价值普及泛化为人们的共同价值观。正是从语言、知识、目的和方法等诸多方面，中世纪大学经由教育在无意间开启了构建人类文明命运共同体价值观的漫漫长途，而共同价值是构建人类命运共同体的基础和关键。

近现代大学以生产和传播科学与民主的文化及其价值观为己任，不断拓展人类生存境遇的新天地。科学文化及其价值观生产为特征的大学以德国洪堡大学为重要代表，民主文化及其价值观生产为特征的大学以法国和美国大学为重要代表。近现代中国大学则是民主科学文化及其价值观的重要传播地和民主科学文化的集大成者，其中最为典型的当属清华、北大和南开，这三所大学在民族危急存亡的艰难时刻联合一处成立西南联合大学，与西北联合大学一道努力为中华民族的新生贡献新的知识和文化。在这样的发展过程中，大学不断突破其欧洲的诞生地，不断向外界扩展，随着民族

---

① ［美］哈斯金斯：《大学的兴起》，王建妮译，上海人民出版社2007年版，第22页。

国家的产生、发展和繁荣，大学遍及世界各地。科学价值观随着到德国求学的世界各地学者向世界传播，民主价值观则由到法国和美国求学的世界各地学者向世界传播。民主的形式尽管形态各异——资本主义民主和社会主义民主是其两种主要的形式，但却已然成为整个人类世界的文明之光。科学则以其客观的真理性，成为世界所有大学学者之间凝聚探讨的圭臬和交流互商的标准。同时，随着民主和科学知识一同发展起来的，是社会学和人文学，语言已然不再是学者之间的障碍，各种语言之间可以自由互译、转换和对话。任何一社会的发展和思想的交锋，都会在交流、参照和比较中获得来自对方的启示，世界在大学这一文化知识之轮的推动下日益成为一个真正的国际社区，借助文化知识的学习和共同价值观的教育，人们之间可以突破种族、文化和地域的阻隔自由来往，在价值的追求上人们日渐能够求同存异和相互包容，地球正在变小成为文明的村庄，人们的心灵则在日渐扩大，成为能够相互包容的巨大空间。

其二，大学以知识育人实践传播人类共同价值以适应时代需求。

习近平总书记所提出的"推动构建人类命运共同体"的全球治理方案之所以引起广泛的世界反响，就在于这一全球治理方案的核心理念紧紧围绕人类合作和共同展开：人类合作，是为了共同。对人类来讲，其合作是实现共同的手段与方式，共同是为合作构建的目标。为了实现共同之人类目标，必须合作，并且其合作必须平等：人类实现共同存在的合作，既必须以平等为前提，更必须以平等为依据，还必须以平等为价值尺度。反之，以平等为依据展开合作所实现的共同，不是空洞的，必须注入其实项内容：人类以平等为导向探求合作而达成共同的实项内容很多，但根本者有三：一是价值，二是利益，三是安全。

价值既是一个哲学概念，也是一个经济学概念。作为哲学概念，价值呈一种关系属性，即呈现客体与主体之间所构成的效用关系，但首先指客体自存在本身所呈现出来的独特性。所以，作为效用关系的价值，是使用价值；作为自存在方式的价值，是存在价值，亦被学界称为"内在价值"。作为经济学概念，价值属于使用价值的范畴，它指客体（如商品、资源、资本）相对主体所呈现出来的有用性，抽象地讲，经济学意义的价值可看成能够恰当反映商品、服务或金钱等值的总额。

综上，价值实际上呈现三维内涵，即存在价值，一般意义的效用价值和经济学意义的效用价值。以此观之，在人类命运共同体中，以平等方式合作所要实现的"共同价值"，也呈这样三个方面的内涵：第一，共同的存在价值。如无论作为个体的欧洲人，或亚洲人，或非洲人，还是作为群体存在的不同民族和国家，都拥有内在的存在价值。第二，共同的效用价值。如无论是何种肤色的人种，或者不同的民族或国家，甚至不同的政治主张、不同的制度体制以及不同的文化之间，都可以构成平等的生存关系，建立互为主体的生存发展机制。第三，不同地域环境、不同文化背景、不同制度体制背景下的不同民族和国家，都可以在市场、经济、科技、文化、教育等领域建立起经济学意义的共同效益机制、价值诉求。但是，无论哪种内涵维度的价值，要获得共同性，要凝聚为共同价值，必须以平等为前提，或者说必须以平等为价值本体。所以，平等才是人类共同的价值本体。

价值始终是存在（个体存在或关系存在，如一个国家就是一个存在，中国与日本、韩国与朝鲜，均是一种关系存在）的抽象形式，价值之所以成为存在的抽象物，是源于存在的本身。而存在本身得以存在的前提，却是它具备其存在的条件，在其存在的诸条件中，最为根本的条件就是利益。如山的存在，不仅以泥土、岩石、树木、生物等物质方式形塑自身，而且因为深谷、江河、平原等才使自己获得呈现、凸显，前者构成山之为山的自身存在，后者构成山之为山的关系存在，二者的整合，则构成了山之为山的经济学价值。然而，无论是构成山之自身存在的泥土、岩石、树木、生物等物质方式，还是构成山之关系存在的深谷、江河、平原等，都是山之为山的具体利益。抛开这些具体利益，或者说抛弃这些实在的构成要素，山将不复存在。由此表明，价值建基于利益，是利益的抽象表达。人类之共同价值，亦必须以共同利益为母体，即人类之共同价值是其共同利益的抽象表达，也是其共同利益生成、取舍、分配的抽象尺度和评价准则。

人是利益的生存者，由人汇聚起来的民族和国家，也是实实在在的利益存在体，人与人之间以及民族和民族、国家与国家之间要通过平等的合作来创造共同利益，必须以共同价值为依据，以实现共同安全为存在目的。所谓共同安全，其正面表述，就是无防范之忧惧的共同存在、共同生活、共同发展、共同赢利，并共享祸福，共渡危难；其反面表述，就是互不侵犯，互存边界，互为限度，即你的自由止于我鼻尖，我的发展边界就是你的发展。所以，从平等方式合作构建共同价值，创造共同利益，实现共同安全的全过程，贯穿一个基本的人类生存精神，那就是相对自由精神，即自己在争取和创造自由的同时尊重他者的存在自由的精神。这种自由精神的实质，就是边界和限度，包括自为边界和互为边界，自为限度和互为限度。正是这种自为和互为"边界—限度"的相对自由精神，才使共同价值、共同利益、共同安全成为可能。从这个角度观，人类共同价值、共同利益、共同安全实现的决定性因素，是其自为和互为"边界—限度"的相对自由精神，其本质规定是平等。

人类以平等方式合作追求共同价值、共同利益、共同安全的实现，既必须以平等为准则自为边界和限度，更必须以平等为准则互为边界和限度。这不是或然的，而是必然的。所谓必然的，是指不以某个人、某个民族、某个国家或者某种文化、思想、主张为转移的那种客观的不可逆存在方式、存在方向、存在力量。如人虽有肤色之分，也有国籍之别，但都要接受性别的规定，并且这种规定在生物人种学意义上是天赋的，不是人定的。又如民族的存在体现地域特征、文化个性，但不管主观上相融还是不相融，都只能存在于同一个地球上，并接受同一种周期性变换运动的气候调节。这既是由宇宙创化所规定，也是由历史层累地构造所形成。因此，人类以平等方式谋求合作，既自为边界和限度，又互为边界和限度地建构共同价值、创造共同利益，共享共同安全，这是一种必然性的命运。

这种必然性的共同存在命运，当然可以通过全球化、国际政治、市场经济以及科技研发来实现，但仅仅做这些方面的努力远远不够，因为现代世界"无限度的扩张"和"有组织的不负责"①的发展，使全球化陷入新的丛林，国家政治、市场经济、科技研发等在这种全球化丛林中变得更加复杂，这种复杂性本身使国际政治、市场经济、科技研发"推动人类命运共同体建设"方面显得更为有限。正是在这种大背景下，大力推进人类命运共同体建设，对大学提出了要求。教育部部长陈宝生在2020年中国国际教育研讨会全体大会上的致辞中旗帜鲜明地提出，教育应该且必须"为构建人类命运共同体提供不竭动力"，并指出"教育作为增进各国互信合作、促进各国互利共赢和推进各国交流互鉴的桥梁和纽带，应该在构建人类命运共同体的进程中发挥更大作用。中国愿同世界各国一道，聚焦全球教育发展改革面临的共同问题，合作探索解决办法和方案，推动发展经验互学互鉴，实现全球治理互利互惠。"②

由此可见，大学因其知识属性和教育属性成为提高国家文化软实力的重要阵地，也成为无数智者精神的家园和人类智慧的花朵。正因如此，美国独立宣言起草人之一的杰斐逊（Jefferson）虽曾经做过美国的第三任总统，却还是坚持只在自己预定的墓碑上刻上弗吉尼亚大学创办者的称号。无论是哪个国家还是哪个时代的大学，均肩负起了令人神往的高贵品格和不朽的精神气质，这些正好构成了人类共同价值的核心内容，大学的发展历史正是一部构建人类命运共同体的美丽画卷。

四、大学使命的历史赓续

近代以来大国崛起的经验证明，国之将兴，必有伟大的大学与之相伴。大学因以人的培养和学术研究为根基，服务于国家和人类文明建设而成为大国崛起的文化和教育基础。构建人类命运共同体的伟大事业，也必然有

---

① ［德］乌尔里希·贝克：《世界风险社会》，吴英姿、孙淑敏译，南京大学出版社2004年版，第191页。
② 陈宝生：《为构建人类命运共同体提供不竭动力》，(2020-11-10)［2021-04-02］. https://baijiahao.baidu.com/s?id=1682961363120551035&wfr=spider&for=pc.

待大学作为重要的推动力量而有所作为。人类命运共同体虽是一个新时代处理国际关系的核心概念，但是它所昭明的大学与人类存在的关系却是大学自其诞生起就本然地蕴含在大学的实践视阈之中的。随着人类社会历史的发展，这种关系经历了不同的阶段，表现出了不同的内涵、特征和价值倾向。根据历史和逻辑相统一的辩证唯物主义的基本原理，从文化史和文化传播学的角度，大学在服务人类命运共同体建设的实践上大体经历了三个历史发展阶段。

（一）中世纪大学知识教育的人类学象征

大学诞生于西方中世纪欧洲的一隅之地，源于独断的宗教文化，经过从宗教哲学家奥古斯丁（Augustine）到阿奎那（Aquinas）的几百年辛勤翻耕，将信仰的宗教变成了理性的宗教，大学在这一转变的过程中应运而生。中世纪的大学诞生于宗教的理性化和宗教信仰的学术化和组织化，它追求讲道理、讲普遍规律、讲最终秩序，讲统一的人文理性。中世纪产生的那批最早的大学，比如博洛尼亚大学、巴黎大学、牛津大学、剑桥大学等，所从事的同一件事情是寻找上帝创造这个世界时所赋予的规律、规则，探求一种抽象的道理，万物背后的逻格斯。大学诞生之初探究世界、万物、存在之根本知识的这一原初的根本定位，使大学成为欧洲中世纪文化遗留给现代的最为重要的文明成果和文明形式之一，其影响之深远至于今亦至于遥远之将来。大学在诞生之初虽仅局限于欧洲这一狭小地区，散落于几个日渐复兴的城市，但是它已经从目的、语言、知识和方法等诸多方面，经由学术和教育在无意间开启了助推人类文明命运共同体构建的实践进程，显示出世界的抱负，成为象征意义上的国际社区。

首先，共同的目的。 中世纪的大学脱胎于教会组织，教师最初有一部分是来自于从事牧师工作的神职人员，其栖身之所往往是租借教会的场所或由教会直接提供，它所传授的最为突出和合法的知识是神学知识，等等。这就使得中世纪的大学与教会之间有着千丝万缕的联系。所以，中世纪的大学的知识探索和教育追求一种服务上帝的信仰。初期阶段的中世纪的大学教师和学生自觉地把知识的探索和创造作为对上帝的知识献祭形式，主动服务于一个统一的上帝，并把这种服务看作是自己的荣耀。正是由于知识献祭于上帝的信仰，中世纪的大学在教育实践中倾向于与世俗的社会之间保持了应有的距离，大学成了象牙之塔，研究和教学成了纯粹的精神性事业。随着大学的生长，知识的探索和教育经由上帝的视角悄然转变为知识本身的神圣视角，以及对知识解释世界的神秘感的憧憬和崇敬。这就使得知识服务上帝的目的发生了一种世界的普遍化意识的转向。这种转向对其后大学发展的价值和意义突出的表现为两个方面。一方面是通过专业的职业性转化为严谨敬业的职业精神、职业操守和职业能力，另一方面是通过知识的普遍性转化为一种普遍服务于全体的人的世界意识。上帝逐渐退隐，共同存在的意识出现。由是，人类存在于共同的地球之上，人与人之间应该平等有爱、命运与共、休戚相关等价值认同悄然生根。正是经由大学的知识教育和文化传播的实践，人与人之间共同存在的共通感意识在人们的心里逐渐生根并茁壮成长，在世界上传播开来。

　　其次，共同的语言。诞生于宗教怀抱的大学，之所以在探求和创造知识的过程中彰显出世界的抱负并形成对国际社区的向往和耕耘，是因为学者们之间可以用于通用交流的拉丁语。只要掌握了拉丁语，便可以在学者之间进行自由的交流。"所有受过教育的人都能说拉丁语，他们就掌握了一种国际的语言，而消除了愚蠢的语言隔阂。"这是因为，第一，"语言是全部思维和感知活动的认识方式，这种活动自古以来就为一个民族代代相承，它在对该民族产生影响的同时，也必须影响到其语言。"第二，"语言产生自人类的某种内在需要，而不仅仅是出自人类维持共同交往的外部需要，语言发生的真正原因在于人类的本性之中。……所以，我们有必要把每一种语言都看作为了满足上述内在需要而进行的某种尝试。而把全部语言看作为此所做的总的贡献。由此可以认为，人类的语言创造力量始终运行不息，直到它部分或是全部产生出那些能够最大限度地和最完美地满足上述内在需求的形式为止。"所以，按照洪堡特的观点，作为民族思维方式的反映和民族团结的工具的语言是一种类存在，它植根于人的本性之中，产生于人之内在需要。这种内在需要主要呈现为三个方面：一是人的精神力量需要语言的产生和介入；二是世界观的生成需要语言的产生和介入；三是个体与个体、个体与群体（家庭、家族、宗族、部落、民族、人类）之间思维的联系和类的联系需要语言的产生和语言的介入。由此三者构成人类外部生存交往需要的内在精神基础和心灵平台，才使语言构成共同理解的方式、共同情感的纽带和共同价值的桥梁，才推动大学探索、创造知识和传递知识必须以通用语言为基本工具。

最后，共同的内容和方法。中世纪的大学学者们之所以在寻找万物背后的道理和存在世界的逻格斯的过程中，能自觉继承古希腊罗马文化，并以其为主要的知识形式和内容，主要是由两个方面的原因决定的。一方面是因为这些学者能够自觉超越狭隘的城市的地域文化之局限性，把古希腊罗马文化作为人类文明的象征，编写为教材，以语法、逻辑、修辞、数学、几何、天文、音乐等七艺课程形式传授给学生，不断开拓人类知识的边界，并进一步地把这些知识提升为人们生存所依赖的思想形式和思想观念，形塑了作为整体的人类是思想和文化的存在者，以及思想和文化是人类福祉的共同价值认识。另一方面，在七艺课程所传授知识内容的基础上，中世纪的大学又进一步按照城市实际的社会职业需求把知识体系划分为法学、神学和医学等不同的专业提供给学习者，学习者可以按照自己的兴趣和实际需要对其加以选择学习。法学神学医学等三大专业具有严密的可以反复验证推广的专业性，也具有了科学时代到来之后的隐喻意义上的客观的科学性。内容的客观性和专业性决定了方法的客观性和普遍性。中世纪学者们在大学教育的实践过程中，沉浸于知识教学及其研究中，进一步凝练了知识探究和科学研究的方法论体系，使得知识的求索从此具有了可以依存、也是可以离开具体的知识内容传播的章程，具有了严密的方法论意义上的复杂程式。客观复杂的知识体系与专业研究方法的结合产生了客观化存在的知识世界，这一世界逐渐与现象世界产生了距离，成为相对独立的世界。与客观的知识世界相对应,也产生了人类历史上第一批的专业性知识分子。方法形塑思维方式,相同的方法形成了相同的真理之真值的价值判断形式,进而建立起具有相同价值的人类学意义上的文化和学术社区,经由大学教育,这些共同的价值进一步普及泛化为人们行动所遵循的共同价值观。

(二) 近现代大学之民主科学的共同价值观形塑

人类大学的诞生于中世纪宗教的一种自我革新活动,借由中世纪有宽博学识和深厚文化造诣的神职人员破茧成蝶,获得了一种知识传播和创新的新组织形式。因此,从历史发展的角度,大学的诞生原本是宗教世界为其世俗化、大众化、普世化发展所开辟的一种偶然的可能性,但却为大学自身走向世界确立了现实性,更为世界走向现代提供了知识的基础、认知的来源和前进的动力。

首先,大学人文理性的诞生。诞生于中世纪的大学,之所以具有这种将宗教信仰转换成人文理性、将中世纪迅速切换成近代继而使之脱胎换骨为现代,是因为它扎根于深厚的文化土壤并受孕于伟大的思想精神的传统。这个传统就是古希腊—罗马文化。从古希腊到罗马,人类思想经历了一个思想精神培育的"正→反→合"过程。在古希腊早期,古希腊人基于严酷的存在现实而关切自然,产生以关注自然为中心的自然哲学;对自然的关注达向成熟的临界点必然转向以关注人为中心人文性哲学,这就是智者运动何以兴起以及之所以催生出苏格拉底的道德哲学。其后,从柏拉图到亚里士多德的历史进程中,虽然不同的思想探求各有侧重,但始终呈现自然与人文并行展开的哲学和文化姿态,最后为罗马文化所吸收和融合:神、上帝统摄起自然和人,世界必然成为神的世界。中世纪的宗教革新,诚然是神的世界向人的世界的探索,具体表现为信仰向理性的迎合,但背后却有两种力量在推动。一是人在宗教的长久压抑下缓慢苏醒;二是新科学的兴起,自然重新被关注。自然和人缓慢地走到一起再度联姻的前夜,是宗教革新。宗教革新需要理性的解释,于是就自发地将那个时代的精英集聚在一起，形成了大学。最初诞生的大学，自然要披上宗教的外衣，但其身骨、精神和灵魂却已经融汇了新兴的科学精神和苏醒的人文个性，由此形成了大学的宗教形式和人文实质。中世纪的大学最初特别热衷于探讨和追问"针尖上能站多少个天使""上帝可不可以是女人的样子"等之类的神学问题，就已经在带着宗教神学痕迹中充分展现了极具现代性的理性精神和人文意蕴。中世纪的大学在与世俗和宗教世界的抗争发展中不断地努力向世界澄明，"大学一定是并且只能是追寻理性生活的地方，就是讲求道理、明辨是非的地方，就是学习掌握世界法则、宇宙规律、万物根本之智慧和方法的地方。说得更通俗点，大学就是培养人凡事先动脑子掌握根本，然后才按法则和规律行动的能力、品格的地方。换句话讲，大学就是引导我们追求真理和掌握真理，然后运用真理来指导实践和检验实践。"以新科学和人的觉醒为催化剂，借壳宗教而诞生的大学，必然以探索真理、创造知识为使命和培育新人为根本责任，这一为之努力的使命和责任本身就为世界迅速突破中世纪牢笼走向近代开创现代开辟思想精神和知识方法的道路，这条不断敞开的道路实际上同样展开为新一轮"正→反→合"过程，也即从中世纪宗教统治到近代人文主潮向现代社会民主的世界化方向挺进，不断拓展理性发展的新境界。

其次，塑造科学民主的价值观和世界观。中世纪宗教统治的自我革新，开启了向哲学理性求助的自我革新，但它却无意间催生了大学，大学释放出淑世的新科学精神和觉醒的人文风采，孕育近代科学革命和哲学革命，产生科学精神和人文理性，此二者既构成造就现代社会的驱动力，更成为现代社会得以立身的灵魂。由于其科学精神和人文理性，大学的诞生，既是对中世纪的终结，更是新世界的开启。所以，近现代大学自觉以生产和传播科学与民主的文化及其价值观为己任，不断拓展人类生存境遇的新天地。以科学文化及其价值观生产为特征的大学，以德国洪堡大学为重要代表；以民主文化及其价值观生产为特征的大学，以法国和美国大学为重要代表。而近现代中国大学则是民主科学文化及其价值观的重要传播地和民主科学文化的集大成者，其中最为典型的当属清华、北大和南开，这三所大学在民族危急存亡的艰难时刻联合一处成立西南联合大学，与西北联合大学一道努力为中华民族的新生贡献新的知识和文化。在这样的发展过程中，大学坚毅地走出欧洲的诞生地，不断向外界扩展，随着民族国家的产生、发展和繁荣，大学所传播的民主和科学的思想观念遍及世界各地。科学价值观随着到德国求学的世界各地学者向世界传播，民主价值观则由到法国和美国求学的世界各地学者向世界传播。在中国大学，则催生了社会主义的民主思想及其价值观念。民主的形式尽管形态各异，但却已然成为整个人类世界的文明之光。科学则以其客观的真理性，成为世界所有大学学者之间凝聚探讨的圭臬和交流互商的内容、标准和方法。同时，随着民主和科学知识一同发展起来的是社会学和人文学，语言不再是学者之间的障碍，各种语言之间可以自由互译、转换和对话。任何一社会的发展和思想的交锋，都会在交流、参照和比较中获得来自对方的启示，世界在大学文化知识之轮的推动下日益成为一个真正的国际社区，借助文化知识的学习和共同价值观的教育，人们之间可以突破种族、文化和地域的阻隔自由来往，在价值的追求上人们日渐能够求同存异和相互包容，地球日益成为人们共居共存的文明村庄，人们的心灵则在日渐扩大和丰富，成为能够相互包容的巨大空间。

（三）探索创造人类共存的文化意识宇宙

人类的社会实践活动受人的意识的指导，人的意识也在社会实践活动中得以不断丰富和扩展。由此产生两个方面的规定，实践是有意识的实践，意识是实践中的意识。大学教育作为一种重要的社会实践活动，无论从探索、创造知识方面讲，还是从向学生系统的传递知识使之生成富有创意个性的教学方面论，其根本的功能价值，仍然是对人类意识及精神的扩展和丰富。大学在其实践过程中由理性而民主而科学，不断形塑和扩展着人类的意识。以不断扩展的意识为基础，大学也在不断地增强着人类对自我生命和世界的理解。新的时代，经由世界上所有大学的共同努力，人类已然构建起了一个从民族文化意识向人类（地球）文化意识不断演进和丰富的文化意识宇宙。它与自然物质的宇宙一起成为人类赖以存续的生活空间和生命发展空间。

　　文化意识宇宙是牟宗三评价唐君毅一生学术功业所使用的一个概念。牟宗三认为，唐君毅毕其一生的学术思想和努力集中于探索，承传、拓展并重建了中华民族的文化意识宇宙。牟宗三是从中国文化的"以文化成"精神传统中吸取灵感而创造出此意旨感很强的概念，他说："所谓'文化意识'乃即中国固有之'观乎人文以化成天下'之意识也，此一意识……由《贲卦·象传》简单辞语作代表，由此意识，吾人即可开辟价值之源，依此价值之源以作道德实践而化成天下，即名曰'文化意识宇宙'。"可见，牟宗三的文化意识宇宙概念表达的是与物质的宇宙相对应的人文的宇宙。人文的宇宙是人之意识向世界不断敞开的进程（即时间），并呈现为开放性生成的文化空间。因此，人的意识、人的意识向世界敞开的生成性进程以及所呈现的文化空间，此三者整合生成的精神形态，即是文化意识宇宙。它既成为人的心灵情感精神的疆界，也构成人类成就极限的标志，更构成大学永无止息地探索、创造知识，不断开辟人类新文化、新文明、新精神的无限可能性之最终主体性依据，更是人类行为的意义创建与文化性格生成的存在论原型。文化意识宇宙是民族化存在的人，基于特定的地缘结构而不断探索建构起来的既在不变中革新变的力量、又在变中保持不变因素的精神实体，这一精神实体融进了个人的、时代的、历史的以及未来想望等方面的所有因素，最终通过民族文化意识和人类文化意识而互为彰显，并发挥其整体驱动功能。

　　其一，民族文化意识。大学自身规定了它既是世界的，但首先是民族的。大学探索、创造知识和传递知识培育新人的基本努力，就是以其固有的科学精神和人文理性培养人内生世界精神的民族文化意识，这是大学的实践任务，它在大学诞生之时就得到明确的自我规定。在大学产生的中世纪及至以后很长一段时间里，人类社会尚处于前民族国家时代，是时的国家多是一姓之王朝，人们的行业文化意识、城市文化意识、王朝文化意识等相对较强，一种普遍的民众意义上的民族文化意识尚未扎根于人们的意识之中。作为一"想象的共同体"的民族之文化意识一般诞生于主权国家争取独立及其之后的历史时期。在这一过程中，大学起到了至关重要的作用。1870年普法战争时期，大学教授也是后来柏林大学首任校长费希特回到法军占领地柏林，向民众作了《对德意志民族演讲》的报告。费希特呼吁国家建立柏林大学，实施德意志民族教育，重建德意志的民族精神，把德意志人培养成为一个整体，不再是四分五裂，以形成强大的民族力量。从此以后，服务民族精神重铸的大学意识和大学使命经由新建的柏林大学这一现代大学之母在世界各个正在争取独立的民族国家中传播开来。现代中国的新文化运动和五四爱国运动，以及中国共产主义运动的重要策源地正是当时的北京大学。经由北京大学师生的共同努力，民主和科学等现代文化精神才深刻地植入了中华民族文化意识的内核，使得古老的中华民族重新焕发出勃勃生机，从而获得新生。一部人类的大学实践史证明，大学既是优秀民族文化之果实，亦是优秀民族文化意识不断丰富和扩展的不竭动力。民族文化意识的澄明是民族国家独立的前提，大学与国家意识联姻，方才使民族文化意识得以凝聚升华，民族国家也才有了存在的合法性证明和合理性依据，从根本上获得独立。清华北大之于中华民族的价值，正如哈佛大学之于美利坚民族，巴黎大学之于法兰西民族，如此等等。

其二，人类文化意识。文化意识宇宙的地缘取向，构成民族文化意识；文化意识宇宙的非地缘取向，则构成人类文化意识。人类文化意识的大学表达，或可说大学诞生之初内具生成的科学精神和人文理性——具体地讲，也就是凡事讲道理、凡事探究事物、存在背后的逻格斯——所形成的无国界的世界视野和跨国性意识，则构成了大学的人类文化意识的通俗表达。所以，大学的世界视野和国际意识是大学自诞生起就拥有的本源性意识。这一意识在中世纪大学时代只是一种源自知识无边界性生长和知识的世界生成性的隐喻或象征，"学生通常从一所大学游历到另一所大学。他们是一个国际群体，意识到与所住城市的一般居民有别，自己不过是碰巧住在这里而已"。到了民族国家争取独立的时代，受战争和政治意识形态的影响，大学的世界视野和国际意识也只能是一种奢侈品，隐而不发却缓慢生长，积蓄着未来国际化发展的能量。只有在经历了两次世界大战，伴随着"冷战"的终结，人们进入了相对和平的时代，大学的国际意识才得以逐渐澄明，其重要性也日益凸显。这种凸显从内部看，主要是大学自身发展的内在要求和必然，从外部看则是受经济全球化这一外在因素的驱动。经济全球化使得经济资源全球配置，生产关系全球流动，文化科技相互交流和使用，政治模式相互理解和借鉴，等等。这一切的方面形成一种巨大的合力，快速地改变着人们的生产、生活、工作、学习和社会交往的方式和效率，也使得大学国际化发展的内部动力终于形成一种普遍共识的时代浪潮。大学的触角不断地向外界舒展。新的知识观念突破人们旧的意识，科学提供技术突破外在的障碍，文化则进行综合的创造，形成弥漫整个世界的新精神，内化为人们的性格。于是，当前仍具有一定局限性的民族意识被大学从内外突破，一种着眼于人类生存整体的文化意识悄然扎根于人们的思想意识之中。地球是我们共同的家园，全世界的人们命运息息相关，休戚与共，这一共同体意识逐渐成为人们的普遍共识，并转化为自觉的全球大学伦理实践。

全球时代的大学与外部世界的关系构成了辩证发展的生态进步关系。大学是世界发展和进步的智力引擎，也是世界价值稳定的罗盘。大学始终是创新的，它及时地回应世界的挑战，给世界供给先进的科学、技术、文化和观念，用新的文化观念引领世界的前进。在世界遇到如新冠病毒这样的危险时，大学会自觉超越意识形态等的限制，联合起来进行科研攻关，并对各种社会因素进行关联性统计分析，找出对付病毒的最为有效的方案，给人们的存在建立人文科学的有效屏障，并在这一过程中普及和扩大了人类命运共同体意识。从价值稳定的角度，大学又是保守的，它坚守着千余年来大学的优秀学术传统，把人类所创造的爱、理解和宽容等有利于人类共同存在的价值观念置于人类一切活动的核心。每当世界出现了冲突和不宽容，大学都会重新澄明这些观念，为人类的和解点亮希望之灯。所以，无论从创新还是保守的角度，大学都是人类经由知识走向解放的重要凭借。从这个意义上讲,大学是人类的。当今时代,正是在大学与外部世界的实践性关系中,大学从人类命运共同体意识、价值和能力的培养等方面成了人类命运共同体建设的最为基础的因素。未来的大学如何开启这样一个人类命运共同体的新时代,更加全面地服务人类现代文明建设,培固人类幸福生活的根基和福祉,还需要进行更加深入的全域性探讨。

第三章　地方本科大学国际化的目标

大学以建设人类文化意识宇宙和开展知识育人实践的方式推动人类命运共同体的构建，这是其自身的本质属性所决定的时代担当。新时代精神背景下，地方本科大学作为大学家族中的一员，自然也要肩负起推动人类命运共同体建设的时代使命。人类命运共同体的提出既是对马克思主义哲学共同体思想的继承，又是立足当下全球环境对这一思想进行发展的结果。在对马克思共同体思想的继承上，人类命运共同体思想以历史唯物主义为其哲学基础、以人类命运为核心命题、以真正的共同体为理想追求、以共同体的构建为实践形态。在对马克思共同体思想的突破与发展上，人类命运共同体的构建以人的生存自由为新视角、以搭建国际友好新秩序为途径、视自身为通向真正的共同体的过渡形态、以推进全球治理为新动力、以共同价值为新价值追求。[①]从本质上说，构建人类命运共同体就是追求马克思所说的真正的共同体。不同的是，前者是对后者思想的实践，即立足当下人类整体境遇，从全人类的生存自由出发，以切实可行的路径构建过渡性共同体。构建人类命运共同体是一项惠及整个人类的伟大事业，真正的构建行动发生在人类社会的各个角落，因而，地方本科大学在推动人类命运共同体构建的过程中是重要的行动力量，它依托地方社会参与整个人类社会的建设。地方本科大学的整个组织以学科建设和专业发展为依托，充

---

① 王公龙：《构建人类命运共同体思想研究》，人民出版社 2019 年版，第 90—133 页。

分发挥育人和科研优势，凭借知识力量与政府合作，与产业和社会事业相对接，形成实践价值取向的学科专业集群，引智入企和引企入智相结合，知识与实践相互转化，为其归属地的经济社会发展提供人才、观念和技术支撑，创造持续繁荣发展的产业地带和智慧地带，形成产业之城和智慧之城双城一体互动有机发展的良好局面。依托本土文化实践，地方本科大学结合自身的特点为人类命运共同体建设贡献智慧力量。

第1节 大学的基本职能及其拓展

虽然大学培育了人们共知共享的价值观，建造了人们共存共在的文化意识宇宙，积极向纵深推进其自身的国际化实践进程。但是，限于各种经济、政治和文化上的主客观条件，人们建造人类命运共同体的实践仍然存有很多的现实的障碍，有待于大学在认知、思想、观念、方法上的先行探索与解决。大学开拓创新人类文化意识宇宙的先行性，实是大学本身赋予自身的职责：大学以探索、创造知识为使命，以通过培养学生的知识实践为基本方式弘扬科学精神和人文理性为根本任务本身决定了大学的世界性、国际性和人类取向。大学的世界性、国际性和人类取向，使大学始终扎根历史、立足现实而诉诸未来。怀特海（Alfred North Whitehead）说，"大学的任务就是创造未来"。[①] 新时代的大学，需要遵从人类命运共同体构建的历史号召，从人才培养、科学研究、服务社会、文化传承创新和国际交流合作等五大职能出发，自觉承担起促进人类命运共同体构建的伟大使命。

---

① ［英］怀特海：《思维方式》，刘放桐译，商务印书馆2010年版，第159页。

一、培养人类进步事业的新人

人才培养是大学的基本任务，党的十九大报告提出"优先发展教育事业"，必须"落实立德树人的根本任务"，其目标是"培养德智体美全面发展的社会主义建设者和接班人"。所谓"立德"，是要求把中国特色社会主义核心价值观及思想灌输给新一代，使富强、民主、文明、和谐的国家价值，自由、平等、公正、法治的社会价值，爱国、敬业、诚信、友善的个人价值内化为年轻人的内在品质，并引导他们自觉践行社会主义及人类命运共同体建设。因为中国特色社会主义核心价值观不仅限于中国文化和中国社会，它本身因吸收了古今中外优秀的文化价值要素而包含丰富的人类共同价值，具有鲜明的时代性和世界性。习近平同志指出，"我们提出的社会主义核心价值观，把涉及国家、社会、公民的价值要求融为一体，既体现了社会主义本质要求，继承了中华优秀传统文化，也吸收了世界文明有益成果，体现了时代精神。"[1] 所以，中国特色社会主义的核心价值观把特殊性与普遍性统一于自身的价值体系之中，可以成为我们建设人类命运共同体价值观的主要有益要素，也为大学培养"社会主义社会有责任感的公民和人类进步事业的积极参与者"[2] 提供了必要的价值来源。

改革开放近四十年的历史成就已然证明，中国大学专注于国内社会主义现代化建设事业的需要，努力培养其所需要的各级各类优秀人才。这些优秀人才成为民族复兴大任的主力军。他们既引领中国经济快速实现了工业化，成为世界第二大经济实体；也引领人们的思想观念发生了重要转变，为中华民族伟大复兴提供了强大的精神动力；更引领文化前行的方向，推动国家文化的软实力和中华文化的影响力大幅度提升，中华文化再一次在影响世界中开始了其伟大复兴的进程。新时代，和平与发展仍是世界发展

---

[1] 习近平：《习近平谈治国理政》，外文出版社 2014 年版，第 169 页。
[2] 汪明义：《构建中国特色的社会主义治理模式》，《国家教育行政学院学报》，2017 年第 5 期。

的主题，一切困难和挑战都将会在和平发展中得以有效解决。同样肩负创造未来的中国大学，在新时代理当以更加负责任的理性态度积极回应时代赋予的历史重托，发挥人才培养的优势，把人才培养的目标教学设计向外扩展，着力开展"和平、发展、公平、正义、民主、自由"的共同价值观教育；开展民族、国家多元价值的理解教育；开展全球公民的责任意识教育；开展人与自然和谐共生[1]的生态文明教育，培养能够承担世界健康和谐发展之大任的优秀人才。

二、解决人类发展进程中的认知难题

探索、创造知识既是大学立身之根本，更是民族文化进步的源泉。探索、创造知识是以学术活动的方式展开，其不断创新的成果构成大学教育的知识基础。大学致力于人才培养和真理的发明与传播，以服务国家和人类。国家的繁荣昌盛与世界一流大学的崛起相辅相成，清华、北大之于现代中国，剑桥、牛津大学之于英国，麻省、哈佛大学之于美国，哥廷根、洪堡大学之于德国，等等，都是现实的例证。"一国之大学在服务其国家繁荣昌盛中赢得世界之声誉，固然是世界一流大学概念之一种。然而一国之大学如能在服务人类命运共同体建构的过程中作出更大贡献，当是世界一流大学之另一义，必将更加赢得世界的尊重和赞赏，引领世界文明之未来发展。当然，这种引领首先是立足本国历史文化实践和文化创造基础之上的引领。"[2]改革开放以来，中国大学直面中国特色社会主义实践中的各种实际问题，服务于社会主义小康社会建设，自我主张，努力创造，为社会主义现代化建设提供了充足的人力、智力、技术和观念等，取得了举世瞩目的成就，为世界提供了和平发展的成功范例，赢得了世界的关注。传承着中华优秀传统文化的基因的社会主义核心价值观也经由社会主义实践而熠熠

---

[1] 冯建军：《迈向人类命运共同体的价值教育》，《高等教育研究》，2018年第一期。
[2] 汪明义：《以人类命运共同体视野看世界一流大学建设》，《光明日报》2018年8月14日第13版。

生辉。中国大学当在习近平新时代中国特色社会主义思想的引领下，胸怀做世界一流学术的大视野大格局，磨砺心志，潜心问学，上下求索，努力创造，以不负时代重托和世界责任。

大学探索、创造、传播人类知识，除了必须具有民族国家的抱负，还应该具有世界的抱负。知识作为人类联系世界和追踪真理的根本方式，对它的探索、创造、运用、发展本身有自身的规律。基于人的地缘化存在和大学必以民族国家为平台的双重制约，最初知识的发展总是围绕民族国家的发展而发展，它的问题的聚焦和方法的选择无不打上民族国家现实发展需要的烙印。在大学所创造的知识的哺育下，民族国家渐至成长和强大，大学与民族国家的抱负随之逐渐长大。进而知识本身发展的无国界性，知识的自我繁殖和增长也开始日益明朗，知识开始突破其现实的地域性局限向外界扩展，向无限扩展，走向人类的无穷视界。这一知识发展的逻辑不以人的意志为转移，不仅具有客观的必然性，更突出了知识的功能：知识不仅是民族国家的福祉，更是人类世界的福祉，它经由服务民族国家逐渐扩至服务于全人类的共同发展。客观地看，知识的扩展固然是知识本性使然，也是其时代发展的体现。当今时代，人们的生产、生活、工作、交友、交易等实践活动越来越具有全球化特点，并体现全球化效应，由此产生的问题同样被打上全球化的烙印。知识的无国界性发展，以及人们实践问题的全球化性质，客观上要求大学探索、创造知识的学术活动和运用、传播知识的教育活动应该超越民族边界，着眼于人类发展进程中的共同难题和共有困境，把新的文化知识创新立于全球实践的基点上，为其贡献智慧，以引领人类世界向善美之境演进。

三、服务民族国家和人类命运共同体

在大学智力之轮的驱动下，世界正在日益成为一个国际化的社区，一个全球命运休戚与共的共同体，来自世界各地的居民正在跨越民族和空间的阻隔而生活和工作在一起。但与此同时，霸权主义、军国主义、恐怖主义阴霾不散，并有抬头趋势；核危机、欧债危机、中东难民潮、生态危机等层出不穷，这些都成为世界和平与发展的潜在制约因素，也成为人类命运共同体形成的阻碍力量。站在世界各国共同发展的高度，政治上如何求同存异，和平共处，互利互赢；经济上如何有效平衡全球资源、平等对待发展的权益而不再有剥削和欺诈；文化上如何尊重不同族群的价值观以消弭因伦理差异所引发的冲突，使彼此之间能够和谐相处；教育上如何实现多元化，以及课程教学及评价的公正而不是歧视；生态上如何保持全球自然环境与科技发展的相互增益以使科技闪耀人文光辉，这许许多多的问题已经不是一个国家单纯根据一方的利益和需要制定单方的方案，它需要每一个国家都能够站在人类命运共同体的立场上全面考虑问题，共同协商制定发展对策。面对上述种种世界性难题，曾经形塑、创新和引领了人类文明发展的大学大有可为，中国大学更是当有所作为，努力与世界大学一道为这些问题的解决提供可资借鉴，甚至可以直接使用的中国方案。

服务人类社会发展，始终是大学的责任。中世纪大学尚没有民族国家的概念，它们在自觉为社会培养所需的文职人员、律师、牧师和医生等高级专门人才的同时，主动进行普遍知识的探索，努力为人类社会发展提供新的知识、观念和技术。近现代大学是随着民族国家一起发展壮大，服务民族国家和世界性、国际化诉求一同进入大学的行动意识。一方面，大学意识到没有民族智识的积累，国家终将在国际竞争中处于劣势，落入被淘汰的历史宿命，故而它们努力服务民族国家的战略定位和现实发展需要，为其繁荣强盛提供文化的软实力和解决问题的智慧方案。另一方面，它们又在探索、创造知识和运用、传播知识的过程中，承续和发展体现大学本源性动力的人类关怀精神，主动面向国际社会，展开科学的探索和新知识的创造，为人类未来的大同世界福祉积累所需的智识资源。由此不难发现，在当代进程中，大学已与其所属民族国家结成了休戚与共的命运共同体，这一共同体又当然地成为整个人类命运共同体的一分子，阐释了更大也更广泛的整个人类命运图景。面对更加纷繁复杂的国际环境，以及更加严峻的反人类文明之事件并未消弭的未来情景，中国大学要主动承担服务国际社会发展的时代责任。联合世界级顶尖大学，积极探索和构建涉及全球政治、经济、文化、生态、科技、安全、教育等重要因素和指标的人类命运共同体构建进程排行榜，促进全球社会发展的共同善及其治理方案的建设，避免反人类反文明的事件发生，为人类文明发展再次指明方向。

四、实现美美与共的卓越

观近千年的人类大学发展史，大学是民族文化及其精神的化身，大学繁荣发展的根深扎在它所属民族的历史文化土壤中，民族的历史和文化滋养它的生命，赋予它始终年青的勃勃生机。习近平指出，"越是民族的越是世界的。世界上不会有第二个哈佛、牛津、斯坦福、麻省理工、剑桥，但会有第一个北大、清华、浙大、复旦、南大等中国著名学府。"[①] 中国大学虽然在其产生之初曾借鉴世界大学模式并得益其深厚的办学经验，但是它的建设和发展同时又是中华文化自身文教传统的继承和延续。中国著名大学之立校精神，清华之"行胜于言"是中国古典文明之君子敏行慎言、讷言，知行合一，躬行实践的高度凝练，其宁静致远之精神和境界正是象征清华致力于培养文理合一之谦谦君子的不懈追求；北大之"思想自由、兼容并包"取意于"万物并育而不相害，道并行而不相悖"，其博大的胸怀和视野正象征北大致力于培养能承担中华民族新文化创造之伟大命运的思想者的勇敢担当；南开之"允公允能、日新月异"取意中国优秀文教传统的公心、致用和进取精神，其火热的情怀和对民族精神的信仰正象征南开对民族未来命运的忧患和探索，如此等等。清华、北大、南开等大学的立校精神之根正在于《周易》《论语》《中庸》和《礼记》等为代表的中华优秀古典文化。它们所共同承传和阐释的恰是"刚健有为""厚德载物""大道为公"的中国文化大道。

[①] 习近平：《习近平谈治国理政》，外文出版社2014年版，第174页。

中华优秀传统文化不唯在彼时滋养了清华、北大等中国著名学府的旺盛生命力，立下了其走向卓越的文化规模和文化气象，清华、北大等著名学府也在吸收其历史文化精华的同时创新了中华文化，培育了一批批新中国诞生和发展所急需的各行各业的优秀人才，成为社会主义文化创新的母体和思想精神发展的腹地，从不同方面将我中华文化推向一个新的文明高度。当前这伟大的时代，中国教育迎来了新的发展春天，中国大学更应该发扬优良传统，集聚其强大的文化生命力投入人类命运共同体建设的伟大事业中去，发挥光大中华文化"民胞物与""万有相通""天下为公""大同世界"等优秀精神元素，使其在世界新文明的塑造中"贞下起元"，达向卓越之境。同时，作为文化化身的大学自然要在立足本土文化的基础上，将其文化思想精神的经脉伸展到全球社区的天空，超越狭隘偏激的"文明冲突"论和"文明优越"论，倡导"各美其美、美美与共"[①]的文化发展观，联合世界各国优秀大学致力于建设人类文化命运共同体，脚踏实地于服务世界文化建设的大道上走向自我卓越。

五、加大国际文化交流合作

文化自信的含义，首先是对本民族文化的深刻理解、认可和信仰。这一质朴的理解、认可和信仰却是建立在对本民族历史实践经验的尊重、现实实践经验的体认和未来实践经验的把握基础上的。所以对文化的尊重，本质上是对民族实践活动及其历史的尊重。从根本讲，深厚的历史文化传统是文化自信的根源，以此观之，无论历史虚无主义，还是各种社会行为的普遍失范，要么源于其文化传统的失落，或者是对其民族文化丧失自信所致。对任何民族国家来讲，文化是生命，文化也是道路，更是"一个民族、一个国家，必须知道自己是谁，是从哪里来的，要到哪里去。"[②] 以此观

[①] 费孝通：《文化的生与死》，上海人民出版社 2009 年版，第 186 页。
[②] 汪明义：《大学理应成为构建人类命运共同体的中流砥柱》，《探索与争鸣》，2019 年第 9 期。

之，唯有挺立文化自信，民族自信才会从根基处生发。中华文化是中华民族五千余年向自然学习以及与自然、社会冲突、协调等实践经验的结晶，其中不仅包含了我们先民可歌可泣的情感积淀，更是被注入了我们民族自强不息、坚不可摧的生命意志力。这些智慧、情感和意志的文化基因绵延不绝，流淌在中华民族的血脉里，成为中国大学人自由创造，肩负世界发展时代责任的动力之源。

另一方面，文化自信也是在文明的比较中凸显出来的。文化自信构成文化、精神和思想是展开国际交流的主体前提和心理基础，文化、精神、思想的国际交流，既构成文化自信的呈现方式，又成为文化自信的有机内容，更张扬文化自信的必然发展逻辑。以此衡量，开放、包容、共存和互益，构成中国文化自信地走向世界的综合指标。中华文明与世界各国文明一样，是世界文明的有益组成部分；并且同为地球居民之一的中华民族，与其他民族一样，自然成为人类命运共同体建构的重要成员，其五千余年绵延不绝的中华文化中之优秀因素也自然成为人类命运共同体文化的重要内容。有交流才会有融合和发展，世界各国之文化唯有在交流中才会更加认清自己的特色和优势所在，才会更清楚自己的不足和努力改进的方向，并采取行之有效的方式积极主动借鉴和创新。交流、比较、增损、共享和发展，构成世界文化发展演进的现实逻辑，以共同推进人类文化命运共同体的建设。基于此，新时代的中国的大学需要充分发挥世界文化使者的角色，"以我为主，健康自强，自主自信，弘扬中华文明'和而不同''万物并育而不相害，道并行而不相悖'的伟大精神，积极开展国际化的文化教育实践，'尊重世界文明的多样性'，以'文明交流''文明互鉴'和'文明共存'的包容开放姿态，走出去与引进来并举，与世界各国大学在教育、科研和服务社会中协同合作，共同致力于建设一个诗意宜居的人类文化命运共同体。"[①]

构建文化意识宇宙与知识育人实践的本性决定了大学推动人类命运共同体建设的实践方式有五种，即以科学精神和人文理性培养人类进步事

---

① 汪明义：《大学理应成为构建人类命运共同体的中流砥柱》，《探索与争鸣》，2019年第9期。

业的新人、以探索创造新知识解决人类发展进程中的认知难题、以更开放的姿态服务民族国家和人类命运共同体、以返本开新中华文明实现美美与共的卓越、以坚定文化自信加大国际文化交流合作。这五种实践方式应根据大学推动人类命运共同体建设的具体任务形成有机的行动系统。构建文化意识宇宙与知识育人实践作为大学推动人类命运共同体建设的本源性依据，在一定程度上说明大学一方面必须以人类当下正遭遇的以及未来可能遇到的问题为目标展开国际性的交流与合作，另一方面必须根据人类未来美好愿景培养建设人类命运共同体的生力军。因而，大学推动人类命运共同体的建设是着眼整个人类社会，在多方合作与交流中推动人类社会朝着美好未来前进的伟大事业。

第2节 地方本科大学的人文目标

人类命运共同体思想产生于人类对自身所处的全球性风险社会的反思之中，其主要内容是中国共产党以世界人民的共同福祉为出发点，对人类美好未来的系统规划。习近平总书记指出"今天的世界是各国组成的命运共同体。战胜人类发展面临的各种挑战，需要各国人民同舟共济、携手努力。教育应该顺此大势，……，以促进各国学生增进相互了解、树立世界眼光、激发创新灵感，确立为人类和平与发展贡献智慧和力量的远大志向。"[①]构建人类命运共同体，除需要国家层面的行动外，也需要世界人民在人类事业的各个领域以及人类发展面临的各种困境中开展合作，以实现整个人类的健康、持续、和谐、稳定的发展。这就要求大学教育必须顺应这一宏大历史背景，以坚持对外开放为战略方向，将青年人培育成为构建人类命运共同体的新生力量。"在推动构建人类命运共同体的过程中，教育最

---

① 赵婀娜：《清华大学苏世民学者项目启动仪式在京举行》，《人民日报》，2013年4月22日第1版。

核心的价值、最根本的作用是人才培养。"[1] 人才培养也就成了大学教育推动人类命运共同体构建的核心着力点。正如学者张俊宗所言"只有与构建人类命运共同体要求相适应的人越来越多地'生产'出来，并能一代一代传承接续下去，构建人类命运共同体的目标才能真正得以实现。"[2] 地方本科大学依托地方社会推动人类命运共同体建设，其面临的第一个任务就是要将地方社会中的人培养成构建人类命运共同体的生力军。不仅如此，地方本科大学还要发挥地方连接国际的桥梁作用，促进国际社会与地方社会的人文精神产生融合，同时还要将地方社会的价值需求传递给国际社会，得到国际社会的广泛认可。总之，地方本科大学要努力在国际化实践中塑造人的精神，以推动人类命运共同体的构建。

一、大学教育的人文实践活动

由于大学教育的根本宗旨是育人、是促进人身心的全面发展，是澄明共通的人性，故而这一内涵恰恰与大学教育的人文宗旨相通。在这个意义上，大学教育的育人实践即是从根本上促进人类命运共同体的建设。从大学发展历史来看，大学教育表现出一种人文追求。"人类在逐步意识到人性可教的过程中形成了教育"，[3] 所以在一切目的中，人文始终是教育的第一性。特别在人类早期，文化、科学发展有限，人文教育在人类古典教育中更具有不可动摇的地位。虽然大学教育的人文追求在不同文化环境中有不同表现，但其存在的原始根据可追溯至古希腊的自由教育。中世纪大学在诞生时，直接内化了古希腊自由教育的人文追求，随着人类教育的发展，这一追求已成为大学教育的核心价值导向。所以，对大学教育人文追求的认识也将置于自由教育的概念下进行，并以此为切口，澄清大学教育推动人类命运共同体构建的内涵。

---

[1] 教育部课题组：《深入学习习近平关于教育的重要论述》，人民出版社 2019 年版，第 260 页。
[2] 张俊宗：《教育国际化：构建人类命运共同体的重要力量》，《高校教育管理》，2020 年第 2 期。
[3] 汪明义：《大学理应成为构建人类命运共同体的中流砥柱》，《探索与争鸣》，2019 年第 9 期。

（一）自由教育孕育的人文理想

关于博雅教育或自由教育的经典论述主要见于亚里士多德的《政治学》《尼各马可伦理学》等著作中。亚里士多德在论述儿童教育时说："任何职业、工技或学课，凡可影响一个自由人的身体、灵魂或心理，使之降格而不复适合于善德的操修者，都属'卑陋'；……在适合自由人学习的各种课目（学术）中，有些也应该作某种程度的限制；这些课目要是过度的着意用力，以求擅精，也会像上述的工技那样妨碍身心。"[①] 从亚里士多德的观点中可发现：其一，自由教育的对象仅限于特殊阶层，即自由人或城邦里享有政治权力的公民；其二，自由教育所教授的课程应是有利于自由人的身体、灵魂或心理的课目，而不应该是以谋生为目的的实用性知识；其三，自由教育对课程的学习程度做出了限制，以防止受教育者在某一方面形成专业化的发展，从而堕入工技者行列。亚里士多德从教育对象、修习课目和课目的修习程度三个方面呈现出自由教育的样貌。虽然在课程选择上阐明了自由教育有关身体、灵魂或心理的具体价值追求，但在教育理念上还不明确。对此，需要从亚里士多德关于对城邦政体的理解来深度剖析他的这一教育主张。

在亚里士多德看来，城邦的作用就是成就优良生活。这种优良生活是人类所要追求的美满幸福。对于个人来说，所谓幸福就是"灵魂的一种合于完满德性的实现活动"[②]，通过这种实现活动来形成人的德性。所以城邦的立法者就要设计一种良邦来保证符合德性的生活，即政治生活与沉思生活。政治生活依赖的是以科学与明智为核心的实践理性，沉思生活依赖的是运用努斯为科学提供始点的沉思理性。亚里士多德认为"智慧必定是努斯与科学的结合，必定是关于最高等题材的、具首位的科学"[③]，可见，优良生活需要以智慧为基础。同时，立法者"必须顾及灵魂的各个部分及其各种操行；而在这个范围以内，务须着重于较高较优部分，并着重于所乞求的

[①] ［古希腊］亚里士多德：《政治学》，吴寿彭译，商务印书馆1965年版，第414—415页。
[②] ［古希腊］亚里士多德：《尼各马可伦理学》，廖申白译，商务印书馆2003年版，第32页。
[③] ［古希腊］亚里士多德：《尼各马可伦理学》，廖申白译，商务印书馆2003年版，第175页。

目的"①，优良生活也有主次之分，最高层次的沉思生活及其所依赖的沉思理性是最高目的。因此，城邦的教育在于培养年青一代的智慧或理智，一方面为塑造良邦提供基本材料——自由人或公民，另一方面，培养自由人过闲暇生活所需的理智德性。那么，亚里士多德所描述的自由教育与这种理智德性的追求有何种关联？

从自由教育的课程设置来看，之所以将实用性知识排除在自由教育之外，是因为亚里士多德认为这类技艺是妨碍自由人过政治生活与沉思生活的操劳。自由人全部生活的目的应是操持闲暇，而非奴隶的操劳生活。从课程的学习程度来看，自由课目的学习程度要满足自身在闲暇时修养和欣赏的需求，一旦过度就使学习者形成工技者的习性。可见，亚里士多德的自由教育在于发展人的理智德性，以便在闲暇时从事沉思。"沉思是最高等的一种实现活动（因为努斯是我们身上最高等的部分，努斯的对象是最好的知识对象）。"②通过努斯获得的知识是永恒事物的真知，是一切科学的依据。在沉思中，人尽其展现求知本性，在理智德性的活动中成就完善的幸福，这是自由教育所追求的关于人自身的、最高的善。

（二）中世纪大学对人文理想的继承

"希腊人的教育观基于广博的学问和系统化的知识学科，而罗马和中世纪社会则讲求形成固定的理论和对理论持续不断地进行更加精准的定义。"③这就导致了罗马帝国时期的文化遗产中没有多少学术性著作，而大多是百科全书式的文献汇编。这也反映出，罗马对希腊学术风格的态度由前期的崇尚逐渐转变为抵触。在务实精神的推动下，罗马对希腊的学术成果进行功利化的吸收与整理，致使教育的价值追求偏向了实用性，人们希望教育为国家和社会带来现实利益。在中世纪，一方面，由于社会动荡以及生产物资匮乏，西欧很长一段时间无法支撑类似于古希腊时代所具有的

---

① ［古希腊］亚里士多德：《政治学》，吴寿彭译，商务印书馆1965年版，第395页。
② ［古希腊］亚里士多德：《尼各马可伦理学》，廖申白译注，商务印书馆2003年版，第305页。
③ ［英］科班：《中世纪大学：发展与组织》，周常明，王晓宇译，山东教育出版社2013年版，第10页。

较高学术性的高等教育。另一方面,"不仅从罗马帝国后期的学校到中世纪早期的学校所采用的教学大纲和教学方法被实实在在地延续下来,而且这些基督教学校从一开始就受到贯穿古希腊罗马教育体制的功利观念的影响。"① 迫于城市发展的需要和人口增长的压力而产生的行会大学,在其创立之初分设文、法、医、神四个系科。学生需在文学院中完成第一阶段的学习,即"七艺"的学习与训练,然后分别进入其他三科学习。学生在毕业后成为世俗社会的律师、医生、政府工作人员以及教会的神职人员。大学教育虽然开设了"七艺"课程,但带有明显的职业化倾向,大多数学生不准备继续深造,而只是将其作为"文书艺术"进行训练,为将来在市政部门谋取一个较为体面的职位做准备。②

从上述有关西欧教育发展历史来看,自罗马帝国中期开始,功利性的职业教育逐渐取代自由教育,以至于在中世纪,自由教育完全退出了历史舞台。这段历史似乎指出,诞生于中世纪的大学应是以实用主义为其存在的合法前提。然而,有两方面的事实证明这个说法并不成立。

其一,"当社会发展到一定程度,人们能将可以利用的智力集中起来从事培养对社会有用的职业人才,建立永久性的高等教育中心亦成为可能。"③ 这说明中世纪大学应社会发展需求而诞生。但大学要产生符合社会所需要的价值,也必须以足够的社会智力为前提。一方面,它要将可利用的智力集中起来服务社会。另一方面,为了满足社会的需求要去创造新的智力。所以,实用性与理智都是大学的存在依据,实用性却以理智为前提和基础。因此,中世纪的大学虽然具有严重的职业倾向,但在运行过程中却贯穿着理智的培养。

其二,"在整个中世纪,'七艺'仍然是教育目的理论的体现。通常而言,掌握'七艺'被认为是攻读高级学科的先修课目,尤其是神学,这似乎是令人惊异的,因为'七艺'中的几门科学对神学的影响并不大,……,

---

① [英]科班:《中世纪大学:发展与组织》,周常明,王晓宇译,山东教育出版社2013年版,第6页。
② 贺国庆,王保星:《外国高等教育史》,人民教育出版社2003年版,第59页。
③ [英]科班:《中世纪大学:发展与组织》,周常明等译,山东教育出版社2013年版,第21页。

随着希腊遗产文科学科的普及，人们也接受了这样的观点，即通过学习各种课目来训练和扩充心智，是在为最高层次上更加持续不断地学习所做的必要准备。"[1] 在中世纪，由大学文科系来完成教学的"七艺"，是人文科学的基础科目，在古希腊时称为训练心智的自由艺术。自由艺术是自由教育在古希腊时的名称。中世纪大学将文科作为学习医、法、神等学科的基础学科，然而事实上却与这三科的直接性关联不大。不仅如此，在大学治理与教师资格认定上也否定了中世纪大学是实用精神产物的说法。以牛津大学为例，大学的训导长由文科系职员担任，并有权召集文科系老师开前期大会决定向牛津全体大会所提交的议案。牛津的第一条以成文形式颁布的章程决定："任何此前未从事过人文博艺学科管理工作的教师在理论上都不具有校方承认的任教资格。"[2] 作为承担人文教育的基础系科具有如此崇高的地位和重要的意义，说明其具有的价值被大学视为自身根基的重要构成部分。

中世纪大学的诞生，与其说是功利性的职业教育替代了人文性的自由教育的结果，不如说是二者代表的功利性观念与人文性观念的融合。中世纪大学的存在依据不仅包含实用主义，更是以代表自由教育关于人文追求的理性主义为基础。而且中世纪大学机构的设置也遵循这种存在依据。因此，自由教育关于人自身价值的追求与实践方式自中世纪大学诞生起就融入其育人的职能中。

（三）近现代大学对人文追求的批判与发展

近代以后，自由教育的内涵又有了新的变化。红衣主教纽曼认为大学应该开展博雅教育或自由教育以扩展学生的心智，发展学生的理性。他认为博雅知识是"因其自身的理由而成立，它不依赖于任何结果，它不需要任何东西补充，更不需要靠任何目标来提供支持，它也不会为了出现在我

---

[1] [英]科班：《中世纪大学：发展与组织》，周常明等译，山东教育出版社2013年版，第14页。
[2] [英]海斯汀·拉斯达尔：《中世纪的欧洲大学——博雅教育的兴起》，邓磊译，重庆大学出版社2011年版，第30页。

们的思考中而完全为任何技艺服务。"①对于如何学习这些知识,他也有自己的看法:"在它是一种力量之先,它就是一种善;它不仅仅是一种工具,而且是一种目的。……但是它也完全可能恢复到那激活了它的理性,而消解为哲学。……而在后一种情况下则被称为博雅的知识。"②纽曼并没有将自由学科局限于某些传统的科目,而是将科学和文学这两大分支里的所有学科都列为学习对象。在他看来,每门学科都是认识造物主的一个方面,所有学科各居其位,在神学的统摄下共同构造一个人类所认识到的宇宙。纽曼关于自由教育的判断,不仅要参考学什么,而且还要看怎么学。"消解于哲学"是指学习者要在这些学科之间建立相互联系,并能形成关于上帝的观念,达到对宇宙的认识。自由教育就是要通过这种学习过程来拓宽心智,即实现对理性的培养。从纽曼关于知识的论述来看,他对理性的认识也与之前不同。亚里士多德认为理性包含了努斯和科学两个方面,而他将神启当作至高无上的始点,理性也被视为能够以神启为始点来推导万物的逻格斯。

如前所述,自中世纪大学诞生后,实用主义与理性主义共同融进了大学教育,在育人的过程中表现为自由教育与职业教育间的矛盾。这对矛盾在运动中促进了大学以及大学所处的社会环境发生变化。这一系列变化又影响到矛盾的双方所处的地位。19世纪以前,社会政治经济环境和大学组织特性造就了这对矛盾。首先,自古希腊伊始高等教育被少数贵族阶层所垄断,其功能主要是满足他们在闲暇时的修养、欣赏以及好奇的需要,并且完全剔除掉有关生产的元素;其次,由于社会生产简单,导致大学处在社会的边缘,进而无须过多地考虑社会需求,所以大学将自由教育视为自己的职责,而将职业教育甩给作坊或培训机构;最后,大学教育受古希腊文化的影响,根据人性的二元论,将人性分为理性与欲望两种对立的部分,并将满足欲望的实用知识排除在外。然而,近代欧美爆发的政治革命和产业革

---

① [英]纽曼:《大学的理念》,高师宁等译,贵州教育出版社2003年版,第110—111页。
② [英]纽曼:《大学的理念》,高师宁等译,贵州教育出版社2003年版,第113—114页。

命以及所产生的后果持续动摇着这对矛盾的根基。其一，社会生产力及民主政治的发展使得人们普遍成为拥有闲暇的自由人；其二，科学技术及文化的发展使得大学从社会的边缘逐渐被卷入社会的中心，并且迫使大学必须考虑自身产生的后果对社会造成的影响；其三，大学教育对人性的理解突破了古希腊时的二元论，并形成了新的认识，如"人类行为不再如此简单，今天，它是生物的、心理的、社会的和历史的各种因素的复合产物"[①]。

对此，大学并没有简单地抛弃自由教育，事实上也无法如此处理自由教育，而是对自身狭隘的认识进行了扬弃。这种处理结果导致理性主义与实用主义产生更进一步地融合。在大学教育里，自由教育与职业教育之间的矛盾就消弭于这次融合中。此时，一方面由于教育大众化，大学教育必须重视个体差异；另一方面，由于社会民主发展的需要，大学教育又必须遵循教育统一原则。这种冲突外化后，表现为专业教育与普通教育（通识教育）之间的矛盾。现代大学教育中的这对矛盾，并不是像自由教育与职业教育那样，在受教育者身上表现出非此即彼的对立，而是在相互联系中满足个体充分发展的需求。虽说，普通教育与专业教育存在着相互联系，表现为"脱离具体操作细节的、更高的和更普遍的关系将是空洞无力的，而脱离整体关系的具体细节又会陷入混乱和矛盾"，[②]但在大学教育的具体实施中却是顾此失彼。普通教育或通识教育是指通过知识整体性的完善、心智品质的提升以及公民素养的培养来造就民主社会中的自由人。民主社会的自由人是愿意接受真理、会运用真理调整自己的生活，并在民主社会中能够让自己得到充分发展的社会公民。将通识教育与自由教育中的两种自由人的内涵进行比较，结果表明通识教育是对自由教育的批判与继承。大学否定了自由教育中有关阶级文化的标签以及对人类认识的局限性，继承了其所追求的人文理想。这种目标与现代民主政治、文化、经济相结合。通识教育是大学教育追求这种具体目标的体现。

---

① ［美］布鲁贝克：《高等教育哲学》，王承绪译，浙江教育出版社2001年版，第92页。
② ［美］哈佛委员会：《哈佛通识教育红皮书》，李曼丽译，北京大学出版社2010年版，第82页。

上述有关自由教育的产生、演变以及在现代发展的事实表明，大学教育具有一种关于人自身的发展追求。在古希腊时期，自由教育负有为城邦培养自由人的职责，而城邦的建设又是为了成就人最高的善，即理智德性的实现。人的理性或理智的发展有自由教育作出的直接贡献，也有自由教育通过塑造良邦生活而作出的间接贡献。理性或理智是人所追求的最高的善，是关于人自身的价值需求。也就是说自由教育直接和间接的目的都在谋求以理性或理智为核心的人文发展。虽然中世纪大学的诞生，是以外在的实用性需求为发力点，但却是以人类理性发展的程度和需求为前提。自由教育关于人自身价值的追求与实践方式成为中世纪大学教育的重要组成部分。在18世纪末，社会环境的变迁促使大学革新并推行了系列的改革，从而导致大学教育的变化。进而，自由教育与职业教育之间的壁垒消失于"整全人"的发展需求中。大学教育在对自由教育进行批判与继承中形成了通识教育，并以培养民主社会的"自由人"作为自身在新环境中的人文追求。综上所述，一方面，源于自由教育的人文追求随着中世纪大学的诞生就已扎根于大学教育，并成为大学实现其他价值目标的基础；另一方面，理性是大学教育人文追求的一项重要内容，但并不是唯一的，随着人类社会的现代化，一切构成人内在素养的品质都成了这一人文追求的内容，综合起来说就是培养民主社会的"自由人"。

二、提升精神生命质量的人文追求

如前所述，源于自由教育的人文追求一直存在于大学教育中，并在一定程度上反映出大学教育的本质。大学教育的根本宗旨是澄明共通的人性、促进人的生长，它直接指向人的内在发展需求，使人性回归于共同的类本质。故而，大学教育本能地促进各国学生增进相互了解、树立世界眼光、激发创新灵感，确立为人类和平与发展贡献智慧和力量的远大志向。从这个意义上来讲，大学的育人实践在本质上是推动人类命运共同体构建的人文行动。人类在逐步意识到人性可教的过程中形成了教育，所以在一切目的中,人文始终是教育的第一性。特别在人类早期,文化、科学发展有限,人文教育在人类古典教育中更是具有不可动摇的地位。中世纪大学在诞生时,直接内化了古希腊自由教育的人文追求,随着时代的发展,这一追求已成为大学教育的核心价值导向。

(一)生命观下的人性表现

从理论上看,对生命的理解包括新陈代谢观、生命繁殖观等,但无论从何种理论视角出发,形成的生命概念都无法解释所有的生命现象。也就是说,不管从科学还是哲学都很难对生命做出统一而又全面的定义。但这个问题却不妨碍我们去观察和研究生命,因为生命在每一时刻都会以一种形态表现出来,并急不可耐地向下一个形态变迁。所谓生命形态,就是生命体能继续生存下去的形态。[①] 由于人具有思想、智力、情感,所以人的生命形态是万物中最为奇特的一种。伯格森(Bergson)说:"生命就是一种趋势,而趋势的发展在本质上是呈集束的形态……所以才产生出各种变化的不同方向,而生命的冲动也就形成了不同的分化方向。"[②] 人在创造与适应的进化中从原始的生命之流分化出来,并形成独一无二的方向,即依靠自由的意志冲破物质的限制。因此,人实现了对自然生命的超越,形成了独有的精神生命。

作为个体的生命体在向死而生的过程中,每一时刻都以不同的生命形态存在,这些存在于历史中的生命形态构成了人的生命历程。生命在谱写自己历程时,持续地将现在变成过去、将未来的某种可能变成现实存在。"这种使刚才还仅仅存在于观念领域之中的东西变成现在的过程——所有一切,就是真实的时间所具有的特征。"[③] 归纳起来看,驱动人谱写生命历程的动力只有时间与自由意志。此处的时间是"人类自身意识中展现的时

[①] [法]伯格森:《创造进化论》,汤硕伟译,北京理工大学出版社2015年版,第117页。
[②] [法]伯格森:《创造进化论》,汤硕伟译,北京理工大学出版社2015年版,第94页。
[③] [德]威廉·狄尔泰:《历史中的意义》,艾彦译,译林出版社2014年版,第40页。

间,即持续的时间,这种时间是动力的流动、不可逆转的量变"[①]。时间导致人的生命从一种形态向另一种形态转变。这种转变其实是上一种生命形态被发展和延续下来而成为这一时刻的生命形态,也就是说当下存在的生命形态都是历史中的生命形态在现在的延续和发展。这种时间性的生命历程是人不可抗拒的、不可改变的且具有连续性的生命律动。

另一种被狄尔泰（Dilthey）称为传记式的生命历程存在于生命个体的记忆或相关艺术作品中。传记式的生命历程也是由时间动力流产生的。不同之处在于,传记式的生命历程是人们根据其秉持的生命意义对存在于时间中的客观生命历程进行选择与组合的结果。所以传记式的生命历程是阶段式的、可塑的生命脉络。传记式的生命历程的产生是生命体活动的必然结果,其存在主要是帮助人理解自己或他人的生命从而产生生命意义。"对生命意义的把握,人就可以使一项有关他的生命的行为举止的计划得以实现了。"[②]计划的实施使得生命体的某种可能性未来成为此时的现在,那时的现在已成为历史。新的传记式生命历程在现有的生命意义体系的影响下生成,在其形成后又再产生新的生命意义。传记式生命历程、生命理解和生命意义以及由这三者协同产生的影响都是精神生命的直接体现。如此,生命就在人的精神作用下沿着时间历程极具意义并且自觉地向死亡迈进。相反,当精神生命微弱时,人的生命在时间历程中随波逐流,以空洞的状态被动地走向死亡。内在生命实指人的精神生命,意在提升人的内在生命质量的自由教育就承载了这种使命。

从生命历程看,提升人的精神生命质量就是大学教育追求的"人文性目标"。具体地说,"那就是要从人的生命深处唤起他沉睡的自我意识、生命意识,促进其价值观、生命感、创造力的觉醒,以实现自我生命意义的自由自觉的建构"[③]。

[①] [法]伯格森:《创造进化论》,汤硕伟译,北京理工大学出版社2015年版,第2页。
[②] [德]威廉·狄尔泰:《历史中的意义》,艾彦译,译林出版社2014年版,第51页。
[③] 肖行:《生命哲学视域下的生命教育研究》,厦门大学出版社2014年版,第37、32页。

（二）构建人类命运共同体需要提升人的精神生命质量

随着大学的发展，逐渐衍生出包括育人、社会服务、科学研究、传承文化和国际交流等多种职能。然而，决定大学成为青年人的思想家园的根本原因是大学能够将知识转化为人的智慧。"真正反映事物本质的知识按人类的需要组合起来并满足人们的希望时，智慧就会从知识背后呈现出来"。[1] 智慧的形成既离不开客观真理，也不能缺少人的主观愿望，而这种愿望的形成需要价值理性的参与。所以说，当智慧呈现出来后，对客观事物的真理性认识就成为一种人文性的东西。在育人上，大学始终坚持提升人精神生命质量的人文追求，大学教育的高雅也正在于此。大学教育的人文追求映现于自身，则表现为一种旺盛的生命意识，这种生命意识让人自觉地建构和实现生命意义。作为受教育者的青年人，在生理和精神上虽然都表现出蓬勃的生机，且具有很强的可塑性，但这种生机是所有生命体共有的，仅为自发的生命律动，缺乏塑造自己的自觉性。从教育三要素的关系可推断出，推动大学教育人文追求发展的根本矛盾，是人对精神生命的自觉构建与精神生命自发律动的矛盾。这对矛盾在大学教育中是绝对的，但受时代文化、政治、经济发展的影响，其具体表现又有相对性。

在今天，社会充斥着个人理性，即个人以自己利益最大化为行动目标，运用科学理性和技术理性来计算得失，进而制定合理、可行的行动方案。[2] 当个人或团体在谋求某种利益的最大化时，这种利益需求已经超过人存在的自然需要，因而追求利益最大化的目的是受欲望左右的，是有限的。如黑格尔所说，"在有限的目的性里，甚至业已达到了的目的，本身仍然是如此残缺不完的东西"[3] 这种残缺不完的性质包含着人在改造自然时所制造的意外风险。个体运用科学、技术制定的方案，在帮助个体实现某种利益最大化后，竞争思维运用脱域机制，将这一方案在全球范围内进行复制，最终使整个人类招致这一方案所附带风险的报复。马克思认

---

[1] ［美］布鲁贝克：《高等教育哲学》，王承绪等译，浙江教育出版社2001年版，第141页。
[2] 赵汀阳：《天下的当代性》，中信出版社2016年版，第37页。
[3] ［德］黑格尔：《小逻辑》，贺麟译，商务印书馆2017年版，第397页。

为人类社会发展要经过自然形成的共同体、虚幻的共同体和自由人联合体三个阶段，人在这三个阶段分别具有的形态，是人性发展和解放的历史节点，所以大学教育推动人类命运共同体构建的关键在于人的发展。"人的发展，就是通过这样不同形态的否定以实现自身的肯定本性。"[1]这种否定不能一蹴而就，而是量变导致质变的过程。在量变的过程中，人逐渐意识到盲目为我的意识与竞争思维对自身存在造成的局限性，从而萌发对精神生命构建的冲动，这种冲动与精神生命的客观实在性形成了张力。这种张力的出现，意味着大学教育推动人类命运共同体的构建进入了促使个体发生精神上自我否定的实质环节。在此环节中，个体自觉地重构符合人类共同需要的价值体系，并据此重组自己的必然世界，进而形成普惠性的实践方式以实现生命的意义，这正是大学教育提升人精神生命质量的必然结果。

从个人层面来看，如加塞特所言："对生活在低于时代文化水平层次的人来说，他们是注定要过着低于人类层次的类人猿式的那种生活。……文化并不是科学。……而是一种生命信念，一种赋予我们时代特征的信念。"[2]因而，大学教育必须向青年人展现时代文化的全部内容，使之形成这种生命信念。构建人类命运共同体是当今时代文化实践的主题，那么大学教育就要向青年人普及这种主题文化，从而使他们逐渐意识到盲目为我的意识与竞争思维对自身存在造成的局限性，进而萌发对精神生命构建的冲动，最终形成这种时代信念。从这里看，推动人类命运共同体的构建是由大学教育自身规律所决定的时代使命，而非外部施加的额外目标。大学教育通过其提升精神生命质量的人文实践来完成自身客观规律所决定的时代使命。由此可见，一方面，提升人的精神生命质量是构建人类命运共同体所需要的人文实践活动；另一方面，推动人类命运共同体的构建是大学教育自身规律所决定的时代使命，并且大学教育通过提升精神生命质量的人文

---

[1] 高清海：《人的"类生命"与"类哲学"——走向未来的当代哲学精神》，吉林人民出版社1998年版，第225页。
[2] ［西］奥尔特加·加塞特：《大学的使命》，徐小洲译，浙江教育出版社2001年版，第85页。

实践来实现这一使命。因此，提升精神生命质量的人文实践是大学教育推动人类命运共同体构建的内涵。

三、地方本科大学的新人文精神

大学教育在提升人的精神生命质量时，表现出人对精神生命的自觉构建与精神生命自发律动的矛盾，那么，在推动人类命运共同体构建的过程中，具体表现为：首先，使个体从盲目为我的意识与竞争思维中解放出来；而后，帮助个体自觉地重构符合人类共同需要的价值体系，并据此重组自己的必然世界，从而形成普惠性的实践方式以实现生命的意义。据此，大学教育推动人类命运共同体构建的实践应包含三个方面：从自发到自为的精神自觉、存在自由和精神自觉与存在自由间的良性互动。从自发到自为的精神自觉是大学教育推动人类命运共同体构建的必要前提；存在自由是大学教育推动人类命运共同体构建的实践目标；必要前提与实践目标间的良性互动构成了大学教育推动人类命运共同体构建的作用机理。因此，必要前提、实践目标以及两者间良性互动，使大学教育对精神生命质量的提升处在持续发生的状态，从而保证人的发展始终与时代文化同步。

（一）精神自觉的时代需要

如前所言，在推动人类命运共同体构建的过程中，大学教育首先要使个体从盲目为我的意识与竞争思维中解放出来，这种解放对个体来说是从自发到自为的精神自觉。那么，在自然状态下人如何实现从自发到自为的精神自觉？"人是类存在物，不仅因为人在实践上和理论上都把类当作自己的对象；而且因为人把自身当作现有的、有生命的类对待，因为人把自身当作普遍的因而也是自由的存在物对待。"[①] 类本质从两方面将人与其他

---

① 马克思，恩格斯：《马克思恩格斯文集》，中共中央马克思恩格斯列宁斯大林著作编译局译，人民出版社 2009 年版，第 161 页。

生物区别开来：其一，人以类作为活动对象，这表明人能够把握住自然界的普遍性，破除了如动物般对感性杂多依赖的片面性，从而将整个自然界作为自己的无机身体；其二，人能意识到自己作为普遍和自由的类存在。这两方面的结合，使得人将自身从种概念的思维中解放出来，从而把生产生活作为自己意志和意识的对象。因而人在生产生活中才能意识到自己是类存在物，换言之，人的类存在主要是生产生活。马克思说"意识在任何时候都只能是被意识到了的存在"，[①] 这句话表明，人在生产生活中生产自己的意识。又由于人在生产生活中能够摆脱肉体需要的影响，并且能根据任何一个尺度再生产整个自然界，所以人的生产生活是导致自然界不断变化的根本原因。综上，生产生活不仅生产人的意识而且改变自然世界，自然世界的改变又影响人的生产生活，这种相互影响，必然导致人对自己思想意识不断超越。

随着私有制的出现，人的生产生活被置于社会分工体系下。社会分工体系越精细，生产力水平也就越高，同时，对生产力的需求又不断推动社会分工走向更精细化。当个体的特殊利益与社会分工的目的兼容时，个体自愿地融入分工体系，反之个体则被迫置于其中。自愿分工与被迫分工间的划分不是固定的，而是由自愿到被迫再到自愿的螺旋运动过程。一方面，人的类本质会将所有个体的特殊性视为人的普遍性，这就形成了人类普遍的精神世界，使得个体精神有了自我超越的空间。一开始，个体由于某些需要，自愿参与社会劳动分工，但随着个体对自我超越的追求以及更宽阔的精神世界被发现，生产生活的异己成分逐渐被个体意识到。此时，个体在社会分工中从自愿参与变为被迫接受。"只要分工还不是出于自愿，而是自然形成的，那么人本身的活动对人来说就成为一种异己的、同他对立的力量，这种力量压迫着人，而不是人驾驭这种力量。"[②] 当个体有意识地对抗

[①] 马克思，恩格斯：《马克思恩格斯文集》，中共中央马克思恩格斯列宁斯大林著作编译局译，人民出版社2009年版，第525页。
[②] 马克思，恩格斯：《马克思恩格斯文集》，中共中央马克思恩格斯列宁斯大林著作编译局译，人民出版社2009年版，第163页。

这种力量时，说明人已经实现了精神的自觉。

在当下，一方面打造人类命运共同体成为人类唯一出路，另一方面构建人类命运共同体正遭受巨大的阻碍。这种困境在很大程度上是生产资料私有化，在个人理性高度发展的背景下，产生的结果。可见，大学教育推动人类命运共同体的构建就要促使"关系理性"[①]的回归。人在生产生活中能从任一内在尺度去改造世界，而任何非自然的内在尺度都依靠个人理性表现出来，所以个人理性的存在是客观事实。所以，关系理性无法取代个人理性而独存，两者应走向统一。个人理性与关系理性的统一发生在人的精神层面，即以"共在"作为基本共识，将个人理性中唯一的价值主体"我"，扩展到一切与"我"形成关联的群体，从而在追求整个群体的共同价值过程中实现自身所需的价值。然而，专业化的社会分工从两个方面对这种统一造成阻碍：其一，不同劳动之间产生了坚硬的壁垒，从而将每个人的精神世界局限于自己那一类生产生活中，这将导致人无法认识到普遍的精神世界；其二，在同种劳动中，生产生活被异化为唯一的谋生手段而非人的类存在，将人们卷入竞争中，使人与生产生活的分离越来越明显。社会分工随着科学知识的分化而更加专业化，导致人从自发到自为的精神自觉变得越发艰难。因此，大学教育必须从自身客观规律出发，通过文化育人实践使青年人意识到自身的本质力量，从而实现精神上的自觉。

（二）存在自由的时代目标

时代文化对于个人而言，其意义正如加塞特所说的生命信念，体现了某一时期整个社会生命活动的思想。基于这一思想的指导，人们有意识地、能动地去计划并实现自己的生命历程，彰显自身的存在自由。当个人所拥有的文化思想落后于时代时，他的生活将会陷入机械性、被动的状态。大学教育的人文追求，就是通过时代文化的传递来提升青年人的精神生命质量，使他们从自发的机械性律动，转变为对生命的自觉建构。因而，在构建

[①] 赵汀阳：《天下的当代性》，中信出版社 2016 年版，第 36 页。

人类命运共同体的时代背景下，大学教育的人文追求要以实现人的存在自由为实践目标。要理解什么是存在自由以及大学教育为什么以存在自由为实践目标，需要从当今社会的现代性着手，了解现代性对人的存在造成的威胁及其原因。

吉登斯（Giddens）认为现代性形成和发展的动力，源自时—空分离、脱域机制（一些学者将其译为抽离）和反思特性。[①] 三种动力源中，时—空分离是其余两者的前提，其产生的标志性事件是机械钟的发明和普及。时—空分离造成时间和空间的延伸，进而使得抽离和再嵌入在全球范围内得以实现，为全球社会的同质化发展提供了前提条件。虽说时—空分离是基本前提，但要了解世界现代性的形成过程，必须从资本主义生产方式开始。资本主义生产方式的产生和普及解放了生产力并推动了世界工业化大发展。然而，资本主义追逐利润的本性必然导致竞争，这便使资本主义必须借助科学理性的优势来提升自身的竞争力，以捍卫自己在市场中的有利地位。如果说资本主义是促进现代性加速发展与扩张的重要制度性因素，那么另一个重要因素就是民族国家。[②] 资本主义生产方式使得经济与政治发生分离。脱域机制又使得资本主义生产制度超越时空的限制，进而在全球范围内进行再嵌入，结果导致追逐利润的资本冲破国家界限，这又催生了世界资本主义经济。处于世界资本主义经济体系中的各国，看似主权被严重削弱，实则不然。在世界体系日益壮大的情况下，各国需要以一种更具反思监控能力的形态出现，以便在政治、经济、安全、法律等方面开展国际合作，来保护本国的资本。"由于好些原因，民族国家比以前的传统国家更像'行动者'。……政府经常为达成某一决定而与其他政府磋商。"[③] 民族国家的出现，使得世界范围内的国家结成更具有反思监控能力的民族国家体系。

世界现代性可以理解为，整个国际社会在以科学理性为核心的反思监控下，对已存在的社会生活进行认识，以形成相关的思想体系，并使思想

---

① ［英］吉登斯：《现代性的后果》，田禾译，译林出版社2011年版，第56页。
② ［英］吉登斯：《现代性的后果》，田禾译，译林出版社2011年版，第55页。
③ ［英］吉登斯：《民族国家与暴力》，胡宗泽译，生活·读书·新知三联书店1998年版，第338页。

与行动在持续的相互反映中再创理想的社会生活,即谋求所谓的发展。法国学者埃德加·莫兰认为:发展使西方中心主义的得到深化;发展忽略了人类不可计算和度量的存在;发展的逻辑忽视经济技术造成的道德和心理迟钝;发展观念向其他国家地区渗透西方可疑、有害、消极的因素;发展忽略了不可测量和变卖的人类精神财富;发展虽然带来现代社会的飞速发展,但对环境和文化造成破坏,形成新的不平等;发展造成人类无视通往类属于人的潜在性回归。[①] 现代社会的科学理性带动了技术理性的成长,提高了人类改造自然的能力,但科学理性和技术理性的成长又助长了个人理性。不断增长的个人理性将人类社会带入普遍竞争的状态,以致发展的内涵被浅化为可用增长指数加以衡量的指标。埃德加·莫兰关于发展的看法,说明当下人类正遭受由盲目为我的竞争思维带来的四种威胁。首先,文化间缺乏理解,本土文化与西方主流文化间的对抗使人类在奴役与反奴役中争夺生存机会;其次,人类的存在被严重异化,即本应是人存在的基础与手段的物质性指标,在现代社会却成为人存在的目标;再者,有限的认识与单一的劳动使生产生活成为人异己的力量,导致人无法意识自身问题的根本性与整体性;最后,人作为类存在的共同需要被遮蔽,从而扼杀了人类总体的再生性。

当人类社会消除上述四种威胁后,人们才能真正拥有存在自由,即人们以尊重他人文化习俗和生存选择为前提,根据个人内在的精神尺度,遵循事物的客观规律,以互助、合作、共享的方式开展生产生活、不断克服有限认识和盲目竞争带来的威胁,最终为人类和个体创造更多的善。尊重他人文化习俗和生存选择是人们以关系理性为导向构建共在意识的前提条件;依据内在精神尺度和客观规律从事生产生活是人们以个人理性与关系理性的统一为作用机制开展的实践行动;为更多人创造善是人们以关系理性所追求的共同利益为落脚点从事生产生活而产生的实际效果。所以,存在自由是大学教育在当下实现人文追求的必然结果。大学教育推动人类命

---

① 哈佛燕京学社:《全球化与文明对话》,江苏教育出版社 2004 年版,第 131—132 页。

运共同体的构建就是使人们以存在自由为目的开展生产生活或实践活动，即个人与他人形成合作、互助、共享的存在关系，在追求共同价值的同时实现个人自身的价值。

（三）精神自觉与存在自由间的良性互动

自然状态下，精神自觉发生在生产生活以及由自由和普遍的思维所构筑的精神世界中。经过此过程，人逐渐意识到自身的全部本质力量，进而发动精神上的革命，即对直接性的自我进行扬弃。作为外在条件的生产生活和精神世界反映出精神实体中的原始实质，原始实质与外在条件的结合构成了精神从实体性走向现实的原因，进而实现精神生命质量的提升。当个体从盲目为我的意识与竞争思维中解放出来后，大学教育推动人类命运共同体的构建进入了促使个体发生精神上自我扬弃的实质环节，即促使学生自觉地建构生命，从而保证其存在自由。由于大学教育推动人类命运共同体的构建是存在自由的实践过程，所以，个体从自发到自为的精神自觉是实现存在自由的条件，因而存在自由中包含精神自觉的内容。精神自觉是自发与自为间循环往复的过程，这导致人的内在精神尺度也在不断自我否定。又由于人对客观事物的认识总是有限的，所以无法彻底把握事物的必然性，于是人出于对未知的恐慌与不满，就不断地探索自然及宇宙。内在精神尺度的变化和对未知事物的探索决定了存在自由的内涵在不断发展。反过来，存在自由的实践过程又不断改变人的生产生活和精神世界。因此，精神自觉与存在自由有着相互作用的关系。精神自觉与存在自由间的良性互动构成了大学教育推动人类命运共同体构建的机理。这种良性互动逐步将人类事业的各个领域和人类自身的各种问题卷入大学教育的文化育人实践中，使学生意识到当下社会存在的问题和自身所处的困境，从而不断重组自己的必然世界，打造普惠性的实践方式，在互助、合作、共享的实践体中提升自己的精神生命质量。综合来看，精神自觉与存在自由间的良性互动就是大学教育推动人类命运共同体构建的机理。

如前所言，地方本科大学依托地方社会推动人类命运共同体构建，其面临的第一个任务就是要将地方社会中的人培养成构建人类命运共同体的生力军。地方本科大学在新时代的人文目标就是要使受其影响的人们实现自发到自为的精神自觉，进而将他们从盲目为我的意识与竞争思维中解放出来，自觉地建构符合人类共同需要的价值体系，即存在自由。这种人文目标的实现，能够使得大学教育推动人类命运共同体构建的机理正常发挥作用。

第3节 地方本科大学的世界性目标

当代世界在物联网的引领下，日益成为一个开放与共享的新世界，人们的生活、思维、教育、工作和交友正在发生深刻的革命性变化。"未来世界的每一样（实体）产品都可以与无处不在的通信基础设施相连，同时无处不在的传感器也能使人们充分感知周围环境。"[1] 在这个万物互联的新世界里，开放和共享已经不只是人们的生活姿态，而是一种现代人生活的必需理念和存在方式。现代人如果想生活得丰富多彩，生活得富有价值和意义，需要超越性别、阶级、种族和民族的小视界走向开放世界的宏大视野，向外在世界勇敢地开放自己，在对外开放中构建与他人共在的健康人格。共在蕴含共享，共在的开放世界必然是共享的多元世界。共享决定了开放的价值，同时又标志着开放的广度和深度。历史的昭示，缺乏共享的开放往往会演化为一种强权和侵略。因此，开放的现代人又需要学会分享，积极同他人交换和分享共同的生活体验、共同的价值判断和共同的对问题的看法以及解决方案。经由开放与共享的理念指引，现代人共同努力，协同创造，把世界打造成为一个互通且宜居的绿色村庄，自然而又充满理性。

---

[1] ［德］克劳斯·施瓦布：《第四次工业革命》，李菁译，中信出版社2016年版，第145页。

穿透语言的障碍、民族的隔阂、地域的差异和不同文化价值的层层厚幕，现代人可以像候鸟一样自由来往，诗意地栖居在这个有着共通感的"地球村"之上。这一美丽、可欲的世界图景，无疑值得人们真诚地向往和追求。同时，这一世界共同体的美丽图景也成了大学国际化最为基础也是最为深刻的背景。为了创造这样一个开放与共享的世界，为了人类共享文明世界的早日到来，客观上要求大学必须承担起创造它的历史使命，向教育的全球共同利益转变，走国际化发展的道路，这是世界高等教育发展的大趋势，也是教育真理之完全澄明的必由之路。中国的地方本科大学自然也在这一国际化发展的态势之中，受它影响，并在国际化的实践中为它贡献智慧。

一、推动人类普遍知识的增长

大学国际化是世界高等教育全球化浪潮的重要表征。探讨大学的国际化，首先需要确定大学国际化的本性及内涵。国际化是大学与生俱来的一种发展内驱力和发展姿态，这种发展内驱力是由知识本身的性质决定的。不论何种层次和何种类型的大学，只要承担了知识、观念和技术原理的授受和传播，它就已经是文化知识的化身了。按照波普尔（Popper）的知识观，知识、观念和技术操作原理属于人之"世界3"的领域，即人类心灵产物之世界的主要内容，世界3与作为物质世界的"世界1"和作为"内心或心灵实体的，或主观感受的世界"的"世界2"相对待而共存。从因果关系上，世界1进化出了世界2，世界2又进化出了世界3，但是这种进化并非单向的时间线性逻辑，而是每一世界"都具有对它出现于其中的世界的巨大反馈效应"。也就是说，三个世界相对独立存在并相互发生影响。"世界1、世界2和世界3可以相互作用，因此，它们在因果关系上都不是封闭的。"三个世界之间循环发生影响，并相互推动这种循环关系向更高级的阶段上升，形成世界进化发展的良性智能圆环。处在这个不断向前优化发展的智能圆环之核心位置的，是作为世界1进化之产物的万物之灵的人。在世界和知识的进化实践中，作为世界之主体的人产生出一种扩展的意识和扩展的理性。经由扩展理性,世界不断向前延展,人也随之不断获得解放。这个过程之中,大学正是三个世界和合创造的综合产物。如果单从世界3之知识生产的角度,大学就是知识扩展和理性撒播的重要工具。从这个意义上,大学的不断进化和向外扩展,是知识扩展的媒介或产物。大学的国际化意愿和实践,也正是知识扩展和世界3发展的内在逻辑,是大学的本性。

知识的无限扩展本性和无国界性,决定了大学发展的无边界性和国际性,国际化正是大学无边界性发展之一种常态。所谓大学的国际化,其含义主要是指大学自身在存在和发展过程中所自觉拥有的一种国际化立场,在该种立场下所积极谋求的国际化实践,以及在国际化实践中所主动建构的国际化意识和国际化身份。国际化的立场、实践和身份,是一所大学国际化的标志性要素。具体说来,可以从三个角度分而谈之。第一,从大学作为一种高等教育形式看,其国际化要求它有国际双向流动的师生,有渗透全球意识和内容的国际化教材,有符合国际通行标准的高等教育质量科学评价体系,等等。第二,从大学作为一种研究高深学问的专门性学术组织的职能看,其国际化客观上要求大学的教学、科研、社会服务和文化传承创新等方面具有全球协同创新的意识和能力,它要能够理性全面地思考和应对全球难题,提出问题解决的全球化思路和方案。尤其是,它要面向人类发展的未来命运,主动参与关乎人类未来发展的新文明的协同创造。第三,从大学的育人本质看,国际化意识强烈的大学能够主动承担国际化的责任,积极参与到国际性的教学、科研和服务之中,经由各种国际合作活动,增强实践育人的国际化维度和内容,培养具有全球意识和国际视野、能够解决全球问题、具有全球伦理和责任担当的一代新人。

二、共建地方本科大学国际化的生态环境

地方本科大学作为大学世界的一分子,在构建人类理想家园的使命中,地方本科大学是一支重要力量。人类最高层次的思想需要地方本科大学的参与,结合地方的具体情况,将这一思想具体化,进而使中国每一座城市、

每一个乡村都能建设成为人类理想的栖居地。

（一）另辟蹊径，搭建资源型国际化学术平台

世界3的发展需要借助世界1的物质基础和世界2的心灵操作，与之对应，大学的国际化扩展需要大学人自觉地借助各种物质性资源搭建科学研究平台，向未知领域进军，进行技术的原创性探索和真理的无限求知，不断推进对世界与人类自身认知的边界。这对于处于中心城市的重点大学，国际化是没有什么问题的，也是它们在实践中正积极进行着的。中心城市的重点大学可以依托其所属城市提供的丰厚资源，以及它本身悠久历史积累的学科专业本身的文化资源，着眼于纯粹学理和原创性技术的研究与开发，建设与之相应的高层次科研平台，集合优势的学术人才进行永无止境的科学探索。那么，地方本科大学何以能够国际化？其合法性何在？这是需要谨慎探讨的问题。与位处省会城市一类的中心城市的重点大学相比，地方本科大学多处于非中心的城市。这些非中心城市无论在经济方面，还是政治、文化等方面都因各种主客观条件的限制无法给予地方本科大学满足其发展需要的充分支撑，加之省级政府的财政和文化等资源支撑也主要倾向于中心城市的重点大学，这就使得地方本科高校在发展中受到诸多方面的限制。这些限制造成的直接影响首先表现在地方本科大学在吸引人才方面的不足，优秀人才多倾向于选择省会城市等重点城市的大学就业，客观上造成地方本科大学在人才方面严重不足，且比例失调。区位劣势，加上人才比例失调，进一步造成地方本科大学在办学理念、教育教学方式、科研活动，以及社会服务等方面的相对落后，与其所处城市存在相对的隔离，供需脱节。在这种情况下，地方本科大学要想在学校整体上快速走国际化发展道路，必然存在着很大的困难。困难并不必然意味着不可能，也不必然意味着地方本科大学国际化发展不存在合理性和可能性。

经过近二十年的大众化发展，中国地方本科大学也一样享受了中国高等教育现代化发展的成果，它们有的也建立了较为全面的高等教育体系，也建成了相当规模的纯粹科研型机构。这些科研机构拥有一定数量的高素质

科研人员，他们中甚至还有一定数量的留学海外的高层次归国人才。这些人拥有先进的教育观念、教学知识和教育技术，也拥有国际化的教育视野和能力，是地方本科大学走向国际化的一支有效力量。中国地方本科大学虽然远离中心城市，但是由于中国广袤的空间地域特征、丰富的自然资源蕴藏，以及多元的民族文化特征，加之多年的文化教育资源积累，它们仍然具有可资发展的巨大学术潜力。地方本科大学所要做的，就是要相信这些有生力量，做好大学国际化的顶层设计，建设科学、适切的科研平台，引领地方本科大学勇于开辟国际化的实践路径，积极主动地承担它所应当承担的文化和教育责任。在具体策略选择上，囿于主客观原因，地方本科大学的国际化进程不是一蹴而就的，其在程度、内容选择和发展路径上也与重点大学不同。它需要循序渐进，分阶段、分步骤，由少到多，由量变到质变，缓慢展演，直至全面铺开。地方本科大学则需要认清自身的条件和重思以往的优秀教育传统，另辟蹊径，错位发展，结合本区域内的自然、产业、人文和社会的诸种现实资源，着眼于实际应用，以具体的问题解决和技术性方案设计为指向，建设资源依托型学术科研平台，吸引人才，培养学生，集中优势资源，努力做出优秀的科研成果。以此为依托，创造条件鼓励平台的科研人员首先国际化，并在实践中积累国际化的成功经验，逐步开拓和扩大国际化的交往空间，引领学校走向国际化的舞台，实现跨越式创新发展。

（二）各美其美，夯实大学国际化的本土基础

国际化必须首先本土化，本土化是地方本科大学发展的基础，也是它存在的最为合法化理由。越是国际化，越是需要本土化。国际化不是要去除本土化，相反，它恰恰加强了文化的根源意识和传统意识。"正因为全球化的过程加强了区域化和地方化，所以根源意识特别重要，各种不同的地方性知识，就是我们日常的生活体验和经验，它对丰富人类的文明，丰富全球化，特别是从文化的角度应该起到比较大的作用。"[1]越是大学国际化发

---

[1] 杨朝明：《孔子文化奖学术精粹丛书·杜维明卷》，华夏出版社2015年版，第258—259页。

展成熟的地方，越是大学本土化彰显之地，知识的普适性和知识的地方性双峰凸起。世界上的所有优秀的大学，皆是国际化程度非常高的大学，国际化程度是评价其是否达到优秀的重要指标。同样地，世界上所有优秀的大学也是最为本土化的大学，自觉地与其所归属的社会和文化融为一体，成为它们的有机整体的一部分，主动为其服务，在服务地区经济社会的发展中作出重要贡献。

所谓地方本科大学的本土化，至少有两重含义。第一，地方本科大学的本土化意味着它必须确立和保持自己独特的教育和文化身份，即必须有自己的个性。地方本科大学的个性是其在长期的历史发展过程中所形成的区别于他者的独特元素，也是它在长期的发展过程中与地方经济、政治、文化交融互动的结果。唯有鲜明个性的地方本科大学，才谈得上其国际化。一个连自己的文化身份都失去了的大学，一个缺乏区别于他者的个性的地方本科大学，是谈不上国际化的。地方本科大学的国际化，是在新情境下其多元个性与国际上多元文化的遭遇、碰撞、融合和共享。所以，每一所地方本科大学首先需要思考它的独特的区域优势是什么，它的特殊的文化传统是什么，它能够为区域经济社会的发展作出怎样的贡献，如此等等。以此种思考所得作为行动的指针，地方本科大学便可以明确地定位自己，确立自己的文化身份、文化责任和文化担当。第二，现代社会是一个讲效益的社会，现代大学也需要在社会贡献率中衡量自己的价值，寻求自我存在的合理性和合法性根据。地方本科大学的本土化，要求地方本科大学能够充分发挥它的人才优势、观念优势、知识优势和技术优势，以科研项目立项、技术研发合作、社会政策咨询和市民社会发展方案设计等各种灵活形式，扎根于它所归属的区域社会，面向区域经济社会的发展，用文化、观念和技术促进和引领其发展，从而赢得广泛的社会信誉。地方本科大学对地方的文化引领，不是相对于地方以一种虚假的高姿态式的从外部、从高处对地方进行引领。相反，地方本科大学的引领是直接进入地方、融入地方、和地方一体化，成为一个生生不息的有机整体，进而在其地方文化土壤的内部进行学术文化的创造，在创造中引领，在引领中创造。这是一种参与式的实践引领，是一种平等的对话式引领，更是一种文化的民主化引领。在这种引领中，基础性学理研究与应用性实践研究将不再悬隔，而是相互促发。地方社会与大学也将不再两分，一方凌驾于另一方之上，相互争斗。而是互相嵌入对方，一体共享发展，在相互的嵌入和融合中共创美好的未来。

（三）美美与共，创造互利共赢的国际化大学生态

如果说本土化是地方本科大学向内的一种努力，其价值取向是内向的。那么国际化则是地方本科大学向外的一种追求，其价值取向是外向的。内外相应相合，才是地方本科大学跨越式发展的理想化状态。从这个意义上，本土化和国际化构成了地方本科大学国际化发展的一体两翼。本土与国际之两翼相互支撑，不可或缺。本土化是地方本科大学的根，国际化则是它的花。大学犹如一棵大树的生长，根深才会叶茂，才会繁花似锦、果实累累。

从具体方法上讲，地方本科大学的国际化有三种途径。其一，引进海外优秀的人才学术创业。鉴于中国高等教育事业改革开放以来所取得的巨大进步，国内重点高校的人才储备相对已满足了自身需要，其引进力度也相对减小，不论从资金数额还是生活待遇等方面都日益趋于平稳。由于中国社会主要因住房购买力等所造成的在中心城市生活的压力问题，所以并不是所有的有着海外教育背景的人才都愿意进入国内重点高校。只要生活待遇和工作条件能够达到其满意度，加之物联网所带来的科研便利条件，"所有物品都会智能化并能联网，从而促进更广泛的交流和数据驱动的新型服务"，[①] 以及中国城市面貌的巨大改善——边缘城市交通日趋便利、自然环境保持较好，等等。出于主客观的原因，他们中的一些人就会选择稍微远离中心城市的地方工作和生活，这就给一些正在积极谋求国际化发展的地方本科大学创造了吸引他们加盟创业的机会。一旦这些海外人才加盟成功，这些人才本身就成为地方本科大学国际化实践得以实施的最为有利的引导性资源和文化交流使者。其二，邀请国外专家参与学术活动。地方本

[①] ［德］克劳斯·施瓦布：《第四次工业革命》，李菁译，中信出版社2016年版，第145页。

科大学的本土化科研开发和各种科研合作，使得各种独特的地方学术资源得以复活，这些学术资源有自然方面的，也有人工方面的，更有长期学科建设和专业积累方面的，它们往往具有不可复制、地方独有、学术潜力巨大、能够吸引优秀学者前来研究等特点。这样，地方本科大学就可以因地制宜，建设资源型学术科研平台，建立学术对外交流的常规机制，结合有特色的本土科研资源的利用与研发工作，创造各种学术活动的机会，邀请国际上相关专业的知名教授和学者前来参加学术研讨、学习或参与实验指导等工作。在工作中双方学者之间可以相互了解、彼此尊重和认可、求同存异、扩大学术文化共识、增进学术友谊，进而展开教学和科研等方面富有成效的合作。其三，主动走出去开展学术对话。大学的国际化思维是一种多极、网状、共赢、共享的思维，这一思维自然地要求平等式对话，排除单向度的话语式压迫——无论这种话语实践是有意还是无意的。因此，中国地方本科大学的国际化要注意避免美化和神化西方大学成就及其思想的单向度思维。在长期的与地方经济社会互动发展过程中，中国地方本科大学在办学思想、文化成就、育人方式，以及区域性技术开发和资源整合等方面都积累了一定的经验，为中国现代化实践作出了巨大贡献，成绩斐然，世人瞩目。不唯如此，中国是一个有着悠久文化教育传统的大国，作为中国高等教育系统的重要组成部分，地方本科大学同样继承和创新了这一优良传统。它们是中华优秀传统文化，特别是中国特色社会主义文化的集中体现和集中表达。这些都需要地方本科大学的优秀学者团队在国际化背景中，积极主动地参与国际大学的发展与合作，开展双向的学术交流，创造互利共赢的国际化生态，主动向国际文化舞台展示，为人类文化的发展贡献中国大学的力量和中国文化的元素。

三、走向诗意的文化世界

任何事物的产生和发展都是内外两种力量相互作用的结果，大学的产生和发展也不例外。在中世纪，大学的产生固然是当时知识复兴的结果，是蓬勃兴起的知识运动给予它最为直接的驱动力。但是知识复兴本身恰恰适应了当时的城市复兴，是不断兴起的城市生活为知识的复兴及其传承创新形式——大学的产生和发展准备了更加充分的外部需要。"如果没有理性主导的探索知识的精神冲动，就不会有大学，但是精神本身并不能创造大学。作为新的社会制度，大学只有在中世纪某些具有特殊的政治、经济和社会条件的城市中才可能出现。"[①] 中世纪的博洛尼亚大学、牛津大学和巴黎大学之所以在大学起源史的早期阶段产生，正是得益于当时的博洛尼亚、巴黎和牛津这三座城市所具有得天独厚的政治经济和知识文化条件。在经济上，它们所拥有的大量社会财富提供了大学产生和发展的良好资金环境。在政治上，这些城市提供给大学较为宽松的政治环境，可以保证大学师生们的自由和权利不受侵害。在文化上，这些城市都是当时文化交通汇聚繁荣之地，吸引了大批优秀的学者和学生前来学习和交流，如此等等。没有这些因缘际会的复杂历史条件，上述的三所大学就不可能作为后世大学发展的母体得以最早产生。大学一旦产生，便与产生它的城市命运一体，休戚相关。纵观大学产生以后的人类世界文明发展史，城市的衰落与繁荣，与大学的衰落与繁荣几乎成正比。城市提供大学以生存的土壤，大学以知识文明的形式最大限度地回馈给提供它们家园的城市，使其成为历史上著名的城市。大学之于城市的重要，在于大学给予城市以文化生命。虽历经自然灾害、疾病和战争等种种劫难，只要大学存在，城市仍然可以迅速得到重建，繁荣昌盛，生生不息。在一定的意义上，伟大的大学总与伟大的城市相伴而行，城市的抱负决定了大学的边界，大学的理想给予了城市发展的战略眼光。

在近现代中国社会的转型时期，城市、大学与文化三者之间更是息息相关。在清末民初书院转学堂的教育设计中，大学堂几乎遍布中国每个重要城市。当时的北京大学是新文化运动和五四运动的重镇，也是社

[①] ［瑞士］吕埃格：《欧洲大学史·第一卷，中世纪大学》，（比）里德－西蒙斯分册主编，张斌贤等译，河北大学出版社 2007 年版，第 13 页。

会主义文化的发祥地之一。在北京大学和天津的南开大学的带领下，民主和科学的新文化开始在中国大地扎根发芽，并经由各省重点城市之大学的广泛传播，迅速在全国遍布开来。在抗战期间的极难情境下，由北京大学、南开大学和清华大学组成的西南联合大学离开其原有的城市一路向南迁徙，所到之处，包括城市，皆受到民主与科学的新文化精神的润化，播下了后来这些城市之文化教育复兴的希望火种。中华人民共和国成立，乃至改革开放以来，中国几乎每个地级城市都拥有一所或若干所大学，这些大学与它们所在的城市一起发展壮大起来，取得了很大的成绩。与计划经济时代的城市发展相比，社会主义市场经济条件下的中国社会各级城市正在以开放、包容、共享的积极心态，主动回应市场需要，回应民生需求，进入了自觉发展的新阶段。它们着眼于建设美丽、个性、和谐，富有文化意蕴的宜人城市，努力挖掘城市的潜在资源和文化传统，打造城市的文化品牌，并积极向外拓展，开展国内外城市之间的文化交流和友谊交往。城市的自觉发展需要城市文化的自觉为其重要推动力，通过城市文化自觉，激活城市的文化记忆和其自觉生长的蓬勃生命力。城市的文化自觉又需要属于这个城市的一批文化学者首先用行动去推动，用行动去进行大众启蒙。用城市文化自觉引领城市发展，是一所城市文化品牌塑造者和各类文化学者的重要价值所在。在这种新的历史条件下，中国地方本科大学再次获得了新的发展机遇，与它们所归属的城市一道再次站在了历史发展的起点上。它们可以通过大学的独特文化优势，通过学术创造和社会服务的本土化和国际化努力，主动融入城市发展的快车道，为城市发展注入持久的文化创造力和新的文化视野，与城市协同创造，建设生态宜人的美丽城市。

第4节　地方本科大学的地方性目标

在"双一流"大学建设背景下，与中央部属大学相比，地方本科大学仍然面临着办学资源不足、师资整体水平较差，人才培养能力偏弱、科研与学科建设整体水平不高等发展困境。对此，地方本科大学理应充分借助世界高等教育国际化持续推进的时代契机，基于自身办学基础、服务面向、学科特点和办学特色，并结合国家与地方发展状况，制定差异化国际发展战略战术体系，打造具有较强地域特色和办学优势的地方高水平大学，促进我国高等教育多元化与个性化发展。

一、凸显地方社会的区域性与特色性

伴随着世界地球村时代的不断演进，各国各领域全球化合作交流进程加快，相互依存度日益提升。大学作为世界一体化发展的重要组成部分和推进力量，融入世界经济社会发展体系成为大学改革与发展的必然趋势，国际化则成为重要的依托载体。在"双一流"建设的时代背景下，地方本科大学应在国际化办学程度、内容选择和发展路径上，[1]与中央部属大学错位发展，立足地方区位与自身特点，抓住国家性政策导向和区域性战略发展需求，抓住高等教育资源要素在全球范围内自由流动的有利条件，引入境外优质教育资源，[2]将院校类型、地域属性、办学特色与国际化发展相结合，制定特色国际化发展战略。以建设地方高水平、有特色的大学为目标，

---

[1] 黄英杰：《论地方本科大学国际化的理据、路径及效果》，《国家教育行政学院学报》，2017年第9期。

[2] 赵显通：《"全球国家地方"模式：缘起、内涵与评价——兼论对重庆高等教育国际化的启示》，《重庆高教研究》，2019年第1期。

坚持"地方性、特色性、国际性"的国际化发展战略定位，积极从国际交流合作获取自身发展所需资源要素，做好"借鉴、消化、利用、创新与应用"等环节，从而借力提升学校国际化程度。在国际化发展战略规划制定与落实过程中，地方本科大学应处理好区域性定位与国际性发展的辩证关系、处理好全面国际化与特色国际化的辩证关系。

（一）处理好区域性定位与国际性发展的辩证关系

地方本科大学国际化发展，既要立足自身办学实际特点，做好服务与引领地方区域经济社会发展，又要拥有国际视野与战略举措，坚持区域性定位和国际性发展并举，加深学校与外部环境的融合发展，以扩大开放来增创优势。[①] 地方本科大学应着力在所处区域层面寻求科学定位，紧扣国家关于省市经济社会发展战略与需要，充分融入和引领地方经济社会发展，加强政产学研用一体化发展，力求以服务求支持，以贡献谋发展。同时，要引借世界各国高水平、同类型大学先进的办学治校经验，加强一流特色办学建设，通过在人才培养、科学研究、社会服务、文化传承创新等领域进行国际交流与合作，加快自身改革与发展步伐。云南大学"立足云南、服务国家、辐射两亚（南亚、东南亚）、走向世界"的办学思路体现了其区域性定位选择，将"建设成为面向南亚、东南亚的综合性、国际性、研究型一流大学"作为奋斗目标，彰显地方本科大学国际化发展的独特之处，但是需要进一步在服务和引领地方经济社会发展方面下功夫，将区域性定位与国际性发展有机融合。

（二）处理好全面国际化与特色国际化的辩证关系

坚持全面系统与突出重点相结合是推进事物可持续发展的重要方法论，大学全面国际化要以实现既定的办学目标为准则，全方位整合优化相

---

① 成长春、陈婷婷：《地方高水平大学建设须处理好十个关系》，《中国高等教育》，2017年第13/14期。

关办学资源与力量,突出和打造自身办学特色;而特色国际化要体现办学的取舍性与专一性,以打造办学亮点、形成比较优势与突出办学特色为目标,体现国际化发展的独特之处。地方本科大学在留学生发展规划与实践中,要根据自身办学基础、办学资源与发展规划重点,坚持有所为、有所不为的原则,科学论证留学生招生学科专业类别、培养规模、结构比例,建设好与本校办学定位和学科专业特色相匹配的留学生招生与培养管理体系建设,处理好扩大留学生培养规模、提高留学生培养质量与保持学校办学特色的辩证关系,避免"铺摊子、求覆盖"的不良倾向,多建"高峰"学科专业。近年来,虽然云南大学制定了全员、全面国际化的战略举措,但是基于优势特色学科专业国际合作办学与科研合作的国际化发展不够聚焦及特色不够突出,四个本科层次的合作办学项目并未根据学校优势特色学科开展。学校应将重心放在打造面向南亚、东南亚的留学生教育国际化特色,全面开展留学生教育,所有学科专业均可以招收本科、硕士、博士学历学位留学生,重点发展对外输出的留学生教育特色。

二、突出教育机构的组织性与协调性

大学国际化发展是一项系统性、长期性的教育事业,需要学校层面科学统筹,系统布局,全力推动,在明确奋斗目标与发展重点指引下,需要全校各有关部门、单位和师生员工主动参与支持,形成"自上而下"与"自下而上"全方位对外合作交流的组织管理体系。高等教育国际化强调吸收、借鉴世界各国先进的高等教育办学理念和办学模式,[①]国外国际化成熟、先进的大学往往重视国际化发展的统筹规划、高效组织、全员参与协同推进的国际化治理体系。在"双一流"建设背景下,我国各类大学应以引入国外先进的办学理念与模式为重要指引,加强国际化发展规划的组织、运行

---

① 袁本涛、潘一林:《高等教育国际化与世界一流大学建设:清华大学的案例》,《高等教育研究》,2009年第9期。

与管理体系建设。对于地方本科大学国际化发展来说，要结合办学基础与发展条件，注重国际化发展相关的顶层规划设计与基层实践推动，健全国际化发展战略规划、政策、制度、体制、机制有效运行的组织管理体系。具体来说，就是要明确大学的外事工作领导小组、国际合作交流处（中心）、国际（教育）学院、港澳事务办公室、各相关教学科研单位等机构部门的功能定位、职责分工与协作机制，注重彼此协同关系塑造与优化，打造国际化发展命运共同体。尤其是在学校国际交流与合作事务的行政管理、教育教学、科学研究、人员流动、文化交流等方面，需要统筹某一或若干机构部门人员主导负责与相关机构部门人员广泛参与配合，增强各自的责任感与使命感，牵头组织单位与协作落实单位应良性互动，合力发展。避免某个单位单打独斗式作风，反而弱化国际化发展组织力量。

在国际合作办学项目组织设计与实施上，应根据学校办学基础与特色发展精心谋划，坚持强强合作、强弱互补的原则遴选合作办学项目，需要国际交流合作处、国际教育学院、相关教学科研单位等相互协作。例如，申报新的中外合作办学教育项目，需要学校熟知国家关于中外合作办学的相关法律法规，国际合作处、国际教育学院与外方大学有效联络，进行合作项目的可行性论证，选择适宜的合作办学项目类型与模式，做好合作办学方案设计与实施，合作项目的报批以及招生宣传和师生教学管理等相关事务。如国际合作办学教育项目管理主要有三种培养模式：融合式、嫁接式和松散式，[1] 体现了合作办学项目参与方在人才培养上的合作深度与广度，这就需要有效组织双方或多方沟通商谈合作办学的内容与方式，制定满足双方合作意愿和发挥各自优势的办学模式。中外合作办学教育项目要科学规划学历学位层次办学数量与类型，例如云南大学引入的四个本科教育项目数量较少，并未针对学校的优势特色学科专业进行合作办学规划设计，且没有研究生层次的教育项目，使得合作办学项目管理呈现分散泛化的问题。

---

[1] 赵卿敏：《国际化：中国高水平大学的必由之路》，《高等教育研究》，2001 年第 6 期。

在发展留学生教育、孔子学院与文化交流等方面，要以大学的外事工作领导小组的科学规划与决策为统领，国际合作交流处（中心）与国际（教育）学院（少数大学成立的港澳台事务办公室、孔子学院）在政府审批、管理制度、体制机制、教育教学、学生管理与文化交流等方面组织运行，各相关教学科研单位要做好人才培养、师资队伍等方面的工作。

三、明晰地方内容实践的层级特性

地方本科大学国际化建设起步晚、基础弱，与中央部属一流大学相比，办学水平与整体实力悬殊，尤其是办学经费和教育资源投入不足，成为制约其国际化深入发展的重要瓶颈。为此，地方本科大学国际化办学要制定差异化发展战略，利用有限的办学资源与条件重在引入所需的国外先进的、优质的教育资源，而不是过多地低水平向外输出教育资源，如留学生教育。国际化发展要突出重点领域，集中有限的办学资源与力量，根据区域（包括省域、市域及至国域范围）发展特点与需求趋势，将人才培养、科学研究、学科建设、文化交流等方面作为中心内容，以中外合作办学教学与科研项目为载体，注重国外优质教育资源的引入与合作，摆正各项办学活动的主次关系，酌情发展留学生教育事业，从而保证取得良好的国际化办学效果。为此，地方本科大学应做好以下两方面的国际化内容。

（一）完善校内不同类型人员的国际流动体系建设

对于我国"双一流"建设大学来说，要以一流大学与一流学科建设为中心，将国外优质教育资源有效引入本校教学科研等领域，深入推进新时代高等教育对外改革开放领域与进程。地方本科大学应采取推动不同类型人员"走出去"的方法，完善教育国际交流与合作体制机制，围绕师生人员交往、求学、学历学位深造、科研活动建构，完善国际化人才培养、科研联合体系，积极打造高水平国际交流合作项目。积极开展多种形式的海外引智计划活动，引导学生、教学科研人员和管理者以攻读研究生学位、联合培养（中外合作办学教育项目）、交换生、海外游学项目、访问学者、出国进修、合作科研（包括共建科研机构、开展科研项目）和出国考察访问等形式走出去，形成申报国家公派留学、高校选派、自费留学、校际互访、学历与非学历教育等多种形式的交流与合作。[①]加大国外高水平教学科研人员多元培养与引进力度，促进师资队伍国际化。一方面，有针对性地选派教学科研人员到世界一流大学开展合作交流，加强优秀国际人才培养力度。另一方面，进一步加大国（境）外高层次人才引进力度，按照国际标准营造环境，在全球范围内吸引、招聘高层次人才，汇聚一批国际一流的师资队伍。

（二）统筹学科建设与科研国际化建设

我国"双一流"建设重在大学的整体实力建设与优势重点学科建设，要求全面加强学科建设与科学研究投入力度。学科建设与科学研究具有互为前提与相互推动的多重关系，二者互动融合与协同创新有利于提升大学的整体办学实力。然而，云南大学对一流学科国际化建设的战略地位认识与举措实施不够突出，呈现学科发展淡化或泛化的问题，表现在以科研国际化建设与重点学科建设国际化连接不紧密，甚至忽视重点学科建设国际化发展的问题。当前，诸多地方本科大学学科建设普遍存在数量多而实力弱的问题，特色优势学科较少，科学研究整体水平不强，在办学资源总量有限的情况下，如何有效配置这些资源和发挥其最大效益则是关键。[②]从科学决策的角度看，采取区域发展研究与特色学科建设，将学校有限的办学资源用于建设少量的"特、优、强"学科专业，做好服务与引领国家及区域经济社会文化发展，是有效提升学校的科研与学科建设水平的必然选择。发挥其示范辐射作用，则是务实明智抉择。地方本科大学要主动与世界一

[①] 朱飞：《地方普通本科院校高等教育国际交流与合作发展的问题与策略》，《重庆高教研究》，2015年第2期。

[②] 李宜江：《以高质量发展规划引领地方高校高质量发展》，《宁波大学学报》（教育科学版），2020年第3期。

流大学或同类高水平大学、科研机构开展基于自身优势特色学科的前瞻性、区域化的实质性科研交流与攻关合作，重点引入学科关联性强的国际合作教育资源与力量，打造国际合作科研机构或联合实验室，主办或承担国际会议论坛、组建国际合作组织联盟等多种合作形式，提升合作实效。

总之，在我国"双一流"大学建设持续推进的时代背景下，地方本科大学须抓住国际教育资源全球流动的有利契机，明确自身发展坐标，科学谋划，瞄准方向，科学组织实施国际化发展战略举措，实现国际化办学速度、规模、质量、结构、效益的协调发展与提质增效。通过开展多层次、宽领域、有特色的国际教育交流与合作形式，引入对自身发展有益的优质教育资源，不断壮大自身发展实力，开创地方本科大学国际化发展新天地。

第四章
地方本科大学国际化的内涵与机制

怀特海（Whitehead）说，"大学的任务就是创造未来。"[①] 这一论断意指大学的本性是立足现实需要回应未来发展的召唤，并以理性之光烛照人们走向未来的路径。国家"一带一路"政策推动的人类命运共同体建设图景，构成了新时代大学实现其使命的现实背景。为了实现这一新的世界发展图景，客观上要求地方本科大学也能够积极主动地开辟国际化实践，贡献大学的智慧。然而，现实性并不必然是合法性和可行性，现实的情景要求我们继续追问：地方本科大学何以能国际化，其内在的知识理路是什么？以及为了开辟未来广阔的国际化实践，地方本科大学应遵循什么样的原则？等等。按照海德格尔的说法，追问构筑起一条道路，一条指向未来之无穷视阈的思之路。[②] 因此，对地方本科大学国际化的追问筑就了其国际化实践的思之路，也敲开了它们不断向前发展的未来视阈。在这一明亮的视阈里，地方本科大学国际化的行动方案及其路径逐渐得以澄明。12 世纪的学术复兴是中世纪大学兴起与发展的知识基础，它为新知识的生产和新知识人群体的发展提供了肥沃的文化土壤，可见，这种共同的普遍性学术事业是大学国际化的内在依据与动力。现代中国大学是大学国际化实践的结晶，

---

① ［英］怀特海：《思维方式》，刘放桐译，商务印书馆 2010 年版，第 149 页。
② ［德］海德格尔：《演讲与论文集》，孙周兴译，北京三联书店 2005 年版，第 3 页。

只不过这一国际化实践是在帝国主义侵略战争的力量下促成的，深含教育启蒙与救亡的双重意味，染上了一层浓烈的悲壮主义色彩。大学的国际化是一柄双刃剑，既给民族国家和大学的发展创造了空间和机会，又冲击着民族国家和本土的文化。地方本科大学的国际化无法规避这些问题，它需要清晰地认识国际化的目的与内涵，从而构建有效的行动机制与原则，为自己的实践行动提供理论支撑。

第1节 地方本科大学国际化的依据与内涵

近千年的中西方大学的发展史表明，国际性是大学自诞生起就具有的本质特点，大学的国际化是大学发展的本性使然，是大学发展的内生原动力。地方本科大学因其在地性，使之国际化呈现出不同于一般大学的特点。大学国际化的根本依据与地方本科大学的在地性决定了地方本科大学国际化的内涵。

一、地方本科大学国际化的依据

实践教育哲学认为，实践铸就品格，证之于人事物皆然。[1]一部大学的实践发展史证明，国际性是大学自诞生起就具有的本质特点，大学的国际化是大学发展的本性使然，是大学发展的内生原动力。既然地方本科大学是大学部落中的重要成员，具有大学的国际性这一共同特点，大学的国际化也就成为其发展的动力因子。这一动力因子会在一定的发展阶段，萃取时代精神之精华，成长为引领地方本科大学突破发展的重要引擎。

---

[1] 黄英杰：《我们时代的大学转型》，人民出版社2018年版，第97—98页。

（一）西方大学的国际化实践

12 世纪的学术复兴是中世纪大学兴起与发展的知识基础，它为新知识的生产和新知识人群体的发展提供了肥沃的文化土壤。这一时期，生活于欧洲一隅的新知识人以文科七艺（包括语法、修辞、逻辑、算术、天文、几何和音乐等）、法学、神学和医学学科知识为主要学习内容，以拉丁语为交流学习的通用语言，以知识探索和真理追求为至上的学术原则，以教堂或暂时租借来的房舍为知识研习的场所，结成自我保护、自主发展、类似行会一类的组织自定行业的内容、规程和评价标准，不拘一格，吸收来自世界各地的学者前来交流学习、辩论究疑，发展知识。"这些新的知识冲破了教会学校的束缚，创造了专门的学术职业。它吸引着那些求知欲旺盛的青年，……'好学不倦，好为人师'，他们不怕重山和狭窄海洋的阻隔，来到巴黎和博洛尼亚，组成了那些学术行会组织。这些行会为我们提供了对大学最早也是最好的诠释，即院师生协会。"[1] 中世纪的大学招揽学生不论出身、财富和地域，唯知识是举。这一品性使它在兴起的最初时代就已经包含了后来在民族国家时代凸显的国际化色彩和因素，潜在地具有了国际化视野及其胸怀的基因。之所以说中世纪大学的国际性是潜在的，是因为中世纪还没有出现近现代意义上的民族国家，其国际性或国际精神还是一种在象征性或隐喻的意义上谈的。"中世纪是具有'国际精神'的……我们现代人是具有'民族精神'的。"[2] "所有受过教育的人都能说拉丁语，他们就掌握了一种国际的语言，却消除了愚蠢的语言隔阂。那些掌握了使用鹅毛笔这一困难技术的人是属于国际文坛的，这个文坛遍及整个大陆，没有边界，也没有语言和国籍的限制。大学是这国际文坛的堡垒。"[3] 近现代民族国家出现以后有了鲜明的民族精神，也才有了与之相对应的国际精神，真正意义上的大学国际交流及其国际化才开始出现。民族国家形成以后，尽管由于民族间的战争和各种宗教、文化之间冲突的阻碍，大学师生之间

---

[1] ［美］哈斯金斯：《大学的兴起》，王建妮译，上海人民出版社 2007 年版，第 3—4 页。
[2] ［美］房龙：《人类的故事》，刘缘子等译，三联书店 1988 年版，第 219 页。
[3] ［美］房龙：《人类的故事》，刘缘子等译，三联书店 1988 年版，第 220 页。

的交流合作仍然没有停止，反而还在某种程度上得到了加强。比如第二次世界大战期间，德国大学里的知识分子和科学家为了避免受到纳粹分子的迫害，纷纷向美国等民主国家流动和逃亡，直接促进了美国等民主国家的知识和科学的兴起。为了遏制战争，这些逃亡他国的科学家和本地的科学家合作研发遏制战争的核武器，一同发表批判战争和反思战争的著作，极大地促进了人类社会对战争的认识和民主文化意识的觉醒，也促进了美国如哈佛大学、麻省理工学院、斯坦福大学等一批具有国际视野和勇于承担国际责任的著名研究型大学的发展和壮大。在纳粹以前，德国的大学是世界优秀大学的典范，创办于1810年的洪堡大学是现代大学之母。"由于各种历史机缘，德国大学成了近现代民族国家大学的新范式，它的观念、精神和组织形式成了世界民族国家大学构造所参照的基本模式。"[1] "二战"以后美国的大学快速成长为世界高等教育和科学发展的引导者，吸引了世界上各个国家的学者前往美国的大学学习和交流。历史发展不断证明，一流科学家和知识分子的国际流动在某些历史时段会成为国家实力强盛与否的判断指标。现代信息技术革命的发展和人工智能时代的到来也进一步证实，国际化程度发达的大学日益成为现代科学发展的主导力量。

（二）中国大学的国际化实践

从其诞生时起，现代中国大学就是大学国际化实践的结晶，只不过这一国际化实践是在帝国主义侵略战争的力量下促成的，深含教育启蒙与救亡的双重意味，染上了一层浓烈的悲壮主义色彩。清朝末年，书院改学堂是教育强国的重要策略，北京大学的前身京师大学堂的建设是戊戌变法的成果之一，1904年中国高校派出第一批留学生是为了向西方侵略者学习强国保种之技术[2]，清华大学的前身留美预备学校则直接受到美国庚子赔款的资助，如此等等。在民族生死存亡之秋，中国学生纷纷走出国门寻求民族

---

[1] ［美］房龙：《人类的故事》，刘缘子等译，三联书店1988年版，第49页。
[2] 黄英杰：《古典书院的终结及其对现代中国大学的影响》，人民出版社2017年版，第108—109页。

富强之道，学成归来之后又积极投身于现代中国的革命和建设，为中华民族能够挺立于世界民族之林而贡献才智和生命。一部近现代的中国大学发展史表明，中华民族的现代化改造和具有世界视野的中国大学的建设比肩而立，命运与共。进入改革开放以后，中国政府于1993年3月颁布《中外合作办学条例》，开始把中外开放办学、走教育开放发展之路提上了日程。经过二十余年的发展，中国高等教育已经在中外合作办学、建设孔子学院、吸引留学生前来学习，向西方国家输出高质量的高等教育等诸多方面做出了突出成绩，表现不菲。以孔子学院的办学实践为例，来自孔子学院总部、国家汉办官网的统计数据表明，截至2018年12月31日，仅用了14年的时间，孔子学院已经遍及154个国家和地区，发展到共计548所孔子学院和1193个孔子课堂，是全球最多样化的国际语言教育共同体。这些孔子学院已经成了中国高等教育国际化的强大推动力量。《国家中长期教育改革和发展规划纲要（2010—2020年）》明确指出，"应加强国际交流与合作，坚持以开放促改革、促发展，开展多层次、宽领域的教育交流与合作，提高我国教育国际化水平，培养大批具有国际视野、通晓国际规则、能够参与国际事务和国际竞争的国际化人才。"2015年10月24日国务院印发的《统筹推进世界一流大学和一流学科建设总体方案》和随后于2017年1月24日由教育部、财政部、国家发展改革委联合印发的《统筹推进世界一流大学和一流学科建设实施办法（暂行）》，以及党的十九大报告等纲领性文件中，进一步把推动高等教育国际化，瞄准世界高等教育发展和国家战略需求，对接世界产能发展，全面提升文化传承创新和国际交流合作能力，走内涵式发展道路，建设中国特色、世界一流的大学，全面建成世界高等教育强国作为中国高等教育发展的重大战略方针。如今，着眼于人类命运共同体建设，新时代的中国大学正在以更加健康和自信的姿态积极展开其国际化实践之路，主动谋求与世界各国大学建立人才培养、学科发展、专业建设、科学研究、服务社会和文化国际交流等领域的建设性合作关系，努力为中国乃至世界之文化科技、政治经济、生态环境、教育人文等的和谐发展贡献教育智慧及其合理化方案。

二、地方本科大学国际化的特点与内涵

我们的时代,大学已然成了植根民族国家的国际文化社区,是立足和服务民族文化发展的人类文明之堡垒,是人类所发明的进行自我理性启蒙、实现种族和人类文明之赓续的文化知识公器。从实践上讲,所有大学无论何种类型或层级都潜在地具有国际化的身份、立场、价值和品格[①],都应该在发展到一定阶段的时候争取条件适时走国际化发展之路。地方本科大学因其生长的区域位置决定了其国际化实践方案与部属和省属重点大学有所区别,带有明显的自身特点。

(一)地方本科大学国际化的特点

与研究型大学和处于中心城市的省属重点大学相比,地方本科大学的发展条件相对不足,发展的程度及其综合水平也不高,正面临着转型发展的关键时期。但是在"双一流"大学建设的高等教育发展的大背景下,在"一带一路"政策推动的人类命运共同体建设的历史机遇下,它们已经被置于了高等教育国际化发展的浪潮之中,国际化成了其无可推卸的现实命运,也成了其转型发展,提升办学质量和育人水平,规范办学行为,走内涵发展式道路的重要内容。不唯如此,就现实的社会需要看,改革开放四十多年来中国社会的开放程度已经发展到较高的阶段,开放发展成为人们的普遍意识和普遍要求。城市及其所在区域发展的概念也已经发生了深刻的变化,城市的国际/全球属性成为判断一所城市成熟程度的重要指标。从文化的层面出发,当人们谈到城市和区域的时候,已经不只是固定的时空和物质性的边界,城市和区域正在向外展延,成为流动的、过程的、虚拟的、文化的和意识的无限空间。"区域最好是被看作产生可变地理(variable

---

[①] 黄英杰:《论地方本科大学国际化的理据、路径及效果》,《国家教育行政学院学报》,2017年第9期。

geographical）的主题的原初背景，而不是被当作以给定的主题为标志的固定地理（fixed geographies）"。① 为了顺应这一城市和区域发展的新情势，各级各类城市都在积极从经济、文化和教育等方面全方位地拓展国际交流与合作，积极拓展和突破城市发展的区域性边界和文化视界，不断提升城市的综合水平和国际影响力，以满足人民日益增长的对幸福生活的需要。因此，已然发展到自觉自为阶段的城市迫切需要其归属地的大学能够回应社会开放发展的呼求，为区域社会的延展性开放发展提供媒介和助推力。作为区域内文化知识象征和社会良知的地方本科大学应因时而变，勇敢承担起国际化实践这一历史使命，努力用知识和智慧化解国际化实践中的矛盾和问题，主动与其所归属的城市和区域社会协同创新，携手向前发展。因之，地方本科大学的国际化发展因应了三种内外情势：即国家发展的战略需要、所属城市或区域社会的现实要求，以及自身具有的国际化本性。与之对应，在地性国际化便是地方本科大学国际化实践的一种科学合理化方案。在地性国际化由在地性和国际化两个词组组成，它们共时共在，交融共生，服务地方本科大学的高质高效发展。具体地讲，地方本科大学的在地性指它的整个组织以学科建设和专业发展为依托，充分发挥育人和科研优势，凭借知识的力量与政府合作，与产业和社会事业相对接，形成实践价值取向的学科专业集群，引智入企和引企入智相结合，知识与实践相互转化创新，为其归属地的经济社会发展提供人才、观念和技术支撑，创造持续繁荣发展的产业地带和智慧地带，形成智慧之城和产业之城双城一体互动有机发展的良好局面。进一步地，在地性国际化指的是与在地性发展同步，地方本科大学因势利导借助国家和所属城市区域的开放性优惠政策积极谋求国际化资源，创造条件和搭建各种知识平台与国际高等教育之间展开教学、科研、服务、文化等全方位的交流合作，全面提升自身的国际化水平和立德树人能力，积极参与全球治理实践，为人类和平发展的永恒福祉贡献智慧。

---

① ［美］阿帕杜莱：《全球化》，韩许高等译，江苏人民出版社2016年版，第8页。

（二）地方本科大学国际化的内涵

概念来源于实践又照亮实践。[①] 之所以这样，是因为概念所蕴含的本有内容契合了实践，从理论上规避了未来实践中可能出现的某些误差。在这个意义上，在地性国际化这一概念至少有四个方面的蕴涵。其一，为地方本科大学国际化的合理性立法。因在长期的大学实践中形成的如部属大学、省属重点大学、地方本科大学，或 985 大学 211 大学、一般大学，再或新的"双一流"大学和非"双一流"大学等约定俗成的层级观念和社会心理意识，以及在这些观念和意识支配下的对政策的强化，使得地方本科大学陷入发展的自我局限及其惯习（habitus）之中，不敢越雷池半步。因此，地方本科大学国际化实践的突破首先需要的就是解放思想，从认知上打破国际化是重点大学、一流大学等的特权的旧观念藩篱，树立新的大学发展观，要有历史使命意识，勇于承担、敢于创新，充分认识到不只是关乎人类存在和发展命运的基础研究、重大技术攻关需要国际化的资源和合作，应用技术驱动的各类产业的发展、产能的协调配置、地方特色文化的传播与创新、人们物质文化生活和精神生活的改善和提升，等等，同样需要国际交流与合作。地方本科大学的国际化自有其个性和可作为之处，它的根深扎于本土化的实践之中，其主干和枝径联通本土与国际保证资源的畅通无阻，其果实却为全球发展之共享。其二，确证地方本科大学之育人主体性身份。地方本科大学的在地性发展在主观上要求大学主动与行业、企业和政府发生实质性的关联，互通有无，这就使得大学教育的公益性与企业追求利润的本性和政府的行政化属性发生一定的矛盾和冲突，客观上造成大学面临物质功利主义和行政化色彩加重的双重诱惑或威胁。大学能否经得住诱惑，坚守教育信仰，立德树人，既服务国家战略发展又坚守知识的独立品格，成为检验大学之所以为公众良心的试金石。为此，地方本科大学需要重申它的育人主体地位，牢记它的根本使命在于实践育人，在于培养具有国际视野和国际能力的身心和谐全面发展的人，学科和专业的发展则

[①] 黄英杰：《实践教育哲学之实践概念的来源》，《教育学术月刊》，2016 年第 11 期。

是实现这一使命的特殊材料及其知识组织形式，服务地方产业发展仍然是为了发展专业，实践育人。偏离立德育人使命，地方本科大学将会因彻底迷失自我而失去存在的合法性。其三，确立地方本科大学知识服务社会的新功用观。行业企业以资金项目的形式发布科研需求，大学对接这种需求，在一定的时间内按科研方案产出行业企业需要的实质性科研成果，推动行业企业的技术和产品的升级发展。大学也在这种科研服务中获得必需的发展资金和资源，建设学科和发展专业，提升办学水平，培养社会需要的高质量专业人才。这是大学在地性发展的本质，也是一种合作共赢的教育实践。然而由于地方本科大学相对人才匮乏，行政化色彩过浓等因素的客观存在，在大学的在地性发展过程中，如何有效避免学术权力寻租和行政权力寻租（经常这两种寻租会合而为一）等消极现象，以切实有效地实现科技成果转化和服务行业企业发展，是一个很大的挑战。如若大学不能提供切实可行的科研成果，两种寻租现象必然导致大学在地性发展的塌方式崩溃，从根本上影响地方本科大学的在地性国际化实践进程。为此，需要大学立足知识服务社会的新功用观，树立和强化确立科研立身、成果服务社会的学术精神，制定合理的科研政策及其管理制度。唯有把学术精神陶冶和管理制度规范两者有机结合，才能从根本上确保科研项目能得其人，人能尽其才，确保科研过程的有效进行，以及实质性的科研成果的研发与实践转化。其四，凸显地方本科大学的超越性价值及实践。在地性国际化虽然是地方本科大学国际化实践的科学方案，但是这一方案并不表征地方本科大学国际化发展的最高层次。中国地方本科大学的国际化实践已经超越了20世纪90年代以来德国高等教育学学者伯恩德·瓦赫特（Bernd Wachter）等提出的，在教育教学过程中增加国际文化素材以培养学生的国际视野这一单向片面的国际化层次，[①]上升为本土学术资源为基础和联结的双向互动、对话发展的高级国际化层次，但是这一互动和对话仍然是民族国家价值取向的，

[①] Bernd Wachter. Internationalization at Home: A Position Paper: Internationalization at Home: The Context. Amsterdam: European Association for International Education, 2000, p.6.

发生于国家之间，具有强烈的民族性。地方本科大学国际化发展的最高层次需要超越这种狭隘或不充分的民族性，逐步走向大学的全球化实践。立足地方本科大学国际化的现实基础，大学的全球化实践自觉而又充分地吸收了地方本科大学国际化之果实，指向一种与民族意识和国家意识相区别，以人类意识和地球意识为整体价值取向[①]，旨在助推人类命运共同体建设的新大学实践。

第 2 节　地方本科大学国际化的内在矛盾

近千年中西方大学的发展史表明，国际性是大学自诞生起就具有的本质特点。我们的时代，大学已然成了植根民族国家的国际文化社区，是立足和服务民族文化发展的人类文明之堡垒，是人类所发明的进行自我理性启蒙、实现种族和类文明之赓续的文化知识公器。从实践上讲，所有类型或层级的大学都潜在地具有国际化的身份、立场、价值和品格，都应该在发展到一定阶段的时候争取条件适时走国际化发展之路。但地方本科大学的地方特性决定了在其国际化过程中必须处理好地方与国际两个环境中的一系列矛盾。

一、城市的特殊需要与世界的普遍需要

"地方高校的产生应该是适应地方经济社会发展所需要的结果，地方高校要以为地方经济社会发展的根本利益服务为根本任务。"[②] 地方本科大学作为办学层次为本科的地方所属高等学校，要服务于其所在城市的发展

[①] 黄英杰：《论康德启蒙的自由教育本质及其效果》，《内江师范学院学报》，2015 年第 3 期。
[②] 梁燕：《地方高校核心竞争力构成要素及内涵分析》，《北京教育》，2010 年第 10 期。

和建设的需要。我国地方本科大学大量分布于三、四线非中心城市，在以往很长的时间里这类城市或由于地域以及经济文化发展阶段的限制，其参与国际交往的需要、意识与能力均相对不足。因此对于大部分所属此类城市的地方本科大学来说，其国际化之路就犹如无垠之水，国际化与其服务城市的初衷相矛盾。随着时代的发展，改革开放的深化，全球化进程的不断推进，以及人类命运共同体的建设，这一矛盾已然消逝。"在全球化进程不断推进的过程中，全球化竞合一定意义上就是城市之间的竞合。"[①] 我国各级各类城市有了扩展城市边界的需要，有了从经济、文化、教育等各方面加深国际交流合作，以推动我国融入全球一体化进程，满足构建人类命运共同体的需要。从中世纪以来就融入大学中的国际化基因，使得此刻的地方本科大学国际化有责任也有能力成为城市发展融入世界发展潮流的文明使者。

（一）地方本科大学的城市立场

"我国地方高校存在的直接缘由和价值体现便是满足本地区的经济和社会发展对高等教育的需要。"[②] 在城市发展过程中，地方本科大学相较于政府和企业而言，更具有文化技术的引领性和前瞻性。它们应以其大学的职能，从人才培养、科学研究、社会服务、国际文化传播与交流等方面为地方城市的经济和谐发展作出贡献。

首先，地方本科大学侧重于专业教育，培养应用型人才及研究应用型科学技术，这是地方发展所需，也是地方本科大学发展所需。地方本科大学主要依靠地方财政拨款，其获取资源能力相对较差，普遍存在资金和人才上的不足。因此，地方本科大学要发展，只能结合城市产业的发展需要，以专业教育为引领，走产教融合的特色化发展道路，由此使其有限的教育资源发挥最大效用，获取地方政府和企业对于大学办学的支持，形成大学

---

① 罗小龙：《中国城市国际化的历程、特征与展望》，《规划师》，2011年第2期。
② 刘晓亮：《地方高校教育国际化问题研究》，博士学位论文，东北师范大学教育经济与管理系，2015年，第22页。

事业发展的整体合力。地方本科大学的社会价值主要在为区域范围内的企业解决现实生产、应用等问题中体现，在不断为其城市的发展建设培养具有实践创新能力的应用型人才中体现。

其次，地方本科大学是城市社会、文化的重要组成部分。地方本科大学所拥有的师生，图书馆内的藏书、实验室中的仪器等人材物均是其所在城市知识社会发展的重要组成部分，可以从专业的角度满足市民对不同类型、不同层次的知识需求。同时地方本科大学也是其所在城市的重要文化载体，每一所大学都有其独有的文化氛围、思想精神，这将对其所在城市的市民起着潜移默化的作用，引领城市文化的健康发展，促进城市的精神文明建设。"无论是在城市还是乡镇，大学的文化、反世俗陈规的生活方式和朝气蓬勃的精神面貌，常常成为刺激周边社区的载体，同时也是他们赖以骄傲的源泉"。① 地方本科大学是辐射本地区的人才、信息、文化和体育的中心。

（二）地方本科大学的世界立场

地方本科大学虽需主要为地方城市和乡村社会服务，但其大学的本质同世界上任何一所大学别无二致。"知识以物为本，物以类同，这决定了知识无国界，具有通用性；文化以人为本，人以群分，这决定了文化有异同，具有民族性。"②之于世界，地方本科大学无疑应服务于知识发展与交流，服务于各国各民族间的文化往来与传播。

从文化传播视角而言，小范围的文化交流注定是无法带来整个社会思想文化的改变，这也就意味着我国需要同世界各国进行更为全方位、大规模的文化往来势必需要地方本科大学的全面参与。地方本科大学是我国高等教育系统的最大组成部分，基数大是地方本科大学的基本特征，基数大随之带来的还有分布广，大量的地方本科大学分布在我国各市区，并能有

---

① ［美］德里克·博克：《走出象牙塔——现代大学的社会责任》，浙江教育出版社 2001 年版第 246 页。
② 张吉刚.《知识与文化的分离与融通》，《人民日报》，2015 年 1 月 19 日第 16 版。

效影响辐射大学所在地的周边市县和乡村。地方本科大学国际化从文化路径推动全球发展可有两条路径。一是通过地方本科大学的教育国际化，影响、培养大量具有国际意识，克服文化偏见，吸收具有全球视野的个体，以此提高整个社会具有对各国文化认同的公民数量，从文化理解角度带来社会思想的进步，最终增进我国同不同文化间的理解和沟通。二是地方本科大学国际化自身所具有的国际交流与合作。无论是留学生的往来、国际会议、科研合作，还是孔子学院的教育教学等都将带来人员的流动，人员的流动也将随之带来文化的传播。

对于知识的交流，当将地方本科大学置于全球发展视域之下，置于国际学科场域之中，一个极为现实的问题就摆在它们的面前：世界学术共同体中话语权的缺乏。许多地方本科大学不在一线城市或省会城市，由于交通不便、人才引进困难等原因，财政投入亦相对缺乏，大学自身获取资源能力有限。它们发展的空间、地域、资金等资源受限最为直接的一个后果就是其科研能力包括投入研究开发活动中的人力、财力以及科研基地的数量、实验室科研规模远远小于世界一流大学。地方本科大学虽能在一定程度上满足城市发展所需的知识、人才需求，发挥智囊团的作用，但却不足以能在基础科学或重大科学技术方面带来突破，亦难以培养出世界水平的学术人才、科研骨干或高新技术人才，开展高新尖的科学技术研究，进而积极参与到同世界学术共同体的交流与合作之中去。相较于地方本科大学，国际知名高校、科研机构无疑更愿意同我国学科水平更高、人才资源更为充足的部属院校展开交流与合作，这也使得地方本科大学同全球世界的知识交流受阻。

可以预见的是随着时代的发展，经济全球化的不可逆，任何一个城市的经济发展必将超越国界，需要同世界其他地区产生联系、相互交融渗透，国际化将体现在城市贸易、资本、产业以及人才等诸多方面。地方本科大学不仅是为城市培养国际化人才，更能作为城市国际化的前沿阵地，帮助企业走出去，吸引外资走进来，作为引擎推动城市经济国际化发展。

"来华留学生群体的进入对我国出口贸易有显著正向影响",[①] 来华留学生的衣食住行,也将直接为城市创造经济价值。在社会文化方面,每一座城市都有着其独有的城市文化、历史文化、传统文化。地方本科大学国际化所包含的对外交流、文化传播,将作为地方文化对外传播的有效媒介,传播地方文化,这是一种生动细腻的文化传播,有助于文化相融,民心相通。在学术方面,地方本科大学多具有与行业密切相关的学科与专业,通过国际化实现学科发展,专业建设,进而以一座城市知识创造者的身份,提升城市相关行业学术水平。具有实践价值取向的专业还可实施深层次的校企合作与产学研战略联盟、专业与学科建设对接区域产业集群建设等发展战略以提高城市生产力水平。经由产教融合的深度发展,城市的特殊需要与世界的普遍需要间的差距和矛盾将会不断缩小。随着国际化实践的深入发展,地方本科大学将通过知识交流、文化传播不断满足本土城市发展需要,推动本土城市国际化中,助力全球发展,在谋求全人类福祉中贡献自身力量。

二、地方的特殊价值与世界的共同价值

于人类而言,地方不单是一个纯物理空间形态,而是海德格尔所说的存在的家园。[②]《周易》有言,"观乎天文,以察时变,观乎人文,以化成天下。"[③] 纵观世界一流大学发展史,古老的大学经久不衰,欣欣向荣,其奥秘正在于大学具有超越地域、超越民族的普遍性品格。地方本科大学生于地方,长于地方,作为地方文化与知识的创造者与传递者,肩负着探索真理和引领社会发展的历史使命。它们之服务社会不应当是超然于民族之外的虚立机构,而是具有匡正时弊的先进性和超越性,始终与国家和社会保持

[①] 哈巍,陈东阳:《来华留学教育对我国出口贸易的影响》,《教育经济评论》,2020年第4期。
[②] 余达忠,陆燕:《地方性:全球化时代地方高校转型中的文化坚守》,《三明学院学报》,2020年第5期。
[③] 金景芳,吕绍刚:《周易全解(修订本)》,上海古籍出版社2017年版,第22页。

着密切复杂的联系,在服务社会的同时保持着自己的基本理性和学术价值,自觉地用新思想、新知识、新观念去引领它们所属的地域文化走向世界。

(一) 大学的地方价值与世界的共同价值内涵

与西方早期大学及中国的古代书院常远离世俗尘嚣,隐退于偏僻山野不同,近代中国的大学一般都诞生并成长于政治中心的都市。城市于大学而言,不仅是空间之所在,更有包含着更复杂的,过去还未完全被世人充分注意到的联系。[①] 信息技术的高速发展促进世界范围内的民主化在高等教育领域不断的扩展,空间与空间的分离使得教育体系在某种程度上有虚拟的成分。正如克里斯滕·库玛(Kumer)提出保持其地域空间来反对大学的虚无性所说,大学应当需要将人们聚集在一起进行大规模的思想交流。[②] 在全球化时代,大学的使命不仅来自地方发展的需要,更肩负着地方文化传承与创新的重任;同时也来自世界的感知与认同,承担着全人类共同价值的夙愿,这是对服务地方的创新与超越,也是大学的国际责任。事实上,在古希腊之前,哲学家们已倡导确立了一种学术中无国界、普遍有伦理意识的世界主义科学精神,并曾最早自觉地积极地为进一步推动大学教育观念的进一步国际化发展和科学知识普遍化运用而努力。由于中国近现代意义上的大学基本上是借鉴参照了西方已经发展成熟的大学组织和制度,从其建立发展的那一刻起它们便处于了东西文化和学术环境的冲突之中,其学术思想的发展规律及其演化总是在不自觉中陷入西方政治学术意识形态的纠葛。韦德里纳(Védrine)也提出:"即使现在是我们自己所认定的所谓的'普世的价值取向'也就未必就是真的也就是所谓的'普世'的,现在是我们自己并没有找到这个理由也就是更没有找到任何的能力可以来强迫

[①] 刘文详:《新民说·珞珈筑记:一座近代国立大学新校园的诞生》,广西师范大学出版社 2019 年版,第 20 页。

[②] Kristan Kumar. "The need for place", in A. Smith and F. Webster (eds) The Postmodern University? Contested Visions of Higher Education in Society. Buckingham: Open University Press,1997.

我们别人来完全地接受我们的自己的价值观。"① 面对新形势，大学如何正确看待、处理地方价值与世界的共同价值，是关系其前途和命运的大问题。多数主张普世性价值的人，并未给普世性价值明确的定义。即便是做出了一些解释，但各自的看法也不一致，甚至互相矛盾。总体研究来看，产生根源于古代西方文明社会中的普世性价值问题随着各国地方大学体系的日益国家化、全球化和进程中逐渐被凸显为一系列具有日益广泛世界影响力意义和巨大挑战性价值的研究课题，城市与国家、区域性价值与普世性价值之间的矛盾已然成为地方本科大学的热点问题。

（二）地方与共同价值之于大学的意蕴

纵观当代大学发展史，大学变革者试图从内涵和边界上重新确定"地方社会"的意义，力图去摆脱当代的西方传统"普遍性知识"观念体系所支配的对宏大叙事的迷恋。② 康德就曾经认为，普遍原理性知识必须超越于地方性知识，因为没有普遍原理性知识，全部被获取的知识只能是些碎片般的经验而无法成为科学。普遍原理性知识的概念在演绎过程中被赋予了西方的知识意识形态，其拥有者被暗喻为西方的知识霸权主义者。在这种观念的支配与影响下，一些学者没有真正把大学的地方传统和其他特征以及其所在的地方社会中逐步形成的价值观认为是一个相对独立的结构来看待，造成了地方本科大学价值的旁落。

从地方价值的角度去理解地方本科大学之意蕴，须尽量从其所通过各种象征符号表达出的内在文化含义，并尽量原本性地呈现出文化的多种形态，以尽可能避免被曲解和被西方大学霸权主义意识形态所绑架的普世性价值从文化外部赋予其文化支配的意蕴。"地方"概念之所以不同于"区域"或者"空间"的概念，是因为"地方"是标志个体生于斯长于斯的具体概念。地方本科大学自诞生起，便与特定地的地理场所、地域文化紧密联系。

---

① ［法］韦德里纳：《面对超级强国》，张平译，上海译文出版社 2006 年版，第 23 页。
② 杨念群：《昨日之我与今日之我：当代史学的反思与阐释》，四川人民出版社 2020 年版，第 133 页。

理解地方价值性之要义，即关键在于理解其被赋予的主体性与情感性特征。地方赋予的大学以主体性地位与特征，又融入文化的载体及主观感情，包括民族认同、地方依恋或地域性存在，而这正是地方本科大学地方性价值的核心意蕴之所在。承认文化的地域性价值，在一定层面上可以克服现代西方社会文化中心霸权主义思想以及文化现代性倾向和政治全球化思潮的严重弊端，但同时也易于落入完全否定西方国家现代文明、启蒙理性思维和人类历史进步等观念中的合理性成分的窠臼，这也是我们在大学文化实践中需要加以有意识避免的倾向。

大学先天具有世界性品格。由中古时期的欧洲大陆共同文字和共同宗教催化而来的大学，自其诞生开始便具有开放的精神和世界的精神。在欧洲和基督教征服世界后的"大分裂"事件出现后，民族意识增强和个人国家观念觉醒的压力日益得到加强，国际化民族主义色彩被日益淡化，于是中世纪大学事件本身所带有明显的自由理性之普遍性特征也便逐渐得以弱化。经过近现代民族国家趋同发展的洗礼，大学原本的世界性再次得以澄明。孔宪铎说"大学从精神上，没有国界，没有洲界，只有世界，一个世界"。[①] 今日中国之大学，在新全球化时代大学共同价值的诉求得到加强，其生长与发展呈现出不容忽视的世界性。《大学》中说，"自天子以至于庶人，一是皆以修身为本"。[②] 西方一些强势的现代民主国家的大学，构建自己所谓的世界普遍价值体系话语权的这种思维方式，造成西方整个资本主义世界国家的文明现代化建设进程中或是人类的全球化社会发展的历史进程中存在着一种文化幻觉或文化错觉，后发现代化建设的国家的大学，总是会在不自觉中把西方世界普遍性价值话语权等同于整个西方社会国家的大学的普世价值话语权，他们在普世价值本身和普世价值的话语主体——西方中迷失了自我。[③] 在文化思想新全球化竞争日渐加剧的当今世界历史

---

① 孔宪铎：《我的科大十年（增订版）》，北京大学出版社2004年版，前言第2页。
② ［宋］朱熹：《四书章句集注》，中华书局1983年版，第4页。
③ 王晓平：《走向文艺复兴：全球化时代的中国文学与文化》，社会科学文献出版社2017年版，第532页。

大潮中，大学思想局限于地方文化和地方资源，放弃具备普世文化价值的话语权，成为西方大学文化实践的附属性存在。

在西方现代性的思维结构中，"地方"与"世界"这两个概念有根本性的区别，"地方"往往与特殊的习俗、传统和文化等因素联系在一起，是地方性知识的载体，具有落后的意识形态性。[①]地方本科大学扎根于区域社会政治文化的价值观念之中，在具有普遍性的同时也具有极强的地域性特征。在现实世界中我国的研究型大学往往受到历史地域、地方政治诸多方面限制，对一些国家地区的特殊具体地域政治经济和民族社会文化特征方面可能并不敏感。脱离普遍性也就无所谓地域性，没有地域性也达不到普遍性。当今社会在要求我们仅仅只拥有某种关于特定地方知识内容的知识时候，似乎又必须得考虑它和一种普遍性知识之间有着内在联系之后才能初步确定其具体表述方法的一般价值和一般意义。在这种意义上，对普遍性价值的认识的重要性要远在对地方价值的一般认识之上。

（三）地方本科大学的价值创新及走向

地方本科大学作为地方根据自我发展需求而主动创建的学术性和社会性组织，承载着为地方发展培养人才及厚植文化的重任。从横向的空间维度来看，现代大学既具有地域性，又具有普遍性，是地域性与普遍性的逻辑统一。在当今弘扬地方文化价值理念以抗衡欧洲中心主义的新文化潮流中，纯粹的地方本科大学却难以保留其地域文化原生性特征与社会历史的本真性。如何重新系统地辨析和衡量大学的普遍价值与地方价值之关系成为大学发展之辩证关系，这不唯是如何跨越历史地域时间性差异或地域文化历史性差异之难题，也是特殊文化立场中价值存在转换之问题。处理两者的价值，我们不能简单地沿用以往学者所惯用的两分对立之思维方式。简单粗暴的本土化或者说是特殊论以及强烈的反现代文化心态对待普世化的教育体系的文化立场均不适应现代大学的发展实践之需。百余年来，现代地

---

① 杨念群：《昨日之我与今日之我：当代史学的反思与阐释》，四川人民出版社2020年版，第89页。

方本科大学的兴起与其发展之过程也始终坚持与其服务所在地方、国家经济社会和建设文化的需求紧密相连，这种独特经验决定了现代中国的国家与大学的内在关联及地方大学发展的基本逻辑。[①] 一是地域文化的超越。理解地方文化教育，必须超越狭隘的文化心态，从深具地域特性的地域文化中提炼具有普遍意义的价值观。地方本科大学应尽力为中国地域文化教育的高度普遍化发展创设更为良好的潜在学术文化条件、营造较为浓厚多元的地域知识氛围，促进各地多元历史文化主体间知识的平等积极对话、实现知识彼此主体间文化的充分相互了解。二是多维融合之路。大学的地域化无法脱离普遍性，否则地域化将使大学失去本真的意义，迷失于地域文化之中。地方本科大学应在多层次、多维度与不同地域的民族和同一民族不同的文化传统进行渗透与融合，以开放的态度吸收其他民族和国家文化之精华。三是和而不同的构建。主张地方本科大学立足于地域发展实际之需，坚信并坚持地域本土的文化资源，在"和"与"异"相互交替的复杂过程中趋向"和"，辩证地吸收西方优秀的教育理念，弘扬和培育民族精神与民族文化，实现地方本科大学地域性价值和普适性价值相统一。

无论是地方价值还是被全球化所催生的某种普遍性价值，都不唯是某种社会精神价值抽象准则，也是一种社会制度性价值观的建构活动。对地方本科大学的地方性价值和社会文化形态问题的调查分析探索与系统研究无疑是必要的，关键还要把具有现代人类世界普遍性价值特征的文化生产条件与物质再生产活动机制及其与地方价值特征在人类传统文明意义层面上的发挥共同作用的历史条件之间既予以区别而又能综合系统地加以分析，不可有所偏废。唯有澄清大学的普遍价值的本真精神，摆脱形上与形下相扭结的话语误区，也唯有正视观念差异背后的利益和立场背离，人们才能在普遍性价值问题上达成包容性共识。

[①] 蒋达勇、王金红：《现代国家建构中的大学治理——中国大学治理历史演进与实践逻辑的整体性考察》，《高等教育研究》，2014年第1期。

三、多样化的存在与同质化的结果

"地方本科高校指除中央部委所属院校外的所有高校。据教育部 2012 年年鉴统计,我国共有本科院校 1145 所,除部委属的 109 所,其余 1036 所均为地方本科高校(含民办本科院校 390 所)。在这些地方本科院校中,一类为新建本科院校,即 1999 年后升格为本科的高校,共计 667 所。对于这类院校来说,绝大多数已经将其发展方向确立为'应用型本科',以开展应用型研究、培养应用型人才为己任;另一类为老牌本科院校,即在我国精英高等教育阶段就拥有研究生教育授权点的高校,共计 369 所。对于这类院校而言,由于办学历史较长,不仅办学规模较大,而且办学基础条件较好,除了近年来新办的专业外,不少传统学科的办学水平较高、办学实力较强、社会声誉较好。如果老牌本科院校特别是那些与行业联系紧密的院校能率先实现转型,将在高等教育转型发展中起到很好的示范和引领作用。同时,高等学校为传统产业结构的调整与升级、为战略新型产业的发展提供强有力的支撑,既是高等教育满足青年大学生就业、创业从而实现全面发展的需要,更是高等教育服务经济社会发展的责任担当。"[1]

(一)地方本科大学形态的多样性

《人力资源和社会保障事业发展"十二五"规划纲要》中提出,到 2015 年,全国人才资源总量达到 1.56 亿人,其中,专业技术人才总量达 6800 万人左右,高技能人才总量达到 3400 万人。《高技能人才队伍建设中长期规划(2010—2020 年)》中提出,到 2020 年,高技能人才总量达到 3900 万人,其中技师、高级技师达到 1000 万人左右。《关于推动现代职业教育高质量发展的意见》中指出,"到 2035 年,职业教育整体水平进入世界前列,技能型社会基本建成。技术技能人才社会地位大幅提升,职业教

---

[1] 汪明义:《对地方本科院校转型发展的思考》,《中国高等教育》,2014 年第 8 期。

育供给与经济社会发展需求高度匹配，在全面建设社会主义现代化国家中的作用显著增强。"在这些目标达成的过程中，地方本科大学契合我国政治、文化、经济发展趋势，从事应用研究、育人、核心价值的传播，最终实现人才培养与服务社会的目标。应用性是地方本科大学的重要价值取向，人才培养、科学研究和社会服务都扎根于地方的具体环境，以促进地方社会发展为核心宗旨，这就使得地方本科大学在专业设置、育人、科学研究、资源配置等表现出多样性。

首先，地方本科大学的专业设置符合地方产业结构的特征。地方本科大学的现实存在与地方人文、自然、经济交融在一起，地方本科大学的发展要为地方的发展作出贡献。所以，在学科专业的设置必须符合当地环境的需要。学科专业的这种设置使得大学与地方环境交融在一起，进而使得地方社会与大学获得源源不断的发展动力。从这个角度来说，地方本科大学要从学术上反映当地社会的整体情况。其次，地方本科大学的人才定位符合地方社会的需要。与部属院校相比，地方本科大学的根本特征是应用性，在人才观上，其目的就是要培养能推动地方经济、文化、生态环境等多方面发展需要的应用型人才。应用型人才的培养要立足于地方社会环境，在与社会深度融合中，通过实践的方式开展教学。因而，地方本科大学所培育的人才具有地方社会和行业的印记，是地方社会经济、文化发展主要的人力资源。再者，地方本科大学的科学研究能推动地方社会的发展。地方本科大学的应用性除了体现在人才培养外，也体现在科学研究中。地方本科大学的应用型研究以实用性为导向，运用高深的理论范式和批判思维发现和解决社会政治、经济、文化和生态环境中的问题，以推动地方社会的整体性发展。应用型研究建立在大学的认识论基础上，是沟通理论与实践的桥梁，同时，又是大学培养应用型技术人才的智慧引擎。地方本科大学的应用型研究不仅受其自身认识能力的影响，而且还受地方社会、自然、人文历史等多方面的影响，这就使得地方本科大学的应用型研究呈现多样化的状态。在这种应用型研究中，人才的培养也将被置于真实的实践场中进行，因而，人才在能力的发展上也极具地方特色。最后，地方本科大学发展所需的资源在配置上也具有地方性特征。地方本科大学的办学资源除依赖政府固定而有限的投入外,更需要其通过参与社会服务、生产、合作,吸引社会多方资源的注入,为自己的发展提供更加广泛的空间。社会资源的吸引不得不使地方本科大学正视其地方性的特征,必须承担起为地方社会发展提供智力的责任,这是地方社会为其提供资源的根本前提。

地方本科大学在专业设置、人才定位、科学研究、资源配置等方面的特色化是其在地方社会、自然、人文历史等环境影响下产生的结果。地方社会、自然、人文历史环境的不同决定了地方本科大学的存在形式、发展路线呈现出多样化。这种多样性彰显了地方本科大学发展的主体意识与自主权力。这种主体意识与自主权力的发挥,虽然使地方本科大学与地方社会、自然、人文历史环境的融合有了很大的灵活性,但也导致了地方本科大学的专业设置、人才培养、科学研究受地方环境的影响失去了普通大学的一般性追求。

其一,地方本科大学在目标追求上,实用有余而求真不足。地方本科大学在学科设置、资源投入上深受地方环境的影响,因而,基础学科的发展受资金投入、实验设备、科研人员能力等方面的限制,表现得落后。"事实上,在现代大学中,以求真为指向的基础研究和以求用为目的的应用性研究,已成为大学两翼,两翼齐飞,共同带动了大学学术水平的提高。"[①] 基础学科的发展严重影响着地方本科大学实用水平的发挥,在一些根本性的问题上,地方社会又不得不仰仗更高水平大学的科研能力。这就形成了一个悖论,一方面地方环境将地方本科大学定格在实用性需求的满足上,这就"阉割"了地方本科大学的求真能力,另一方面地方环境中的根本问题的解决又依赖大学的求真能力。其二,地方本科大学在人才培养上,技术理性发展有余而人文精神发展不足。地方本科大学的应用性体现在人才培养上,就是要为地方社会和行业的发展提供高质量的应用型人才,以推动地方社会和行业的发展。为满足这种需求,地方本科大学在专业设置与育

---

① 阎光才:《识读大学:组织文化的视角》,教育科学出版社2002年版,第183页。

人实践上必须保持高效率，因而，可检验的技术理性就成了人才培养的目标，这将导致大学的育人文化贫瘠且落后，忽视了人、行业、地方社会发展的长期和一般的目标。其三，地方本科大学在对待发展的实践经验上，灵活性有余而普遍性不足。地方本科大学受地方环境的影响，其发展过程具有经验性的色彩，没有上升到普遍规律的层次，使得实践成果难以推广，阻碍了其对全球高等教育发展的贡献。

（二）国际化导致地方本科大学的同质性

深究起来，大学国际化的根源是大学自身的利他主义倾向。这种利他主义具体来说就是莫顿所说的共有性和无私利性，即学者对科学知识的发展目的是为科学共同体创造共同的知识财富，而且每一位学者都承认其新发现是建立在某种已有的科学知识之上。大学的利他主义倾向，为世界各国的大学提供了公共的空间。此外，随着人们逐渐意识到人类所存在的世界具有统一性，因而任何一地方的问题都是世界性的问题，大学必须联手合作解决威胁人类生存的世界性问题。文化意识的创造与物质世界的改造本是国际化的事物，作为人类智慧花朵的大学必然走国际化路线。龚放等认为国际化是"一方面，当代高等教育开始越过一国范围而呈现国际色彩。两个或多个不同文化背景的国家联合起来，利用资金、师资、实验设备等方面的联合优势，进行大学本科生、研究生乃至师资的培养训练，开展科学技术研究。另一方面，大学教育面向世界。就大学的教育职能而言，'面向世界'首先意味着培养'面向世界'的优秀人才，即不仅了解本国的实际，而且对国际社会的政治、经济、文化等等也有充分理解，具备应付未来挑战，参加国际竞争所必需的心理素质、知识结构和应变能力的优秀人才。"[1] 结合地方本科大学的性质来看，其国际化表现在两个方面：其一，参与国际交流与对话，追求自身的卓越；其二，凸显自身的超越性价值及实践，为世界的文化意识的创造与物质世界的改造贡献自己的优秀成果。

---

[1] 龚放、赵曙明：《大学国际化——高等教育发展趋势》，《高等教育研究》，1987年第4期。

首先，大学的国际化为地方本科大学提供了发展的一般逻辑。地方本科大学受地方环境的影响，自身发展具有特殊性与经验性，缺乏一定的理论指导。国际化程度在一定范围内说明了大学的发展水平，国际上知名大学在发展理念和经验上的共性揭示出了大学发展的一般规律，如威斯康星理念、加州大学的巨型大学理念等。其次，大学的国际化为地方本科大学提供了共同的知识财富，使其应用性研究有了认识上的保障。现代世界上的任何一名科学家都有其归属的组织机构，即大学。大学的国际化构造起了一个具有普遍性、公共性的真理世界，同时还组建了一支对真理世界的一切东西进行质疑和批判的专家队伍，保证真理世界的纯粹性。地方本科大学的国际化将这种具有公共性、普遍性、纯粹性的真理世界带入地方环境，使之生根，并为地方社会的发展作出贡献。最后，大学的国际化为地方本科大学参与国际对话提供了基本的话语规范。地方本科大学的教学、科研和学科设置受地方环境的影响，因而它的超越性价值及实践经验具有地域性色彩，在国际推广中有着一定的局限性。在国际化中，地方本科大学运用国际标准与公认的法则呈现自己的发展经验，讲好中国地方社会发生的故事，为人类文化意识的创造及物质世界的改造贡献力量。

大学的国际化为地方本科大学提供了一般的发展逻辑、真理世界和基本的话语规范，但无形之中使地方本科大学的发展趋于同质化，最终脱离地方环境，失去了初衷。其一，地方本科大学对知名大学发展路径的复制，使自身发展丧失了创造力，出现了路径依赖的现象。地方本科大学对成功办学经验的借鉴与吸收本是自身发展的一条捷径，但这种借鉴与吸收要建立在创新的基础上，使这些经验符合自身的特性与当地环境的需求，达到扬其所长补齐所短的效果。地方本科大学对成功路径的复制，使自身的发展背离了其存在的特性，最终失去地方城市这个实践场。其二，地方本科大学对基本话语规范的内化，使自身的发展出现了削足适履的现象。大学国际交流合作的基本话语规范是一套严格而系统的发展标准，这些标准反映了大学的内在发展规律和根本目标。地方本科大学运用这套基本的话语规范介绍自己的超越性价值和实践经验时，其实是地方本科大学对自身的实践经验进行理论上的升华。但一些地方本科大学出于急功近利的思想，直接将这些检测、评估发展水平的标准定为自身的发展目标，如盲目增加体量、追求学科建制的完整性、重视排名等。这种发展使得地方本科大学在形式上与国际接轨，但内涵上却是虚无的。其三，地方本科大学无批判性地吸收国际人文精神，致使培养出的人才失去了地域特性，最终使立德树人的教育使命成了形式上的套话。国际优秀文化是培养文化理解、国际视野和人类普遍关怀的重要载体。地方本科大学对国际优秀文化的吸收不是直接移植甚至取代我国传统文化和地方优秀文化，而是在对其批判的基础上使之与我国传统文化和地方文化相结合，让学生既能脚踏实地又能仰望星空。

第 3 节 地方本科大学国际化的行动原则

现代意义的大学国际化发源于欧美发达国家，随后盛行于世界各国大学，成为助推世界高等教育改革与发展的重要动力。2017 年 2 月 27 日中共中央、国务院印发的《关于加强和改进新形势下高校思想政治工作的意见》，将国际交流合作作为继新时代中国大学人才培养、科学研究、社会服务、文化传承创新之后的第五个新职能，体现了中国特色现代大学职能拓展与创新发展的国情需求。国际交流合作作为大学国际化的重要内容、表现形式和实施载体，是提高大学综合实力和国际竞争力的重要途径。因此，大学国际化日益成为中国政府实现世界强国和高等教育强国战略目标的重要载体，更是我国推动人类命运共同体构建的努力方向。一直以来，加强大学国际化发展理论研究与实践探索，是中国社会各界关注的热点领域和大学深化综合改革与发展的重要着力点。

然而，地方本科大学国际化发展呈现多元性和复杂性的特点，很难从单一维度对其进行全面解析与有效推进。对此问题的研究只能基于行动指向、发展状态、资源配置、模式提炼和关系样态五个维度对大学国际化进行探析，虽然这五个维度的划分存在一定的交叉同向性，但是基于管理学、哲学、经济学、组织学和公共关系学五个学科视域层面进行分析与综合，有助于我们对地方本科大学国际化的内涵丰富性、内容体系化和形式多元化进行更加全面深入的解读与辨析，能够尽可能地对大学国际化的理念与实践、内容与形式进行全方位、多层次、宽领域、多角度的阐释，探析与揭示大学国际化发展全貌，推动大学国际化研究与实践再上新台阶。

一、行为的目标与举措相统一

从管理学上讲，某一行动的有效开展，需要目标的科学指引，以便明确行动的方向，并适时通过实践反馈，及时修正发展目标。地方本科大学国际化作为实现现代大学职能与使命的一项重要管理活动，需要通过目标的科学指引，引领国际化行动的规划设计与实践举措，促进目标与举措的有效衔接。

国内外大学国际化发展已经从最初的以学术与学者自由流动为目标，发展成为多重目标导向，包括增强教师教学与科研水平、大学办学实力与影响力，促进世界高等教育资源全球化流动（人力、财力、物力等资源），培养高素质国际化人才，创造具有世界级水平的科研成果，促进世界各国经济社会发展，实现世界不同文化的和谐共存等目标，推动不同国别地域大学之间的互通有无、强强合作和强弱互补。国内外社会各界已经对大学国际化目标设定与实现举措进行了大量专门性和综合化研究，如国内外一些知名的大学排行榜、大学评价研究机构和学者推出了多种大学国际化评价指标体系（包括教师、学生和科研等领域的国际化办学投入与产出表现），进而成为世界各国大学进行国际化建设的重要目标，从内容与形式上，推动着大学国际化发展进程。例如，中国教育部核准的84所部属大学章程有关国际化的表述统计中发现，61所大学（约占72.6%）围绕大学国际化目标进行多角度表述，归纳为推进学校国际化进程和提升学校国际化水平。2015年10月国务院关于印发"统筹推进世界一流大学和一流学科建设总体方案"的通知中,提出为实现提高中国大学国际竞争力和国际话语权的目标,从教育资源、教学改革、科研创新、人才培养、发展环境、教师队伍、留学生培养、教学质量评估与保障等方面提出推进国际交流合作的举措,并提出各类大学应根据自身实际特点实施差异化的国际化发展战略,在各自领域实现特色发展和提升办学水平。

地方本科大学国际化目标的实现并非朝夕之事,需要持之以恒地采取有效之策,做到有计划、有选择、分类型、分层次、有步骤地进行国际化建设。各国大学国际化的发展目标一般包括两大类型:一是在大学多个领域或方面实现国际化,二是在大学少数几个领域或方面的国际化。历史和现实的大学国际化实践经验表明,往往以少数几个领域或方面的国际化目标类型居多,主要是很多大学不具备全面国际化的主客观条件,以及全面国际化的效果并不理想。不同类型和层次的大学办学基础、条件和使命具有一定的差异,所以,地方本科大学国际化目标要分类设置和定位,科学规划包括学科建设、教师教学与科研能力建设、大学办学水平、国际化办学领域等发展目标,进而明确相应的举措,做到因校制宜,量力而行。在发展举措上,积极推动不同国别大学在教育教学资源和要素等多个层面加强国际交流与合作活动,从大学组织机构与运行机制建设(如专门的行政管理与服务机构和教学单位联动)、管理制度保障(如经费投入、人员激励和质量保障)、学科专业建设、教学科研人员队伍建设(包括外籍教师、留学归国教师、国内教师出国进修与交流的数量与比例等)、人才培养创新(如与国外大学开展联合培养,学历、学位互认,增加学生长短期互访活动等)、教育教学改革(如英语教学、教材国际化建设)、科研国际合作(如高水平科研活动与成果)、留学生构成比例优化、国际交流与合作办学(如合作办学项目、设立分校和合作学校)、国际化校园文化建设、办学基础设施设备资源与条件建设,国际化过程监控和效果评价等领域展开,有计划、有选择地推进地方本科大学国际化进程。其中,国际化先行或成熟的大学往往多注重国际化发展目标的顶层设计、专业化管理、全员式参与的战略战术体系建设，凝聚国际化发展资源与力量，形成以目标为引领，责任为纽带，多主体、多形式、多层次的国际化发展举措。对于发展中国家的地方本科大学国际化来说，应学习借鉴世界顶尖或同类大学的国际化发展经验，并根据自身办学实际和条件探索适宜的国际化发展目标与举措。

二、发展的过程与结果相统一

从哲学上讲，世界是永动变化的，事物发展是过程推进和结果产出交织循环前进的复合体。地方本科大学国际化的发展时刻处于运动变化中，既有持续推进与完善的过程形态，又有阶段性和终结性的成绩、经验、问题等形式的结果，需要我们对国际化过程与结果适时关注，更好地推进大学国际化进程。

地方大学国际化是一项复杂的系统性工程和项目，处在持续发展的链条之中，具有发展的起点、过程和结果，难有永固停滞的终点。学术界关于大学国际化发展状态论，注重大学开放性、融合性与互补性建设与发展的过程，深化地方本科大学国际化办学的属性、特征和行为，注重大学办学投入与产出的国际性，以实现提升办学水平和发展质量的结果。例如，1986年日本高等教育研究专家喜多村和之教授提出衡量"大学国际化"的三条标准，即通用性、交流性和开放性。[1] 大学国际化过程是大学办学理念、目标、内容和方式国际化建设的过程，涉及办学理念、物质、信息、人员、资金等方面多元流动的过程。同时，也是将不同国家和地区大学的办学理念、做法和经验跨越国界进行相互交流、融合、创新和升级的过程。从大学职能来看，国际化是大学人才培养、科学研究、社会服务、文化传承与创新等职能在国际视域内进行改革与发展的过程，也是与国际范式相融通或接轨的过程，从而实现对大学原有办学理念、资源与模式的革新与补充。

---

[1] 龚放、赵曙明：《大学国际化——高等教育发展趋势》，《高等教育研究》，1987年第4期。

处于不同国际化办学基础和阶段的大学,其国际化发展状态亦不同。国际化是不同类型大学充分借鉴和总结国内外一流(知名)大学、同类型大学成熟的国际化办学理念和发展特点的过程,是一些大学革新自身国际化管理制度与运行机制,也是为了形成与塑造符合自身实际的国际化发展道路的过程,进而取得良好的办学质量和效益。对于地方本科大学来说,国际化起步较晚、起点较低、基础薄弱和条件不足,其国际化过程主要是从开展基本的、较低层次的国际交流与合作活动,向拓展性、高层次的国际交流与合作活动转变,更加注重走出去与引进来战略,学习借鉴国内外走在国际化前列大学的教学、科研、办学管理等方面的先进做法,以获得提高自身办学水平的良好结果。

从微观角度来讲,课程国际化是大学国际化发展过程与结果的重要体现。通过打造具有国际视野,运用国际先进的教育教学理念与成果革新传统、封闭的课程体系,拓展学生对外交流的知识、能力和素养结构,达到提高课程建设国际化水平的结果。课程国际化主要从以下三个方面展开:一是开设专门的国际性通识教育课程,诸如国际和国别政治、文化、经济、历史、礼仪等课程;二是开设一些国际化专业课程,如开设英语、小语种、国际关系、国际经济与贸易、对外汉语、国际法学等;三是在国内大学一些课程中增加国际先进的教育教学理念、理论、内容、方式与做法,优化自身的课程和教材资源。如在"互联网+"时代,学习借鉴国外大学利用网络信息技术改革传统教学内容与方式的做法,开展慕课(MOOCs)、可汗学院(Khan Academy)和翻转课堂(Flipped Classroom)等教学方式,[1]提高地方本科大学课程建设的国际化水平。例如,中国大学在海外的孔子学院应加强课程国际化改革与创新,以中华优秀传统文化和汉语国际教育为特色,增强孔子学院(课堂)建设水平,增加特色学科专业人才培养和科学研究,提升孔子学院国际化办学水平和知名度。

---

[1] 潘懋元、陈斌:《"互联网+教育"是高校教学改革的必然趋势》,《重庆高教研究》,2017年第1期。

三、资源的外引与内驱相统一

从经济学上讲，资源作为重要的生产要素，是事物发展的前提和动力，它包括有形和无形两种形态，是人力、物力、财力、信息、文化、技术、思想、制度等各种要素的总称。地方本科大学国际化的有效推进，需要通过外引和内驱的方式从校内外和国内外获取必需的、有益的发展资源，并对这些有形和无形的资源进行优化配置，为大学国际化提供有效的资源保障。

当今世界高等教育全球化、一体化、区域化的多元化发展趋势与格局正在形成，以国际交流与合作为载体的大学国际化办学资源流动体系变得可行，教育资源的跨境流动与开放共享已经成为现实，从而为大学国际化提供了充足的动力和创造了有力的条件。因此，地方本科大学做好国际化资源的外部引入和内部驱动尤为重要，实现国际化教育资源外引与内驱的双向推动，促进国内外教育资源的双向与多向互动，为地方本科大学国际化发展提供重要的基础和保障。

从大学国际化资源的表现形态看，可以分为有形和无形的教育资源，有形的国际化教育资源包括高水平专家学者、教师、学生、课程、教材、教学科研设施设备、经费、合作办学（项目）协议等；无形的教育资源包括办学理念、发展模式、思想文化、管理制度、运行机制、质量保障等。这些资源的获得与有效应用，需要大学借助内外部力量的双向驱动。具体来说，一方面，某一所或某一类大学应注重与其他大学开展多层次、宽领域、针对性的国际交流与合作活动，获取自身发展所需的教育资源，不断优化国际化发展的外部条件；另一方面，某一所或某一类大学应根据自身实际情况，促进自身各类教育资源进行优化配置，不断优化国际化发展的内部条件，最终实现内外部大学国际化办学资源的优化配置，发挥"1+1＞2"的功效。

近年来，国际化科学研究与人才队伍建设是大学国际化资源优化配置的两个重要内容和领域。在国际化科学研究资源的配置上,一是注重科研人员队伍优化配置,拓展与深化科研项目研究成员的国际化构成,引进国外知名专家学者指导教学科研活动。二是加强国际合作科研机构与运行机制建设,注重科研基地(如国内外实验室、研究所平台)的国际共建,开展科研创新与技术研发等工作,积极培育具有较高影响力的国际合作科研成果,提高科研成果转化率。三是拓宽科研资讯交流渠道,加强国际学术交流。通过举办和参加国际学术组织和学术会议,鼓励师生主持、策划、参与国际科研项目,建设国际化学术期刊,促进科研理念、模式与成果在国际范围内的转化应用与推广,从而更好地提升国际交流与合作的效果与质量。四是加强国别科学研究特色研究,根据大学所处的国家和区位条件、办学基础、模式和优势展开历史性、现状研究,为其他国家地区科研国际化提供借鉴与启示。在国际化人才队伍资源建设上,不断促进大学内外部人员流动,获取和培养所需各类优秀人才,实现外部人才的补充与引领作用,与本校人才的主体与主导作用的相得益彰。国际化人才队伍包括本校师生、留学生、国际专家学者的多元流动,统筹这些人员流动的数量、频次、程度、时间、效果、内容、方式等,提高人才队伍建设的综合效益,重点要做好三类人群的国际化建设:一是加强师资队伍的国际化培养,制定实施针对各个类型的教师海外进修与培养计划,通过攻读学历学位、访学、访问、交流活动、专项培训等形式,促进教师国际化培养;二是积极引进大学自身发展所需的各类国际人才,通过长短期聘任的形式引进大学教育管理、教学、科研、国际化运作等方面的外国专家和学者;三是加强国际化管理人才培养,通过有组织、有计划地派遣校内专职管理人员到国际化水平高的大学学习国际化教学、科研和管理等方面先进的、可取的发展理念、理论与做法等,更好地指导与服务自身的国际化管理与服务工作。

此外,在地方本科大学国际化办学资源引进与配置的过程中,要妥善处理好国内资源与国际资源的关系,明确基础性和补充性的关系,实现彰显自身特点和借取外部有益资源的统一。同时,要防止本国、本校教育与文化资源主权受到外部侵蚀，谨防国外强势或不良文化与意识形态的趁机而入，[①] 保持自身国际化教育与大学文化发展的特色化与主导性。

四、模式的借鉴与革新相统一

从组织学上讲，模式是阐述和解决事物发展的方法论，也是理论和实践的融通环节，具有组织结构相对稳定的标准形态和运行方式，并可以在一定范围内借鉴与推广应用。大学国际化发展过程中往往呈现不同的模式，既会形成成熟的、标准的、规范的国际化发展模式，为后进的、学习中的大学提供国际化发展的参照模板或有益借鉴；也会形成具有地域特点、一定特色的国际化发展模式，打造特色发展路径，促进大学国际化模式的多样化发展。然而，不同大学国际化模式的形成与发展，是大学之间相互借鉴与自我革新的结晶，实现了大学国际化模式立与破的变革。地方本科大学国际化要结合自身的特点与优势，在吸收和借鉴国际有效模式的同时，要发挥自身的主观能动性进行创造与革新，走一条适合自己的道路。

由于地方本科大学国际化受到地方社会的经济、政治、文化、教育环境等多方面因素的影响，在国际化的具体目标、过程、路径、资源等方面都具有很大的差异，因此，强调地方本科大学朝着普遍有效的模式发展并不现实。然而，大学办学要素的全球性自由流动，使地方本科大学可以更加广泛地借助国际要素学习与构建自己的国际化发展模式，[②] 通过国际化模仿的学习借鉴、消化吸收、改进优化和创新探索的多元化发展，使得地方本科大学在尊重差异、寻找共识、互利互惠和特色发展的过程中，实现国际化模式的传承与创新。

大学国际化已经经历了以下几个阶段模式的更替：从"学习者"大学

---

① 王一兵：《中国大学的国际化》，《高等教育研究》，2011年第4期。
② 周密、丁仕潮：《高校国际化战略：框架和路径研究》，《中国高教研究》，2011年第9期。

的模仿与借鉴，到"追赶者"大学的竞争与赶超，再到"引领者"大学的创新与实践，实现大学国际化模式的改革与创新。因而，地方本科大学国际化模式在形成、定型、传承与创新中不断发展，即在遵循大学国际化普遍规律和办学范式的基础上，倡导地方本科大学进行个性化改革与发展，实现世界大学国际化从趋同性、标准化向差异化、多元化转变。地方本科大学国际化模式的构建，需要统筹考虑发展理念、办学基础和条件（如办学资源、学科专业优势、人才队伍、科技实力等）、潜在提升空间，加强发展理念与战略规划，优化和创新国际化治理体系，不断健全国际化发展质量监控保障体系。然而，由于地方本科大学开展国际化的基础和条件具有差异性，不能盲从沿袭单一模式，需要统筹把握大学的内外部发展环境、资源、条件、机遇和挑战，做到有所为，有所不为，体现特色发展，彰显大学国际化的话语权，确定适宜的国际化发展模式。

从发展主体看，世界大学国际化模式主要有政府推动型、大学自主探索型（以某一类大学为主）、城市与大学互动型（大学与所在的城市国际化相融通）等模式，使大学国际化向组织性、主体性、个性化和互动式的多元化方向改革与发展。其中，政府推动型国际化模式，是利用不同国家政府在经济、社会和教育等领域的双边和多边合作机制，为大学国际化提供有力的专项支持与资源保障，有助于引导大学基于办学基础、优势和需求，开展人才、科技和文化等领域的国际化建设；大学自主探索型国际化模式，注重大学自主、自治与自律的办学模式，体现大学根据自身实际特点和需要进行国际化发展的主动权和话语权；城市与大学互动型国际化模式，是大学基于所在城市地域特点和需要进行国际化办学模式改革与发展，城市为大学的国际化提供所需的各类资源，大学在提高城市知名度、扩大城市国际交往、提供国际化人才支持、促进文化国际交流、激发经济发展和科技创新活力、提供社会公共服务等方面积极作为。因而，地方本科大学应充分融入城市国际化，与所在城市形成良好的互动协作关系，这是地方本科大学国际化可持续发展的一个重要途径。

中外合作办学是大学国际化的重要组成部分，[①] 近年来，中国大学国际化合作办学主要有三种模式。一是与国外知名大学在国内设立中外合作办学机构，引入国外高水平、互补性的教育资源和办学模式。主要分为两类：一类是国内大学与国外大学合作办学，成立具有独立法人资格的中外合作办学机构，例如西交利物浦大学、宁波诺丁汉大学等；另一类是不具有法人资格的中外合作办学机构，国内许多大学成立了以一些本科、硕士学位专业为载体的中外合作二级学院。二是中国主动走出国门与国外设立中国大学分校或以中国大学为主的合作办学机构。国内一些综合性和行业特色大学利用自身的发展优势与优质办学资源，与国外政府、大学等开展多领域的交流与合作，实现在境外办学的历史性突破。目前，中国五所大学利用自身办学资源优势在国外成立了独立校区或相对独立的办学机构。例如，2011年成立的老挝苏州大学、2013年开办的厦门大学马来西亚分校，2013年设立的云南财经大学曼谷商学院，2014年设立的北京语言大学东京学院，2016年温州大学意大利分校（阿雷佐校区）成立。三是中国一些顶尖的一流大学以中国传统文化、优质教育资源为载体积极开创留学生招生与培养的新模式，打造中国大学国际化办学知名品牌，创新中国大学国际化新路径。近年来备受关注的北京大学燕京学堂和清华大学苏世民书院，以中国传统的办学机构名称——"学堂与书院"命名，实现了从引进国外优质教育资源到提供优质国际教育的转变，[②] 展现中国大学国际化发展的品牌自信与道路自信。地方本科大学应尝试着从引入逐渐转为走出，自信地向世界讲述发生在中国地方社会的大学故事。

---

① 刘琪：《"一带一路"倡议下西部地区省域教育对外开放事业发展路径探析——以贵州省高等教育中外合作办学为例》，《重庆高教研究》，2016年第6期。
② 韩亚菲：《中国高校国际化发展新动向——基于北京大学燕京学堂、清华大学苏世民书院案例的分析》，《教育学术月刊》，2017年第5期。

五、国家间的竞争与合作相统一

从公共关系学上讲，不同事物之间存在着单一和复杂的关系，需要通过关系调整获取自身发展所需的条件和资源，促进自身的可持续发展。其中，竞争与合作是不同事物关系发展的基本表现形态，合作中有竞争，竞争中有合作，实现取长补短、优胜劣汰和互利多赢的多种关系样态。不同大学的国际化处在不同层面的国际化发展生态系统中，直接或间接、自然或不自然地需要与其他大学发生各种关系，既有相互竞争获取国际化发展资源和市场的关系样态，又有需要合作共处实现互利共赢的关系样态。

当今世界，不同国家在不同领域存在相互竞争的关系，又在人类面临的各种共性问题上需要相互合作，共同推进，这也是促进世界高等教育日益走向国际化的重要因素。提高办学质量和水平是各国大学发展的中心任务，而要使这种程度和水平在国际范围内具有可比性和认可度，则需要各国、各类大学通过开放办学、公平竞争、相互合作的方式，并建立良好的国际合作联络机制和国际资源的共享平台，促进不同国别、地域大学共同提高办学水平和效益。由此可见，地方本科大学国际化关系涉及各参与主体的构成及其关系构建，体现国际化主体之间在竞争与合作方面的应然和实然关系态势。因而，地方本科大学国际化既是不同国别、地区的大学进行交流与合作的重要机遇，也是相互竞争与形成挑战的结合体。从 20 世纪中后期以来，大学国际化所需的办学资源在全球范围内实现了相对公平的竞争与自由流动，但是这些办学资源（尤其是优质办法资源）的总量是有限的，不同国别的大学为了获取所需的资源，彼此之间就会存在着不同程度的竞争与合作的关系，并呈现多元博弈的态势。

现实中，不同大学在国际化办学理念与发展模式、国际竞争力与影响力、优质生源市场利益、高水平教学科研与管理人员、优质教育教学资源、学术型与应用型科技研发资源、高水平教学科研成果、办学经费筹集、合作办学机构与项目、大学战略联盟运作等方面存在着竞争与合作的关系。

竞争是提升参与者实力的重要契机，地方本科大学在国际化教育资源和发展优势的竞争中应注重自我改革与创新，增强发展的主动性和创造性。同时，为了抢占高等教育发展的优质和充足资源，地方本科大学开展了多元化战略联盟，主要包括强强式战略联盟和强弱式互补联盟。前者往往是选择与自身办学实力与水平相当或相近的大学，作为战略合作伙伴，[①] 开展相关领域的强强合作，规避利益冲突和不良竞争；后者是不同类型大学在办学资源与利益的互补和共赢方面寻找合作共识，各取所需，实现差异化互动发展。其中，中外合作办学机构以及以本科或硕士研究生层次的专业教育项目为主要形式的人才培养项目，是中外大学在生源市场、学费收入、科研合作、人才培养等方面的共同利益驱动下开展竞争与合作的产物。同时，这也是一些大学在与其他大学的竞争中，抢占国际化发展资源的制高点、形成比较有优势和提高核心竞争力的重要举措。

总之，地方本科大学国际化是世界政治、经济、社会和文化多元融合发展和现代大学内外部治理体系改革的重要体现，也是大学参与全球治理和国家建设的重要方式。地方本科大学要立足所在城市和自身发展的特殊情况，放眼全球，树立开放、包容、竞争、合作、共赢的理念，在求同存异中，加强国际化发展的规划设计与实践探索，不断加快创新驱动改革与发展步伐，不断提升自身国际化水平、全球竞争力和国际影响力，彰显中国大学国际话语权和品牌力，打造具有多样性的优秀地方本科大学。

第4节 地方本科大学国际化的行动机制

地方本科大学国际化概念中有地方与国际两个词。这两个词表明地方本科大学同时存在于两个不同的场域里，因而就有两种不同的利益需

---

① 冯倬琳、刘念才：《世界一流大学国际化战略的特征分析》，《高等教育研究》，2013年第6期。

求、游戏规则和场域位置。地方本科大学国际化就发生在这两个场域相互作用中。

一、地方本科大学国际化的行动本质

在布迪厄之前，社会世界被置于两种对立的视角下进行解读：其一，在结构主义视角下，社会世界被视为一种客观的结构，人们通过观察和测量，以客观数据和资料反映社会世界中各种物质资源的分配和运用的规律；其二，在建构主义视角下，社会世界是人们在日常生活中通过开展有组织、富有理性机巧的实践来持续不断的构建而成的，因而社会世界是人的行为、思想、情感和判断等综合作用的产物。社会世界的这种双重解读都遮蔽了人实践的全面性，一方面，社会实践行动被视为人消极地顺从客观规律的结果，从而忽视了人在日常生活中的真实需要，并抹去了人指向未来的创造力，最终以一种总体性、非时间化、严谨的科学逻辑去理解和指导人的社会实践；另一方面，社会实践的主观能动性、创造力得到了重视，但忽略了社会世界对个体而言的超验性，抹去了社会实践所必需的客观条件。布迪厄的《实践感》嵌合了两种视角下的实践观，在场域中还原了人的完整实践生活。惯习、场域和资本三个概念是布迪厄的重要工具，实践感是催动三者产生相互作用的纽带，共同构建了"场域理论"，以揭示社会世界被隐藏在深处的结构。整个社会世界由一系列烦琐、重叠而彼此又有关联的场域构成，场域"可以被定义为在各种位置之间存在的客观关系的一个网络或一个构型"。[①] 场域中不同位置的占有者都具有一定的资本，资本的数量和结构决定了其在场域中的位置，场域位置又决定了场域核心利益的分配方式，场域的结构就是对这种分配关系的客观表现。那么行动者凭借自身所持有的一定数量和特定结构的资本进入场域后，其行动是如何在场域的客观结构与行动者的主观意志双重影响下产生的？《实践感》是沟通惯

---

① ［法］布迪厄、［美］华康德：《反思社会学导引》，商务印书馆2015年版，第122页。

习与场域的关键，场域通过《实践感》在行动者身上形成主观的结构，也就是惯习，惯习通过实践感使个体采取理性策略实现场域位置潜在的未来，特别在惯习与场域脱轨时，策略性行动更加突出。行动者的实践行动使场域的核心利益实现了增值，行动者也获得与自己资本相匹配的利益，同时实现资本的增值或发动场域结构的变革以保证自己的利益分配。"场域理论"关于资本、惯习、场域三者的互动关系解释了作为行动者在某种利益空间里产生实践行动产生的条件、目的和策略构成，这为分析地方本科大学的实践行动提供了较为全面的视角。

（一）地方本科大学所在的地方场域

"地方高校的最大特点是地方性，其价值定位在于立足地方，依托地方，全方位地为地方服务。地方高校服务社会的价值体系在于：增强科技创新力，服务地方物质文明建设；提高政治亲和力，服务地方政治文明建设；提升文化竞争力，服务地方精神文明建设。"[1] 在地方空间环境里，与一所地方本科大学形成关联的行动者有家庭或学生、各种经济实体、政府机构、其他的大学、公益组织等。在这个空间里，地方本科大学的发展依赖地方环境提供办学的物质资源、生源和扶持政策，这些发展资源的获得需要大学参与地方社会的建设，以自身的优势为地方的物质文明、政治文明和精神文明的发展作出贡献。政治文明和精神文明建立在物质文明发展的基础之上，由地方本科大学、家庭或学生、各种经济实体、政府机构、公益组织共同构成的场域中，物质资源是所有行动者共同的利益，其相关分配制度关涉这些行动者的未来发展。在地方场域中，地方本科大学是"区域经济发展的强力引擎、地域文化传播的引导者、地方行政管理的智库"，[2] 可见，地方本科大学所持有的入场资本是对其他行动者的发展是有助益的，这就决定了地方本科大学在物质利益分配中所占的份额。对于政府而言，

---

[1] 董泽芳、张继平：《地方高校服务社会的价值取向》，《高校教育管理》，2007年第3期。
[2] 查玉喜：《地方高校内涵式发展研究》，博士学位论文，山东师范大学教育学原理系，2021年，第31页。

地方本科大学需要起到政治思想教化、人力资源开发和公共管理政策咨询等作用；对于经济实体而言，地方本科大学需要承担为各行各业劳动人才的培养、学术成果转化、生产技术研发等任务；对于家庭或学生个人而言，地方本科大学要承担起立德树人的责任，将学生培养成德才兼备的社会劳动者，使家庭和学生的未来得以健康的延续；对于公益组织而言，地方本科大学要参与地方社会公益事业的建设，推动精神文明和生态文明的发展，为当地居民创造理想的生活空间。

地方本科大学的实践行动并不完全为场域结构所决定，而是基于自身的认识属性表现出很强的主观能动性与批判性。地方本科大学如一般性大学一样，其自身存在的根本依据仍然是认识论与政治论，在调和认识论与政治论矛盾时所形成的组织机构表现出很强的实用性。大学因为自身的政治论属性，因而也具有一定的实践感，大学能感知到地方社会中存在的问题和捕捉到发挥其作用的空间。大学的这种实践感是与生俱来的，在中世纪，巴黎大学的神学、博洛尼亚大学的法学、萨莱诺大学的医学，都是受社会生活影响而产生的。在现代，"威斯康星理念"更彰显了大学实践感的存在。地方本科大学在实践感的作用下，根据地方社会的经济、文化、政治特点形成独有的学科、专业结构和服务理念，这就生成了每所地方本科大学特有的习惯。地方本科大学在习惯的推动下参与地方社会的实践活动，推动当地民众生活空间的优化，提高人们的生活质量。由于地方本科大学受其认识论属性的影响，其学科、专业机构与服务理念与地方场域的结构并不是完全匹配的，在某些方面表现滞后，又在某些方面表现超前，因而地方本科大学总是在调整自身的学科专业结构和审视自身的服务理念以适应当地社会的特点，或者通过传播先进文化、批判社会生活中的问题、转化学术成果来引领当地社会的发展。无论适应地方社会特征还是引领地方社会发展，地方本科大学在地方场域发挥作用的核心资本是其所掌握的高深学问，高深学问的掌握和转化程度决定了地方本科大学在地方场域中的序位，也决定了其发展资源的多寡。

(二) 地方本科大学所在的国际学科场域

"我们把大学或学院看作是国家和国际学科的地方分部的汇集,这些分部将更大领域里的知识进展、规范准则和习俗惯例输入当地并使他们在当地生根发芽。"[1] 大学虽然存在于具体时空中,但其存在是人类共同和普遍的文化意识宇宙在时空中的具体展现,不仅如此,世界范围内的大学都在不遗余力地扩展人类的文化意识宇宙。存在于真实时空的大学,还归属于另一个世界,即人类文化意识宇宙。在人类文化意识宇宙中,各个大学的学者都在学科的建制中参与学术合作与探讨,共同致力于探索人类未知的领域。学科的出现是人类知识分化的结果,这种分化也意味着人类科学认识的发展。"科学通常被用来指:(1) 一组特定的方法,知识就是用这组方法证实的;(2) 通过应用这些方法所获得的一些积累性的知识;(3) 一组支配所谓的科学活动的文化价值和惯例;(4) 或者上述任何方面的组合。"[2] 科学认识离不开普遍公认的方法、一定的认识对象和衡量认识结果的价值标准,这就要求科学必须遵循公认的规范,如普遍主义、共有性、无私利性以及有组织的怀疑态度等。这些规范说明以科学文化知识是一个民主、开放、平等、共有的共产主义世界,如巴斯德的名言:科学家有祖国,科学无国界。学科建制的成立将科学王国划分成各种不同的专业领域,每门学科的存在都必须有清晰的论据,用以合理化知识的特定划分和适用于学科界限内的社会策略。"长久以来,知识分子生态系统借持续不断的分门划界,分割成'分离'的建制和专业空间,以便达至目标、方法、能力和实质专业技能表面细分。"[3] 这种细分,使得学科必须使用一套概念体系以语言的形式呈现自己特有的研究对象,运用一套方法紧紧地控制自己特有的研究对象以减少变数来发现所谓的客观真理,以一套专业内部人员共同接纳的标准来衡量关于研究对象的认知。学科凭借建立起来独特的概念体系、特

---

[1] [美] 伯顿·克拉克:《高等教育系统——学术组织的跨国研究》,王承绪等译,杭州大学出版社1994年版,第24页。
[2] [美] 莫顿:《科学社会学》,鲁旭东译,商务印书馆2003年版,第362页。
[3] [美] 华勒斯坦等:《学科·知识·权力》,刘健芝等编译,北京三联书店1999年版,第21页。

定的方法和检验标准探索专业领域中的未知问题。然而，要进入某个学科，成为该专业领域中的一员需要学习这些专门的概念体系、方法以及检验标准，此时学科露出了它规训的一面。"规训权力的主要功能是'训练'，而不是挑选和征用，更确切地说，是为了更好地挑选和征用而训练。"[1] 构成规训的手段包括层级监视、规范化裁决、检查等，三种手段的组合使用使人成长为学科共同体中的一员。

普遍主义、共有性、无私利性以及有组织的怀疑态度构成科学精神。学科内部似乎是一个关于知识的民主、开放、平等、共有的共产主义世界，但学科语言背后却隐藏着不平等的权力结构，学科语言的互动发生在这种权力结构中。学科的形成是科学认识发展的必然结果，人类的认识并不只是出于好奇心，而是指向人类的最终福祉。"如果只关注基础研究的深入，而模式研究成果的转化，也不能真正体现理想主义对人类最大和最终福祉关怀的价值追求，这也是缘何现代大学逐渐对应用和开发研究领域情有独钟的主要文化起因。"[2] 在神话时代，人类赋予自然现象以感性的理解，通过一些宗教活动与自然沟通，祈求获得生存上的保障。柏拉图认为哲学家的教育在于认识观念世界的事物，从而超越感性世界的束缚，获得理性的发展，哲学家获得这种理性后要回到人类世界中来，建立理想的城邦以保障公民的自由生活；中世纪的大学以高深学问展现社会生活背后的理性元素，使人们的社会行动更趋于合理化；柏林大学的"洪堡理念"，推动了德国工程技术的高速发展；美国威斯康星大学，树立了以社会发展需求驱动科学研究的典范。所以说，求知所要实现的最终目标，也就是存在自由。马克思说："个人怎样表现自己的生命，他们自己就是怎样"，[3] 因而，精神上的解放最终要表现在真实的生活中。将人类认识的成果转化成人类现实的存在自由，需要地方本科大学将学科专家将自己领域中的科学知识转化

---

[1] ［法］福柯：《规训与惩罚——监狱的诞生》，刘北成译，北京三联书店 2003 年版，第 193 页。
[2] 阎光才：《识读大学：组织文化的视角》，教育科学出版社 2002 年版，第 261 页。
[3] 马克思，恩格斯：《马克思恩格斯文集》，中共中央马克思恩格斯列宁斯大林著作编译局译，人民出版社 2009 年版，第 520 页。

成地方社会、生态、人文所需要的技术、精神和物质产品以及劳动力。库恩将科学研究分为范式革命与常规科学两部分，"常规科学的目的既不是去发现新类型的现象，事实上，那些没有被装进盒子内的现象，常常是完全视而不见的；也不是发明新理论而且往往难以容忍别人发明新理论。"[①]"常规科学所得的结果是有意义的，因为它们扩大了范式所能应用的范围和精确性。"[②]常规科学的目的不在于创新，其研究结果通常在范式的预测范围之内，常规科学的成功验证了范式的完备性。但是"在一套规则指导下进行的游戏，无意中产生了某些新东西，为了消化这些新东西就需要精心制作另一套规则。当这些新东西成为科学的组成部分之后，科学事业，至少是这些新东西所在特殊领域的那些专家们的事业，就再也不会与以往相通了。"[③]常规科学的这种失范现象使得科学家对已有的范式重新审视，根据常规科学失范的范围、特征、原因、结果构筑新的科学范式，这便产生了科学革命。这种常规科学需要大量有才智的学者从不同的角度，对科学范式进行实践，这些学者大都集中于地方本科大学，他们有广泛的实践空间。学术成果转化与科学的发展都需要地方本科大学的学者参与，这就决定了他们在国际学科场域中的位置。科学随着新发现的不断问世而往前发展，科学知识虽然是普遍主义、共有性、无私利性，但是科学发现有"优先权"[④]一说。优先权是对科学家学术成果的肯定，也决定了科学家在该领域学术共同体中的权威。随着科学的发展，不断有新发现涌现出来，大部分学者需要不断地接受学科的规训，这种规训在层级监视中完成，因而学术共同体中的学者间存在着话语权的结构差异。地方本科大学学者的存在，一方面，通过实践将本学科推广到社会的各个角落，使人们普遍认识到这一学科的存在，从而为本学科提供了必要的价值保障，如培根说"只要人们在科学园地中的努力和劳动得不到报酬，那就足以阻遏科学的增长……因此，

---

① ［美］库恩：《科学革命的结构》，金吾伦译，北京大学出版社 2012 年版，第 22 页。
② ［美］库恩：《科学革命的结构》，金吾伦译，北京大学出版社 2012 年版，第 33 页。
③ ［美］库恩：《科学革命的结构》，金吾伦译，北京大学出版社 2012 年版，第 48 页。
④ ［美］莫顿：《科学社会学》，鲁旭东译，商务印书馆 2003 年版，第 395 页。

一项事物不被人尊崇就不会兴旺,也就没有什么可奇怪了",[1]另一方面,通过对范式的实践推动科学的发展。因而,国际学科场域离不开地方本科大学的参与,地方本科大学的学者是学术共同体的成员,学科使其成为其所是的人,所以,地方本科大学的学者必须存在于国际学科场域中,但在话语权上,地方本科大学学者又受到诸多控制,在这种竞争关系中,大家共同的利益就是关于学科知识的优先权、基本信息和话语权等。

(三) 地方场域与国际学科场域中的资本转化

在地方场域中,地方本科大学在地方场域发挥作用的核心资本是其所掌握的高深学问,高深学问的掌握和转化程度决定了地方本科大学在地方场域中位置的重要性,也进一步决定了其发展资源的多寡。地方本科大学在发展中需要将高深学问运用于地方社会和自然环境中,一方面检验和发展着本学科的科学范式,拓宽学科的受益群众。另一方面,地方本科大学在对学科理论范式进行实践时,推动了地方场域相关行动者共同利益的发展,这种利益是地方本科大学存在和发展的物质保障,地方本科大学在实践中起到的作用越大,其对这一共同利益的分配就越有利。在国际学科场域中,地方本科大学的学者凭借学科范式的实践经验获得入场的资格,被接纳为学术共同体中的成员。学者们在常规科学研究过程中,积累了大量的知识,这些知识的积累在不断接近学科理论范式解释力度的极限,加深对理论范式的理解。地方本科大学的学者在相关领域研究成果的累计决定了其在国际学科场域中话语权,也为他们接触前沿和全面的学科研究成果提供更多的机会。地方本科大学在地方场域中的常规科学研究和学科知识转化的经验与成果决定了其在国际学科场域中的话语权,而国际学科场域中的学科前沿和完整的理论又决定了其在地方场域中的位置。地方本科大学在地方场域与国际学科场域的资本转化中实现自己的发展,可见,国际化是地方本科大学遵循大学之道、行大学之职、成大学之成的核心思想。

---

[1] [美] 莫顿:《科学社会学》,鲁旭东译,商务印书馆 2003 年版,第 401 页。

地方本科大学国际化的行动是指，一方面要求地方本科大学要在本土环境中积极对学科范式进行实践以拓展学科范式的解释力度与范围，并将学术研究成果转化成社会发展的力量并增加本土民众的最终福祉从而提升学科的声望，另一方面又要自觉通过这一实践将在本土场域中积累的学科知识与经验同国际学科场域中获得的前沿性和普遍性的学科理论相互转换，从而提升和巩固地方本科大学在这两个场域中的位置与影响力。

二、地方本科大学国际化的行动系统

地方本科大学的国际化行动是指地方本科大学在地方环境中对学科范式进行实践以拓宽学科的影响力并增加地方民众的最终福祉，通过这一实践将在地方场域中积累的学科知识与经验同国际学科场域中获得的前沿性和普遍性的学科理论相互转换，提升和巩固地方本科大学在这两个场域中的位置与影响力。对于地方本科大学而言，这种实践包含三个方面，首先通过文化批判协调地方特殊价值与世界普遍价值间的矛盾冲突；其次通过学科范式实践与学术转化促进地方社会和国际社会的共同发展；最后通过培养师资力量促进学校的发展。文化批判、学科范式实践与学术转化和师资建设成了地方本科大学国际化的核心机制。

（一）文化批判的行动

第二次世界大战后，国家、民族的各类文化系统激烈碰撞，共性的文化样式逐渐普及推广，在霸权主义意识形态文化强力宰制下催化了地方本科大学文化呈现"解民族化"和"解疆域化"之表征。在文化作为"应当"被取消与"是"的沟通和作用条件下，它在逻辑上便丧失了对理性认识和现实世界的开放性，被动地逐渐走向了自我封闭而目的化自身，从而拒绝自我批判和自我革新[①]。于是，文化本体之社会定位便从作为而从其单纯的

---

① 崔平：《文化模式批判》，江苏人民出版社2015年版，第432页。

作为某种由人为意志或通过自己独特的艺术实践或能力所能创造表现出价值的特殊文化工具，逐步地蜕变并转化为了一种绝对上能用来支配一个人思想活动本身的一种精神目的。这本身也便是长期以来地方本科大学深陷地域文化的特殊要求和独特影响的限制之问题根源。地方本科大学作为其归属的地域历史文化、社会资源的产物，国际化是其与生俱来的一种发展内驱力和发展姿态。随着区域化的民族国家的兴起，地方本科大学逐渐弱化其跨国性、国际性，呈现出民族化的表征。民族化与国家主义之间的矛盾促使地方本科大学成为其文化形式及其知识模式的保护者。不论何种层次和类型的大学，只要其承担起了知识、观念和先进技术原理授受和传播，它就已经是文化知识的化身了。文化自觉的逻辑反思和理性价值判断，以及各种不同传统文化形式间和谐的多元文明融合相处，都依赖具有真理力量的一般文化理论所建立起来的清晰的文化自我意识。大学文化是社会的正统，其知识的延续性来自人类经验的共性和连续性[①]。在几千年的历史演进中，多元文化的相互冲突、融合，华夏文明历经磨难与几经波折并未产生也从未产生异质性的断裂，仍然延续发展。然而鸦片战争以后，西方国家主导和推动的全球化进程席卷而来，中华文化卷入共同的文化体系和话语体系之中，过去的文化自信在坚船利炮的逼迫下以及理性主义繁荣发展中轰然倒塌，大学文化认同之危机越发凸显。任何一种地方文化存在都是人类对多元世界形式认知的特殊表现，仅是多元可能世界中的一种经验选择。地方本科大学地方价值与世界普世性价值矛盾主要体现在普世文化价值和地方文化价值之间的价值冲突，这一价值冲突实际也发生于大学西方世界价值与西方其他文明国家文化和其他地区文明之间。基于此，地方本科大学唯有借助一种无关自我的普遍理性眼光对文化的普遍判断，在不同文化冲突环境之中接受文化意识水平的考验，在冲突与融合中平衡全球化时代文化发展地域文化与世界价值，在共同思想规范指导下的具有主体性

---

① 张宝明：《〈新青年〉与20世纪中国：纪念〈新青年〉创刊100周年高层论坛论文集》，社会科学文献出版社2017年版，第410页。

的文化分析和批评，将世界普世文明转化为地域文化，成为民族主体性的一部分，同时将地域文化置于世界视野之中，上升为普世文明，最终逃避文化的奴役。

　　大学文化具有实践的本性，它具体表现为文化的创造。文化创造作为另一种精神实践，必然要求具有社会实践活动的某种普遍结构。在国家、区域、群体等联系日益频繁的时代背景下，尤其当地域与民族之间不再是简单的对应关系时，或当群体间关涉的是文化精神而非现实利益时，大学所面临的问题和挑战必然突破民族、国家的边界扩展至全球。大学文化往往通过超越时间和地域彰显其世界性特征，交通和网络的便捷则为打破地方大学传统文化固有的界限提供了条件和可能性。从文化的稳定性和传承性而言，文化区域的文化进程除了其本身再生力之外，也多是与外来文化发生碰撞和交往的结果。民族国家的文化往往是在特定的区域内积淀形成的，地方本科大学想要在西方文明挤压中拓展自己的文化发展空间，就亟须坚定且强化自己的民族认同文化。地方本科大学跨越文化边界开展国际化实践之路，必然意味着异质文化体系间的扩展与蔓延，其他地域的世界观与文化将引介甚至强加于本民族的文明传统，对地域性传统文化体系造成重要冲击。站在地方本科大学国际化发展的宏观视角上，"开拓不受地域文化内容影响的认识道路，是在具体文化存在之外寻找反思文化的认识起点，只有这一起点具有彻底前提批判的属性。"[1] 站在其最原始的动机的角度，资本力量驱动下的经济全球化也是一种世界性文明理念的推行和过程，是一种霸权的结束和另一种霸权的开始，其客观化的目的就是消灭多元化。正如查尔斯·洛克（Locke）所说，"全球化不过是帝国主义的另一种名称"。[2] 纯粹而理性地强调地方本科大学的世界价值，易于忽略世界其实是相比较于一个异质区域而言，绝对独立于区域化的全球化，到头来只能落空，难以具体落实在特定空间的、受时空差异所约束的地方本科大学

---

[1] 崔平：《文化的批判式研究及其恰当方法》，《云南大学学报（社会科学版）》，2008 年第 5 期。
[2] ［英］查尔斯·洛克：《全球化是帝国主义的变种》，徐燕红编译。摘自王宁，薛晓源主编：《全球化与后殖民批评》，中央编译出版社 1998 年版，第 43 页。

国际化之事实。世界文明的多样性自古就存在，地方本科大学顺应全球化时代发展需求开展国际化引领文明与文化多样性，合于文化历史和华夏文明发展规律。作为文化传统内核的大学，国际化发展对本土文化冲击在所难免，其意义在于通过文化竞争而摆脱这种不可自我裁判式的纯粹的文化逻辑的对抗而真正获得价值取舍和根据。"普世价值"并非科学概念，是超越国家和民族、超越现实，以抽象人性为依据的一种对价值的虚拟，是外在于对其他民族的文化或凌驾于其他民族的文化。在世界形式的自觉意识下，现实和有效的特殊的文化的存在形式绝不会完全异化而为人类故步自封的最普遍的一种文化形态存在。地方本科大学立足于现实社会，根植于区域经济和政治制度之中，地域文化与普世性价值协作冲突正是其重塑地域文化根基的重要机制。

基于此，全球化发展日趋深入之地方本科大学，强调其地域性和个性才能坚守本民族的生态文化，承认地方本科大学的地域价值就在于价值本身，通过普世与地方价值的相互转化共生以及新地域文化的形成，赋予大学主体地位与情感特征于一种本真而绝对的地域身份，这实质上也是地方本科大学的生命活化。

作为世界构成的一部分并承担进一步世界构建任务的大学文化是否先进，需要将其置于当前全球化背景下来审慎有无遵循世界形式内在的存在要求。过分强调地方本科大学的地方性知识的情境性，将造成地方性或本土性知识形式与世界性或普遍性科学之间的冲突与分歧。等量齐观不同文化主体的存在价值与存在权力，而没有深入分析特殊文化表现的深层的和普遍的根据，促使普遍性的科学被分裂的地方性知识所撕裂，在无法比较中走向了相对主义，从而丧失了文化的普遍性量度。正如格尔兹（Geertz）所说，每种文化的意义和价值都属于地方知识，人类学一定要把握"从土著的观点来看事情"或"设身处地的同情"才能了解当地人的文化。[①] 作

---

① ［美］克利福德·格尔兹：《地方知识：阐释人类学论文集》，杨德睿译，商务印书馆2016年版，第91页。

为适应地域环境的产物，地方本科大学依据其地理位置和自然环境等空间特征的差异性，在不同的生存环境下造就了与生俱来携带与众不同的地域之特性。地域性是个相对的概念，有大有小，从小范围而言，地方本科大学根植于地域经济社会，它的精神文化浓缩了地域经济社会文明的成果。在大范围内，地方本科大学有脱离地域主义走向更广泛的全球共同体的蕲向，致力于提出最为常见的道德理解和人生真理。"二战"之后，在信息自由流通的文化环境之下，西方国家文化观念与生活方式渗入中国的大学。面对着强势的西方文化，地方本科大学不得不面临迫切的自我转型，或放弃地方性，向西方文化合拢；或重建自我，使得地域文化再地方化。从知识的性质来看，文化作为一种意识存在现象，具有与普遍的意识存在同一的绝对普遍性，具有抽象形式的经验性。作为地区和国家国际化的一个关键的参与者，地方本科大学绝不能被民族国家的边境线所制约，在民族文化和世界主义的矛盾之中加以反思形成文化判断，其关键在于把民族文化地域性转化为全球性，将特定民族独特情感转化为各民族共同理解的情感，将地域文化能量的有限性和单一性转化为知识的无限性和世界性。当前世界正处于大发展、大变革、大调整的时期，知识的共同伦理意识已经由于其面临的空前严重的全球性道德问题而得到了空前强化，这是我们赖以寻求"普世伦理"的坚实基础和充足理由。大学作为知识的殿堂，从其诞生开始就天然具有了开放精神和世界精神。[①] 全球化冲破了民族与民族、民族与国家、国家与国家之间的界限，增强了世界的统一性和整体性。为谋求更好的发展条件和发展优势，地方本科大学正顺应时代发展之需以前所未有的深度和广度融入推动国际化战略，引领地方优势产业、特色资源及文化特征走向世界舞台。正如实践所阐明的那样，在确定的民族和世界之间具有认识的主观偶然性，而多元文化可能性赋予以合法性从而构建不同的文化。

大学国际化理论普遍认为文化的民族性正在衰退，文化失去了地域环境和国家环境，地域空间或场所空间的重要性正在下降，构成虚拟现实的

---

① 纪宝成：《中国高等教育散论》，中国人民大学出版社2012年版，第46页。

新的流动空间呈现趋势的区域化。在西方文明文化冲突和冲击阶段，地方本科大学应以传承和创新文化为己任。一方面，它们要坚守本土文明的优秀基因。地方本科大学要坚守崇尚人文，辩证看待与处理地域与国家、地域与世界的关系，坚守大学固有的地域文化个性。另一方面，它们还要超越文化的局囿。坚持超越现实功利的理想状态，注重理性，引领地域文化和批判性地看待西方文化。具体来说，地方本科高校在辨析地方特殊价值和世界共同价值的过程中，需要将西方强势文化中蕴含的霸权因素与合理的价值因素区分开来，谨防保守派借助文化同质化趋势否定其合理的价值。当前科学技术与知识全球化的迅猛发展，各国互相联系、相互依存、利息交融达到前所未有的程度，地域文化借助现代传播工具生产具有共同价值的文化符号，催生地方大学超越狭隘的地方性和地域的普世性观念。共同的文化价值使大学与全世界融为一体，具备不受时空限制的相对稳定性。无论未来大学的内部制度和外部环境如何变化，其精神内核都将引领个人与他人、社会共存，使人类不断超越自身局限，弥补教育灵魂缺失和教育品格低下，追求世界价值的卓越。唯其如此，人类才能不断超越蔓延于身体、灵魂之中平庸的恶，在现实的民族、现实的世界里担当起个人、民族、国家的责任与使命。

　　大学，文化血脉始终贯穿其中，是人类文化格局中传统与现代、传承与发展、保守与激进、继承与创新的融会贯通之地。[①]民族文化的历史继承性滋养了大学精神，形成本身所独有的地域文化特点和个性，而知识的社会共有属性形塑了大学文化的共同价值。在地方本科大学国际化进程中，自觉承担文化可持续发展使命，结合新全球化时代发展的现实要求，引领和实施先进的文化实践，无论是否接受一种文化模式，其普遍意识都是同一的，即在民族意识内在的存在概念之下，向世界存在内容和存在效果的扩展。因此，大学作为社会先进文化的源流之一，须辩证地把握大学文化的民族品格与世界特质，从世界意识中发掘大学所普遍蕴含的异质化的文

---

① 徐恪东、刘珂珂：《中国地方本科大学文化育人研究》，中国经济出版社 2017 年版，第 11 页。

化存在，构建人类诗意存在的命运共同体。

(二) 学科范式实践与学术转化的行动

如前所言，地方本科大学国际化行动是指地方本科大学在运用学科理论范式认识地方环境和解决地方社会问题的实践中，将地方场域的常规科学研究的结论和学术成果转化的经验与国际学科场域中的前沿的学科理论相互转换，以推动自身的发展。在地方本科大学将两个场域中的不同资本进行转换的过程中，学科范式实践与学术转化是核心。学科范式实践与学术转化间的相互影响构成了地方本科大学进行资本转换的实质行动。

首先，学科范式实践是地方本科大学学科建设的核心内容。大学中的任何教师、科研人员，其第一属性是学科，这些职业化的学术人员是学科的载体，大学因为这些人的聚集而有了学科，相反，学科又规定了相关学术人员的活动内容和方式。纵使学科语言背后隐藏着不平等的权力结构，但学科拥有着由普遍主义、共有性、无私利性以及有组织的怀疑态度构成的科学精神，这就决定了学科对其成员始终是开放的。学科虽然是开放的，但任何加入者都必须经过层级监视、规范化裁决、检查等手段的规训，在掌握基本的学科价值、学科历史、学科范式、学科逻辑和学科方法论后方可成为该学科共同体中的一员。从库恩的角度来看，科学的革命其实就是范式的革命，即常规科学研究中出现的失范现象使得学科专家对已有的范式重新审视，进而根据常规科学研究失范的范围、特征、原因、结果构筑新的科学范式。常规科学研究与范式革命是学科发展的关键环节，常规科学研究推动范式革命的发生，范式革命的结果又重新规划新的常规科学研究，所以常规科学研究是连续性的，而范式革命是间断性的。对于地方本科大学来说，常规科学研究是日常性的研究工作，即将学科共同体内公认的、尚有生命力的学科范式为理论基础，并使用一套导源于该范式的规则解决一系列问题。"我们已经知道，科学共同体取得一个范式就是有了一个选择问题的标准，当范式被视为理所当然是，这些选择的问题可以被认为是有解的问题。"[①]这些问题不是随意编造、发现的，而是被学科逻辑所定的，以学科范式为理论基础，通过演绎的方式形成具体的问题。波普尔认为，"科学陈述必须是客观的，那么那些属于科学的经验基础的陈述也必须是客观的，即可主体间相互检验的。但是，可主体间相互检验性总是意味着：其他的可检验的陈述能从待检验的陈述中演绎出来。"[②]并且，"理论系统被从它们演绎出普遍性水平较低的陈述来检验。因为这些陈述是主体间相互检验的，它们也必定是以同样的方式可检验的——这样以至于无穷。"[③]从波普尔的观点来看，以学科范式为透镜折射出的这些问题，是学科共同体内主体间对这一基础理论的相互检验。这也就意味导源于范式的问题有三方面含义：其一，这些问题背后都隐含着一个陈述性命题，这类命题相对于范式而言更具有具体性和可操作性；其二，这些问题的提出是在建构以范式为理论基础的学科理论体系；其三，在运用范式以及导源于范式的原则来解决这些问题的时候，都可以得到明确的结果，也就是说这些问题是可经验的，其结果要么在范式的预知范围之内，要么超出了范式的预知能力。可见，常规科学研究本质上是学科范式的实践，即以学科范式以及基于范式而构建的理论体系为前提，运用学科逻辑对已有的理论进行演绎，或者将已有的理论与新的经验情境相结合，提出新的更为具体的问题，在问题解决的过程中，检验学科理论，从而推动学科的发展。一方面，地方本科大学的学科范式实践，当研究结论在学科范式的解释范围内时，丰富了学科的理论体系，扩充了学科的解释范围与力度，当研究结论超出学科范式的解释范围时，就为学科范式的革命引入了契机，所以无论结果如何，学科范式实践都在推动学科的发展。另一方面，学科范式实践中的问题具有一定的经验性特征，地方本科大学在开展学科范式实践时更多的是立足

---

① ［美］库恩：《科学革命的结构》，金吾伦译，北京大学出版社2012年版，第34页。
② ［英］波普尔：《科学发现的逻辑》，查汝强、邱仁宗、万木春译，中国美术学院出版社2007年版，第23页。
③ ［英］波普尔：《科学发现的逻辑》，查汝强、邱仁宗、万木春译，中国美术学院出版社2007年版，第24页。

于地方的自然、人文、社会环境去检验这些科学理论,从而使得学科与地方社会产生紧密的结合,进而使得地方本科大学将更大领域里的知识进展、规范准则和习俗惯例输入当地并使它们在当地生根发芽,避免了学科成为一种游离于现实生活的、无意义的符号。

其次,学术转化是学科发展的外生动力。博耶(Boyer)依据大学的职能和学术的使命,将学术分为了四个不同但又相互联系的方面:探究的学术(scholarship of discovery)、整合的学术(scholarship of integration)、应用的学术(scholarship of application)和教学的学术(scholarship of teaching)。[1] 其一,探索学术的研究,即知识的生产,"学术工作者自由地探索真理,在真理所至之处将会涌现出新的科学知识。"[2] 其二,整合的学术研究,即把科学发现置于一个更大的背景、促进更多的跨学科交流和对话、发挥这几个不同的相邻学科的综合优势。这就要求地方本科大学尽可能地利用自身所具有的优势学科,从不同的研究视角去积极主动地寻求、参与国际科研合作,以此可实现这一优势学科的发展,并带动地方本科大学其他学科的发展。其三,应用的学术研究,通过应用的学术,从理论到实践,然后又从实践返回理论,从而使理论更加真实可靠。其四,教学的学术研究,"为了确保学术之火不断燃烧,学术就必须持续不断地交流"。地方本科大学只有通过国际化,汲取世界上发达国家先进学术知识,"把国际的、跨文化的、全球的维度整合进高等教育的目的、功能或传递中"[3] 才能在如今的"经济全球化"时代培育出满足时代所需的国际化人才,亦为城市的发展建设提供了更为优质的劳动力。四种类型的研究,既有不同的性质与功能,又是"一个相互依赖的整体",处于一种共生的关系。在博耶看来,无论从事哪一个类型的研究,都属于科研的范畴,都可以体现出"学术水平"。至于某一学校、系科、教授,应该从事哪一层次的学术研究,则应按

---

[1] [美]博耶:《关于美国教育改革的演讲》,涂艳国译,教育科学出版社2002年版,第87—89页。
[2] [美]博耶:《关于美国教育改革的演讲》,涂艳国译,教育科学出版社2002年版,第75页。
[3] [加拿大]简·奈特:《激流中的高等教育——国际化变革与发展》,刘东风、陈巧云主译,北京大学出版社2011年版,第30—31页。

具体情况来决定，不能用一个"伯克利"标准去要求。[1]整合的学术与探索的学术都在推动知识的生产，学术的整合与分化推动学科范式的实践，相对来说，应用的学术与教学的学术是学术转化，即将学科理论转化成为人类社会发展所需的力量。学术转化包含技术与产品的转化、社会治理能力的转化和人力资源的转化三方面内容。第一，学术理论转化为科学技术与产品，推动地方社会产业的发展。"地方高校往往依赖行业需求而生，建校之初就决定了其与行业之间密不可分的联系。"[2]我国的地方本科大学具有相当数量的与当地产业密切相关的学科及配套的成熟的产学研平台与科研团队，通过与企业对接协助，可将全球前沿的学术知识通过横向课题的形式转换为具体的先进的生产技术及经营管理方式，用于解决地方企业实际生产经验中的问题，应用于企业之中，进而又根据企业实际的后续反馈进行更为细致具体的研究。这一过程，就是将科学范式应用到地方场域中进行具体的检验与实践，实践的经验与成果将推动这一科学范式的革命，丰富范式的理论知识，将以此推动整个学科理论的发展。这将成为地方本科大学的学术资本，并用于同世界学术共同体的交流合作，带来的结果将是其在国际学科场域话语权增强。第二，地方本科大学的学术转化要将人文社会学科中的智力转化为社会治理能力，提高地方社会的政治亲和力。地方本科大学在地方社会的治理当中起到智库的作用，将地方社会中公平、行政能力、制度建设、民主运行等方面的问题展开研究，推动地方社会的政治发展。第三，地方本科大学将学科中蕴含的人文精神与科学理性转化为高质量的人力资源。党的十八大明确提出，立德树人是教育的根本任务。高质量的人才必须是德才兼备。地方本科大学在育人时培养学生的人文精神，这种人文精神是中华民族在新时代的整体精神气质，在个体身上表现出符合民族特征的品行和能力，使之成为具体时空下的一个真实的人。科学理性与人文精神是同步的，有什么样的人文精神就需要什么程度的科学

---

[1] 周川：《从洪堡到博耶：高校科研观的转变》，《教育研究》，2005年第6期。
[2] 李军红：《地方高校以特色优势学科引领学校整体提升的实践与思考》，《高等工程教育研究》，2016年第3期。

理性与之相匹配，使之享受真实的自由，从而在社会大生产中通过创造性劳动来确证自己主体性的存在。地方本科大学的学术转化深化了学科在地方社会中的影响，这种深化使得地方本科大学获得更多为学科发展所需的资源，如政策支持、生源、经费等。如培根所说，"只要人们在科学园地中的努力和劳动得不到报酬，那就足以阻遏科学的增长……因此，一项事物不被人尊崇就不会兴旺，也就没有什么可奇怪了。"[①]地方本科大学的学术转化所带来的一切收益，将促进学科范式的实践，进而推动学科的发展。

最后，学科范式实践与学术转化间的互相支持是地方本科大学实现资本转换的实质行动。地方本科大学在地方场域中的资本是高深学问，这种资本的转化使它们在地方的社会活动中获得各种利益，从而保障自身发展的需要。"教学工作本身经常——甚至是绝大多数时候——都是科研工作的促动因素"[②]，科研作为促动因素不止对于劳动力资源的转化来说的，对于其他两类转化而言同样如此。高深学问并不是解决问题的直接方法，而需要以此为基础对问题进行研究与探索的过程，在这个过程实现知识的生产，对于本科大学来说这就是学科范式实践的过程。地方本科大学的学科范式实践不仅推动了学科的发展，同时，研究成果的转化还扩大了学科对社会的影响力。这些结果决定了地方本科大学在国际学科场域中的地位，这种地位保障了其话语权，从而使其有机会参与国际合作，进而掌握最前沿的学科理论与研究趋势，这又成为地方本科大学在地方场域中的资本。

（三）师资建设的行动

"主宰学者工作生活的力量是学科而不是所在院校。"[③]作为学者的人是学科的承载者，有了一流的学科专家这个院校就有了一流的学科专业。地方本科大学开展文化批判和学术转化的实践活动，没有优秀的学科专家，

---

① ［美］莫顿：《科学社会学》，鲁旭东译，商务印书馆2003年版，第401页。
② ［德］雅斯贝尔斯：《大学之理念》，邱立波译，上海人民出版社2006年版，第73页。
③ ［美］伯顿·克拉克：《高等教育系统——学术组织的跨国研究》，王承绪等译，杭州大学出版社1994年版，第35页。

这种实践活动很难对地方场域以及国际学科场域产生深远的影响。没有一流的学者，不会有一流的学生，也就不会有优秀的大学。古今皆然。大学产生的西方中世纪早期阶段，大学随著名学者而产生。一般说来，一所大学先是需要有一名术业有专攻、又享有广泛声誉的著名学者存在，然后学生慕名蜂拥而至，逐渐就形成了所谓的大学这一高等教育组织。同样地，早期中世纪大学的学术中心也会随着著名学者的流动而转移，在很大程度上，正是一流的学者或一流的教师决定了大学的兴废更替。[①]"早期的教师可以挑选自认可以招收到足够学生的地方，建立自己的学校；学校的成败全赖教师的声望和技能。他在哪里落脚，学生就跟随到哪里，为了同他接近，甚至愿意在穷乡僻壤结庐而居。"[②]早期大学发生史上这类较为著名的例子之一，就是中世纪著名的修辞学者阿伯拉尔（Abelard）及其游学、讲学的事迹。阿伯拉尔在青年时代就立志成为一名真正的学者，他四处寻求并前往当时著名学者讲学之处游学。阿伯拉尔"像真正的逍遥派哲学家那样，每当听说某地对辩证法有浓厚的兴趣，就到那里参加论辩"。[③]当他游学到巴黎时，学生也跟随到了巴黎，他在巴黎讲学所建的学校后来成了巴黎大学的雏形。近现代中国的那批大学者，为了民族文化复兴的伟大事业，不远千里，负笈西去，慕名师而求学。这其中最著名的有王国维和陈寅恪、蔡元培和胡适、蒋梦麟和罗家伦，等等。当代世界已不再是相互隔离和独自封闭的世界，在全球化的大力推动下，人类社会日益结成命运与共、相互影响的共同体，国际交流与合作也已经成为现代大学的主要使命之一。全世界大学师生之间的交流和互动日益频繁、广泛和富有深度，他们通过科研合作和技术实践，正在塑造一种全球共有、世界一体的共享文化。[④]"所谓大学者，非谓有大楼之谓也，有大师之谓也。"[⑤]卓越的大学由大师组

---

① 黄英杰：《创新文明是世界一流大学的核心特质》，《高校教育管理》，2016年第6期。
② ［法］阿伯拉尔：《劫余录》，孙亮译，商务印书馆2013年版，第3页。
③ ［法］阿伯拉尔：《劫余录》，孙亮译，商务印书馆2013年版，第2页。
④ 黄英杰：《创新文明是世界一流大学的核心特质》，《高校教育管理》，2016年第6期。
⑤ 梅贻琦：《梅贻琦教育论著选》，人民教育出版社1993年版，第10页。

成，梅贻琦这一关于大学性质的论断在今天看来更加切中肯綮，也形象地诠释了一流教师对于一所大学成长的根本性价值和基础性作用。

　　基于上述分析，走向一流的学科需要通过它独特的大学制度和大学文化，有意识地引导和培养一批追求一流的优秀学者。分而言之，首先，它要确立一种以教育为志业的教育信仰。教育是一个民族的伟大信仰，在教育信仰里隐藏着民族文化的生命基因和未来命运。具体到作为文化和教育表征的大学教师，教育信仰应是他们的一种以教育为志业的人生态度和价值追求。由此开出他们关于完整教育的真理视域，即坚信教育是一种自修化人的启蒙事业，是一种改造自我与变革世界的伦理实践，是一种经由审美实践达至精神层面的形而上建构。有了教育信仰，学者才会有强烈的教育使命感，迸发出热烈的教育情怀，进而产生从事教育实践、担当文化建设大任的不竭动力。因此，一所实践动力强劲的地方本科大学一定会自觉地把教育信仰植入它的教师的心田里，使其超越教师只是现代职业的一种狭隘视界，上升为教师是其毕生志业的崇高境界，从根本上激发他们对教育的无限热爱。其次，它要把经由知识获得解放的观念化为大学的整体实践。人类之所以能够不断地突破现有的局限性走向更为高远的境地，获得自由，其最为根本的原因在于他能够借由教育习得知识和观念，生发出实践的智慧和力量，推进实践变革。大学是知识的生产和创新之地，这种知识解放的观念需要通过大学的教学、科研和服务社会的实践活动镌刻在大学人的灵魂里。唯有增进知识，永无止境地探索知识、创新知识，才是一流学科存在的合法性所在。在一所立志为地方社会和学科作出巨大贡献的大学校园里，除了学术研究与学术成果转化外，其他的一切似乎都微不足道。最后，它要探究和确立新的伦理实践观。中世纪大学与教会之间有着千丝万缕的联系，"早先，学院和大学基本上都是教会的侍女和附庸"，[①] 这就使得它带着教会的深深印迹逐渐走向独立。近代中国大学产生时，众多西方传教士积极投入中国大学的实践中，这其中著名的就有司徒雷登任校长的燕

---

① ［美］布鲁贝克：《高等教育哲学》，王承绪，郑继伟等译，浙江教育出版社2001年版，第138页。

京大学，也深具象征意义。这种象征意义主要意指，大学的实践从根本上说是一种伦理实践，它旨在通过新的大学教育及其知识生产达到实践变革和建设新社会的目的。当蔡元培把"大学者，研究高深学问者也"这一新的大学观植入中国大学教育实践之中时，他已经在"学而优则仕"的旧伦理观里打下了一枚重要的楔子，为知识型社会所需要的新伦理观的建立奠定了学术基础。当今世界已进入全球化时代，人类社会的伦理实践和伦理问题更加复杂，优秀的地方本科大学应该以新知识为基础，拿起文化批判的武器，主动承担起社会发展的伦理实践任务，不断探究和拓展新伦理实践的边界。

第五章
地方本科大学国际化的具体措施

  地方本科大学国际化是指地方本科大学依托地方环境，发挥育人、科研和社会服务的职能作用，以拓宽学科的影响力并增加地方民众的最终福祉，通过这一系列实践活动将在地方场域中积累的学科知识与发展经验，同在国际学科场域中获得的前沿性和普遍性的学科理论进行相互转换，提升和巩固地方本科大学在这两个场域中的位序。对于地方本科大学而言，这种实践包含三个方面，首先，通过文化批判协调地方价值与世界价值间的矛盾冲突；其次，通过学科范式实践与学术转化促进地方社会和国际社会的共同发展；最后，通过培养师资力量促进学校教育事业的发展。文化批判、学科范式实践与学术转化、师资建设以及三者之间的相互影响构成了地方本科大学国际化的行动机制。地方本科大学国际化的行动机制决定了其国际化的具体措施：首先，地方本科大学以知识育人实践塑造人文精神；其次，以跨国联合办学形式培育时代新人，普及和推广人类命运共同体价值理念；最后，地方本科大学要积极发动组织变革，使自身结构在适应时代需要的同时维持本身的特有属性。地方本科大学一切行动的目的在于增进地方社会和人类世界的最终福祉，后疫情时代，地方本科大学更应该积极地推动地方社会和世界的共同发展。

第 1 节　知识实践塑造共在的人文精神

"大学不是风向标，不能什么流行就迎合什么"[①]，这种不迎合是大学对某种理念的坚守，表现于大学教育就是坚持提升精神生命质量的人文追求。促使个人理性与关系理性的统一便是当下大学教育要实现的人文追求。具体来说，大学教育要培养学生的"共在"意识，以及在追求共同价值过程中实现自身特殊价值的动机与能力。此目的客体化后形成的教育事实只是大学教育的一种可能性，实践行动就是要使这种具有偶然性或可能性的教育事实必然地走向现实。在此过程中，实践行动要发挥目的的主观能动性，将大学教育的各种客观条件改造组合，形成有效路径，使得预想的教育事实获得实质的内容，进而成为具体的存在。"大学以探索、创造知识为使命，以培养学生的知识实践为基本方式、弘扬科学精神和人文理性为根本任务本身决定了大学的世界性、国际性和人类取向。"[②]反过来，从大学的世界性、国际性出发，大学教育的普遍性可理解为，立足于大学探索和创造新知的本质，以知识教育实践为方式，实现弘扬科学精神和人文理性的根本任务。个人理性与关系理性的统一所决定的教育目的，本身代表一种时代的特殊性，目的的实现是要在这种时代特殊性与大学教育的普遍性间建立关联。根据大学教育的普遍性，要实现个人理性与关系理性统一，大学教育要通过知识教育实践实现学生的文化理解、理性自由和创造性劳动。地方本科大学作为大学教育的重要承载者，依托知识塑造学生的人文精神是其基本使命，也是其国际化过程中必须坚守的底线。

---

① ［美］弗莱克斯纳：《现代大学论——美英德大学研究》，徐辉译，浙江教育出版社 2001 年版，第 3 页。
② 汪明义：《大学推动人类命运共同体构建的使命及实践方式》，《中国高教研究》，2021 年第 7 期，第 38 页。

一、形成共在意识

共在意识要求人们在反思自身价值需求的合理性时，承认他者的合理价值需求，求同存异，合作共赢，互鉴互赏的存在关系。对自身与他者价值需求合理性和异同点的认识建立在文化理解上。文化理解不只包含认知因素，还要在认知的基础上表现出很强的批判性，即个体根据对某种文化的认知，运用批判性思维从多角度对其存在的合理性进行反思，或在与其他文化的比较中实现同中见异、异中取同。在面对传统文化时，文化理解通过批判式的继承以及创新创造，推动传统文化的传承与发展；在面对外来文化时，文化理解能够使个体准确把握外来文化的合理性，并根据两者的异同之处建立平等的交流通道。

一方面，大学探索未知和创造新知的本能，奠定了大学求真务实的品格。求真务实的品格不仅对大学自身提出了理性、自由、实践的要求，而且还使这三者相互关联，构筑起大学的文化批判性，"既包括对理性本身的反思，也包含有对现实社会文化的实践改造"[1]。另一方面，大学被看作是国家和国际学科的地方分部，所以大学将更大领域的知识、研究进展、规范规则和习俗惯例输入地方，并生根发芽。[2] 大学作为这样的分部，汇集了世界范围内最优秀的文化。这两个要素决定了大学教育要从三个方面来培养学生的文化理解：首先，大学教育以批判思维为核心，对汇集于大学的优秀文化进行反思，在反思与批判中形成系统且开放的课程体系，保证课程的教育性与系统性；其次，大学教育采用研究、探索、比较、辩论等开放的教学形式，突破传统的陈述性课程传递方式，促使学生主动构建这种课程体系的意义，达到培养学生批判性思维的目的；最后，大学教育在上述两点的基础上，引导学生发现并内化人类的共同价值，并且根据自身特点形成

---

[1] 汪明义：《论大学的文化本质》，《高等教育研究》，2015年第9期第15页。
[2] ［美］伯顿·克拉克：《高等教育系统——学术组织的跨国研究》，王承绪等译，杭州大学出版社1994年版，第35页。

特殊的价值需求，从而保证自己的动机。

二、实现个人理性与关系理性的统一

怀特海将教育过程视为由"浪漫""精确""综合运用"三个不同阶段构成的循环周期，这三个阶段相对应的智慧培育原则是：自由、训练、自由。从自由出发又复归于自由的过程是人的精神由外而内的一次生命脉动。在浪漫和精确阶段，人通过对外在世界的认识来扩充自己的智力。浪漫阶段的求知在精神自由状态下进行，由于求知过程及结果都充满了想象、猜想等感性成分，此时的精神自由是体现自我意识的感性自由。到了精确阶段，人的求知由感性逐渐上升到理性，即通过"在获取有条理的事实方面的训练"[①]形成认识，并以此来发展人的智力。心智的扩充必须经过由外求到内求的转变，也即将知识按照人的愿望进行重组。这种重组不断否定原有思想的局限性，使精神获得更加真实、更具力量的自由。这种自由是理性自由，有别于浪漫阶段中的感性自由，是人精神生命质量的重要体现。当大学教育以知识教育实践的方式，实现弘扬科学精神和人文理性的根本任务时，其本质是在发展人的理性自由。然而，个人理性与关系理性辩证统一是人类理性的完整表现，因此，对人的理性自由提出了更高的要求。

知识教育实践以高深学问的传递为载体。这种学问主要包括关于宇宙秩序原理和人类事务的学术思想，并以学科的形态存在于大学中。学生通过对高深学问的学习来接受"在获得有条理的事实方面的训练"，并以此来实现从感性认识向理性认识的飞跃。更为重要的是，大学在探索未知世界时，为大学人创造了无限的想象空间。这也是大学区别于其他社会组织机构并无法被取代的根本原因。在培养理性自由时，一方面，大学教育将科学精神的培养贯穿教育的始末，促进学生系统地掌握基本科学规律，形成

---

① ［英］怀特海：《教育的目的》，庄莲平、王中立译，文汇出版社2012年版，第41页。

科学方法论、尊重科学事实的信念以及探索未知的愿望；另一方面，大学教育将人文理性与科学精神相结合，使人性化的自然世界融进人文精神中，经过系统处理后构成人内在的必然世界。

三、实现真实的存在自由

个体从盲目为我的意识与竞争思维中解放出来是其精神自觉的表现。一旦实现精神自觉，大学教育推动人类命运共同体的构建就进入了实质环节，即促使学生自觉的建构生命。文化理解与理性自由作为人内在精神的重要部分，最终要通过各种实践活动以达到对其实质性的占有。人作为类存在物，生产生活是其主要的存在方式。现代社会的专业化分工体系，将人视为有知识、有技术的生产工具，使劳动被异化为束缚人自身发展的力量。"个人怎样表现自己的生命，他们自己就是怎样……因而，个人是什么样的，这取决于他们进行生产的物质条件。"[①] 因而，构成人内在精神尺度的文化理解与理性自由，要求人从这种异化的劳动中解放出来，在理想的生产生活中展现人的生命力。创造性劳动是体现存在自由的生产生活，即个体从自己的内在精神尺度出发，将客体按照自身的本性在彼此间产生互相影响，以此抵消它们的客体性，从而实现个体的主观目的，并使个体的生命得到再生产。创造性劳动是人内在精神尺度与外在客观规律的辩证统一，在这种生产生活中，人并非只作为客体而存在，相反，创造性劳动对人的主观能动性提出了更高的要求。

从内涵来看，创造性劳动离不开专业素养，但专业素养的形成必须建立在人性充分发展的基础上。专业教育一旦忽略人的主体地位，人将堕为工具性的存在，导致劳动缺乏创造性。人的内在精神尺度是不断自我否定的，或者说随着理性自由的发展，人内在精神尺度也在不断变化，人的专业

---

① 马克思，恩格斯:《马克思恩格斯文集·第一卷》，中共中央马克思恩格斯列宁斯大林著作编译局译，人民出版社2009年版，第520页。

素养也应是动态的。专业素养在持续地发展中，伴随着对真理的无限渴望，所以专业素养无法通过灌输确定的知识来促成，而应在对不确定知识的学习中养成。学习者在科学精神的激励下，不断追求更高形式的真理，推动专业素养的不断变革。人作为完整的生命体，在对自己生命再生产时，可能从事任何种类的劳动，甚至在不同种类劳动间进行自由切换。专业教育不应该剥夺人的劳动选择权，而应该为其提供更多的劳动选择。因此，大学教育应以人文理性作为专业素养的生长基点，使学生形成以主体性为核心的专业素养；以不确定的高深学问培养学生探索未知的能力与愿望，为学生专业素养的变革提供能力与动机的保障；以大学科为育人单位，拓宽学生的就业口径。

大学教育推动人类命运共同体构建的内涵是提升精神生命质量的文化实践活动。在构建人类命运共同体的视角下，大学教育对学生的精神生命质量的提升是长期、连续且有延时作用的过程，此过程发生在精神自觉与存在自由的良性互动中。因而，大学教育通过培养学生的文化理解、理性自由和创造性劳动来实现精神自觉与存在自由的良性互动，进而保证学生能自觉地建构和实现生命意义。这一实践逻辑系统地回答了大学教育应如何承担起推动人类命运共同体构建的时代使命。然而，精神自觉与存在自由间的良性互动势必会将人类事业的各个领域和人类自身的各种问题卷入大学教育的育人实践活动，从而对学科建设、课程实施、教学管理等多个方面提出更高的要求，因而这将是大学教育推动人类命运共同体构建中的一系列具体问题。

第 2 节　组织变革推动自身发展

国际交流合作是地方本科大学的基本职能，同时为其提供了新的发展机遇。地方本科大学必须借助组织变革，提高组织效能，回应时代提出的新要求,促进自身高质量的发展。人类命运共同体是我国在参与全球治理过程中,为建设美好世界贡献出的中国智慧。该理念要求各国在尊重彼此发展道路和核心利益的同时求同存异,形成合作共赢的新型国际关系。地方本科大学是人类命运共同体理念的积极宣传者和实践者,人类命运共同体理念则为地方本科大学国际交流合作的组织变革提供了依循和方向,赋予其新的内涵。所以,以人类命运共同体为理念、以国际交流合作为抓手、以组织变革为分析视角,探索人类命运共同理念指导下地方本科大学组织变革的内容、路径和样态,具有重要的理论和实践意义。

一、地方本科大学的困境与出路

当今世界各国相互联系、相互依存,"我们应将全人类视为一棵树,而我们自己就是一片树叶。离开这棵树,离开他人,我们无法生存。"[1]但不可持续性的发展模式导致人类面临着环境恶化、资源枯竭、公共卫生安全等一系列全球性问题。在这种全球化与逆全球化并存、人类命运一体与民粹主义共生的现实境遇下,习近平总书记提出构建以合作共赢为核心的新型国际关系,打造人类命运共同体。人类命运共同体理念的关键是通过对话协商、共建共享、合作共赢、交流互鉴、绿色低碳,建设一个持久和平、普遍安全、共同繁荣、开放包容和清洁美丽的世界。教育特别是高等教育,应依托国际化人才的培养,开展跨国界的学术研究,打破交流壁垒,促进人类文明的多样性,"以世界情怀和全球担当开阔眼界、拓宽思路,努力成为构建人类命运共同体的实践者、贡献者和先行者"。[2]

国际交流合作是大学的内在属性,贯穿大学发展始终,并随着社会发展阶段的需求呈现不同样态。在全球化发展进程中,大学承载着开展多元文化交流、促进跨文化理解、实现人类文明多样化的时代使命。2017年,

---

[1] 联合国教科文组织:《反思教育:向"全球共同利益"的理念转变?》,联合国教科文组织总部中文科译,教育科学出版社2015年版,第20页。
[2] 瞿振元:《做好新时代教育对外开放》,《中国教育报》,2018年4月10日。

国家《关于加强和改进新形势下高校思想政治工作的意见》中提出，"高校肩负着人才培养、科学研究、社会服务、文化传承创新、国际交流合作的重要使命。"[①]这标志着我国正式将国际交流合作作为大学的第五项职能，意味着国际交流合作不只是理论上的应该而且是实践上的必须，高等教育拥有了更大的发展空间，国际交流合作也从高校自身的学术追求上升为国家发展的战略要求，"是助力国家强盛、社会发展乃至世界和平的重要动力"。[②]地方本科大学在高等教育系统中起着举足轻重的作用，但长期以来该类高校在国际交流合作中仍处于边缘地位，存在交流合作的层次不高、范围有限、内涵不足等问题。动荡时代最大的危险不是动荡，而是延续过去的逻辑，面对人类命运共同体理念下的国际交流合作新职能，高校如何变革以回应复杂的环境要求，如何更好地立足自身，履行时代和国家赋予的新使命，成为其必须予以回应的课题。

大学职能的每一次演进，都伴随着内部治理结构的改变，在大学上千年的发展历程中，经历了两次大的组织变革，第一次是随着科研职能的增加，实现了教学型大学向研究型大学的转型，第二次是随着社会服务职能的增加，大学转变成教学、科研和经济发展于一体的具有企业性质的组织。[③]可见，一项新职能的增加必然要求与之相匹配的组织变革。只有通过组织特性的实质性转变，高校才能灵活地回应不断扩大和变化的社会需求和时代使命，实现可持续性发展。因为组织特性"在某种形式上决定了大学在实践中的思想开放程度……或者更进一步，是否愿意把新思想纳入自己的教学之中"。[④]所以，通过组织变革推动地方本科大学国际交流合作，

---

① 中共中央、国务院：《国务院关于加强和改进新形势下高校思想政治工作的意见》，2017-02-27. http://www.mohrss.gov.cn/SYrlzyhshbzb/dongtaixinwen/shizhengyaowen/ 201702/t20170228_267021.html. 查阅于2023年1月30日。
② 马健生等：《教育国际化政策及其实施效果的国际比较研究》，北京师范大学出版社2018年版，第1页。
③ 周光礼：《大学组织变革研究及其新进展》，《高等工程教育研究》，2012年第4期。
④ ［瑞士］吕埃格主编：《欧洲大学史：近代早期的欧洲大学：1500—1800. 第二卷》，（比）里德-西蒙斯分册主编，贺国庆等译，河北大学出版社2007年版，第69页。

践行人类命运共同体理念是一种有效的路径。

当前地方本科大学的国际交流合作存在以下问题：（1）缺乏统领性的战略规划。大多数地方本科大学的国际交流合作没有明确的理念引领，活动松散，基本依托单一部门开展国际交流合作，其他行政部门和基层院系未真正参与其中。（2）尚未形成浓厚的文化氛围。地方本科大学既忽视对理解、尊重、接纳等文化内涵的建设，又未能处理好本土文化和异域文化的关系，在国际交流合作中缺乏文化自信。（3）缺少充足的组织人员。地方本科大学往往只有少数师生外出交流学习，其他人缺乏参与积极性，同时相关人员对国际交流合作了解不足、认识不深，限制了其内涵式发展。如果按照约翰·戴维斯（Davies）提出的"特定—系统"和"中心—边缘"结构模式对地方本科大学的国际化策略进行划分，大部分属于中心—特定战略（大学中存在着高层次活动，但活动是特定的而非基于清晰的战略理念）和边缘—特定战略（大学中很少开展国际化活动，并且没有清晰的策略）。[1] 所以，通过强有力的组织变革推动地方本科大学国际交流合作成为紧迫的现实问题。

现有研究对高校国际交流合作进行了较多探讨，但"很少把它看作是一种组织文化，很少从管理的角度思考如何推动国际化进程"，[2]也较少将其放置在人类命运共同体建设的时代背景下进行审视。周密等在对我国研究型大学国际化组织现状调查基础上，借用企业组织结构理论，设计出变革型矩阵结构。[3] 马嵘等介绍了美国高校基于组织变革视角开展的全面国际化，包括组织变革的实践、资源保障等。[4] 伯顿·克拉克提炼了大学转型的五条途径，即强有力的驾驭中心、拓宽的发展外围、多元的资助基

---

[1] Davies J L, "Issues in the Development of Universities", *Strategies for Internationalization*, Instituto Politécnico De Viseu, 1998, pp68—80.
[2] 亚萨尔·孔达奇、伊莱夫·埃尔伯克：《高等教育国际化的转型：从教室到虚拟环境》，肖俊洪译，《中国远程教育》，2021年第5期。
[3] 周密、丁仕潮：《我国研究型大学国际化组织结构研究》，《中国高校科技》，2014年第4期。
[4] 马嵘、程晋宽：《美国高校的全面国际化——基于组织变革的视角》，《高等教育研究》，2019年第4期。

地、激活的学术心脏地带和整合的创业文化。[1]并进一步说明构建自力更生精神，构筑高科研强度，争取学校声誉的根深蒂固的意志是大学持续性变革的动力。[2]詹姆斯·杜德斯达（Duderstadt）提到大学组织转型必须重视环境的变化，为了适应变化的未来，需要变革使命、财政、组织和管理、文化等所有的领域，并提出领导层的努力、寻求大学社区的参与、点燃转变的火花、控制并且调整转变日程、保持住进程等步骤。[3]布瑞特（Brint）和科拉贝尔（Karabel）运用制度理论视角分析发现，美国社区学院为了扭转不利的生存状况，通过目标位移实现组织转型，进而获得制度支持。[4]伯顿·克拉克（Clark）将工作、信念和权力作为高校组织的要素，分析了组织结构如何制约变革、教育观念在国际的移植等。[5]这些都为地方本科大学的组织变革提供了参考，但面对人类命运共同体理念下国际交流合作新职能，仍有很大的研究空间。

总之，组织变革是地方本科大学国际交流合作职能的必然要求，但实践中组织变革远未引起相关人员的重视，理论中缺少对变什么、怎么变以及变后的样态等问题的深入研究。以多元共生为指向的人类命运共同体理念为地方本科大学践行国际交流合作职能、开展组织变革提供了理念引领，并使地方本科大学的国际交流合作成为新国际交流合作。

二、地方本科大学对组织变革的呼唤

地方本科大学国际交流合作不是简单的人员流动，也不是偶尔的国际

---

[1] ［美］伯顿·克拉克：《建立创业型大学 组织上转型的途径》，王承绪译，人民教育出版社2007年版，第4—6页。
[2] ［美］伯顿·克拉克：《大学的持续变革——创业型大学新案例和新概念》，王承绪译，人民教育出版社2008年版，第238页。
[3] ［美］詹姆斯·杜德斯达：《21世纪的大学》，刘彤等译，北京大学出版社2005年版，第228—231页。
[4] 转引自任玉珊：《大学组织转型研究评述》，《国家教育行政学院学报》，2008年第9期。
[5] ［美］伯顿·克拉克：《高等教育系统——学术组织的跨国研究》，王承绪等译，杭州大学出版社1994年版，第207页。

会议举办，而是国际性"与教育教学的深度融合实现对传统教育的价值重建、结构重组、流程再造、文化重构[①]"，最终塑造教育教学新形态，实现教育系统的全面改造。哈德罗·莱维特（Leavitt）指出组织变革包括任务、人员、技术和结构四个相互作用和依赖的部分。[②] 卡斯特（Kast）在系统变革模型中提到组织变革因素包括组织目标、人员、社会因素、组织结构和组织文化。[③] 借鉴这些组织理论的研究成果，尊重地方本科大学组织的文化特性，针对当前地方本科大学国际交流合作组织存在的问题，研究认为组织文化、组织结构和组织人员是地方本科大学实践新职能必须变革的三要素。因为组织文化潜移默化地影响组织结构运行和组织人员行为，组织结构通过制度和资源形塑组织文化和组织人员，组织人员推动组织结构的优化和组织文化的改进。

（一）营造美美与共的组织文化

文化以价值观、信念和态度为核心，以物质形态和活动形式为载体，通过环境、制度、仪式等多种形式发挥作用。组织文化是组织内成员共同信奉的价值观和共同遵守的规范体系。深厚的文化是组织成熟的标志，凝聚、协调和引导行为是组织文化价值的彰显。组织变革的关键是文化重塑，如此才能实现持久深远的变革，否则新行为和新态度极易随着环境的变化而退化。简·奈特就认为在国际化循环周期中，各阶段"借由整合国际化的组织文化相互连结"。[④]

"大学是一个具有深厚历史传统与文化底蕴的社会组织，大学自身的组织文化无疑形塑了大学的精神与结构"。[⑤] 文化是大学的生命底色，是大

---

① 左明章、卢强：《区域教育信息化协同推进机制创新与实践》，《中国电化教育》，2017年第1期。
② ［美］W. 沃纳·伯克：《组织变革理论和实践》，燕清联合组织译，中国劳动社会保障出版社2004年版，第157页。
③ 转引自张晓东：《规则管理与组织变革综述》，《工业技术经济》，2012年第9期。
④ ［加拿大］简·奈特：《激流中的高等教育——国际化变革与发展》，刘东风、陈巧云主译，北京大学出版社2011年版，第47页。
⑤ 阎光才：《识读大学：组织文化的视角》，教育科学出版社2002年版，第29页。

学的精神底蕴，大学之为大学，关键在于它的文化属性。人类命运共同体理念下的国际化实质是和平、发展、互利、合作、共赢等在地方本科大学中从理念到信念直至形成文化的过程。使命和战略上的变革意味着组织的文化必须被修改，如果在组织文化等未得到相应调整的情况下，匆忙推进国际交流合作，会走向为合作而合作的形式化倾向，影响交流合作的效果。但文化变革不是自然而然发生的，也不是一蹴而就的，而是一个渐进缓慢甚至艰巨的过程，需要发展一种支持变革、接受变革并勇于承担变革结果的文化氛围。

地方本科大学需营造美美与共的组织文化。人类命运共同体理念是我国传统和合文化的继承和延续，强调在尊重差异和冲突的基础上谋求共同发展，核心是和平、发展、合作、共赢。"每种文明都有其独特魅力和深厚底蕴，都是人类的精神瑰宝。不同文明要取长补短、共同进步，让文明交流互鉴成为推动人类社会进步的动力、维护世界和平的纽带"。[①] 这就要求地方本科大学在国际交流合作中采取辩证统一的教育立场，既要承认和尊重差异，又要摒弃"中心—边缘"的思维模式，平等地对待每一种文化；既要传承和创新中华文明，提升文化自信，又要尊重和借鉴异域文化，实践各美其美、美美与共的文化发展观，为人类命运共同体的构建贡献教育力量。

（二）构建自由共生的组织结构

组织结构是组织内部各机构为了实现组织目标、提高组织效率，在职责、权利和义务等方面进行分工协作所形成的构成状态和比例关系，是实现组织功能的重要载体和有效保障。组织结构的层级是否合理、幅度是否恰当、组织间权责关系是否明晰等在一定程度上影响和决定着组织的合法性和有效性。所以，组织结构调整和变革是高校落实人类命运共同体理念、承载国际交流合作新职能的必然要求。高校也需在组织结构的重构和优化

---

① 习近平：共同构建人类命运共同体，http://www.xinhuanet.com//politics/leaders/2021/01/01/c_1126936802.htm. 2023 年 1 月 28 日查阅。

中，推动教育合作、文化交流、文明互鉴，提升互利互惠、共同进步的新型国际化发展能力。

地方本科大学需要积极构建自由共生的组织结构。共同体是人类社会存在的基本方式，人类命运共同体是人类回应时代矛盾与危机的一种组织方式，是一种聚同化异思维方式的转换。这种战略性的组织方式一方面要求地方本科高校的组织机构能够打破部门、院系之间的权力之争和利益之夺，在共同目标的统领下，协同一致地推动国际交流合作全方位、多层次的开展，进而提升组织成员的归属感。另一方面地方本科大学的组织机构必须坚守学术自由，保持自身的独立性和自治性，在享有充足空间的前提下，拓展国际交流合作的内涵。地方本科大学往往通过新建组织机构和拓展现有组织机构职能两条路径优化其组织结构。新建机构是组织对待和处理新需求、新价值和新利益关系的方式之一，不仅可以摆脱惯习的影响，避免各种利益纠缠，而且更容易打破固有的边界束缚，与其他机构建立松散耦合关系。优化现有组织结构、拓展组织职能，促进组织职能的深化、转型和整合，能够避免组织间的简单重复、资源浪费和责任推诿等弊端，但也容易遭遇文化阻滞、路径依赖和人员融合等困境。

（三）造就怀华夏观世界的组织成员

推动人类命运共同体理念指导下的地方本科大学国际交流合作需要结构、文化等要素的调整，但更需要组织成员的积极态度和主体行为。他们对人类命运共同体理念的认同程度，对国际交流合作的开展意愿、理解水平和推进能力等决定着国际交流合作的过程、水平和结果。所以，新理念下地方本科大学组织变革的重点是促进成员价值观的转变、全球胜任力的提升等。但人都有惯性和惰性，如果没有建立起对变革需求强烈的紧迫感和坚强的变革意志，尤其是当变革意味着个人需要改变原有的行为模式而结果又不确定时，变革就很容易招致抵制从而走向无疾而终的结局。

大学行政性和学术性的双重结构决定了只有行政人员和学术人员的共同参与才能促进国际化的全面开展。"缺乏以变革为方向的新的管理者阶层，教授容易在老的框框中寻找安逸；缺乏教授，管理者一心想效率和效益，可能忘掉教育价值"。[①] 开展国际交流合作，行政人员不仅要熟悉国外高校的制度体制、学科专业、招生政策等，而且还要了解各国的基本情况、对外政策等，以扩大交流范围、拓宽交流领域、加深交流层次。这种复杂性要求行政工作走向专业化，"不能由从教授职位退休的业余活动者或者低薪雇佣不精通业务的人员处理[②]"。学术群体则指导学术价值变革，对学术质量负责，突破专业、院校和国家的边界与跨学科的国际同行对话，在国际社区中协作开展工作，超越本国经验，树立国际视野，融通多元文化。

地方本科大学需培养怀华夏观世界的组织成员。当今世界处于百年未有之大变局，在国家间合作可能性与冲突现实性共存的背景下，地方本科大学组织成员既要有人类命运共同体意识的世界视野和高远目光，又要具有中国特色的本土话语和家国情怀，更要有坚定的政治品性和足够的文化自信。吸收国外先进理论与经验是超越，坚守民族本色和特征是根本，在坚守与超越间，参与教育规则制定，创造学术共识，不断凝聚核心竞争力，积极提升话语权，持续扩大影响力。如果遗失了怀华夏，消解了自身的独特性，一味追随西方标准和模式，不仅得不到国际认同，而且还会带来身份危机。如果缺失了世界，沉迷于自身的狭隘性，故步自封，不仅会弱化国际贡献，而且会阻滞可持续性发展。

三、地方本科大学组织变革的路径

国际交流合作职能的落实要求地方本科大学组织文化、组织结构和组织人员等多方面的系统性变革。但如何将这些要求转化为实实在在的行动，

---

① ［美］伯顿·克拉克：《大学的持续变革——创业型大学新案例和新概念》，王承绪译，人民教育出版社2008年版，第235页。
② ［美］伯顿·克拉克：《建立创业型大学 组织上转型的途径》，王承绪译，人民教育出版社2007年版，第106页。

需要遵循"理念—制度—实践"的三重行动逻辑，以人类命运共同体理念为引领，以制度保障为依托，在尊重学术组织底部沉重特性的基础上采取底层变革策略，共同推动人类命运共同理念下地方本科大学国际交流合作的开展。

（一）贯彻人类命运共同体理念

地方本科大学的国际交流合作不仅具有学术价值，更对人类命运具有至关重要的意义，所以，要从人类命运共同体的高度、从人的价值本身出发审视地方本科大学的国际交流合作。人类命运共同体的本质追求是建设一个更加安全、美好、可持续发展的世界，"每个民族、每个国家的前途命运都紧紧联系在一起，应该风雨同舟，荣辱与共，努力把我们生于斯、长于斯的这个星球建成一个和睦的大家庭。"[1] 构建人类命运共同体也是一个尊重人的本性、高扬人的价值的过程，以人的完满发展为取向，具有强烈的人文关怀和人文引领。逆全球化的出现、中美贸易大战的升级及国家利益在新冠肺炎疫情中的凸显等，这些错综复杂的国际形势和挑战都说明只有以人类命运共同体为理念，以人类命运和人的发展为价值统摄，关注人类文明与道德义理的至高点，才能更好地促进地方本科大学的国际交流合作。

以人类命运共同体为理念，贯彻对话、尊重和包容的原则。国际交流合作既要超出政治和文化的狭隘国家立场指向普遍化，又要力图保持各国的传统和特色指向多元化，实现不同制度和文化的互学互鉴、相互包容、合作共赢和共同发展。地方本科大学在国际交流合作中既要保持平等性、自主性和民族性，又要尊重差异性，摆脱依赖性，避免西方化、美国化和同质化的潜在风险。增进不同国家和地区之间融合的广度和深度，促进文化的创新和发展。

---

[1] 习近平：《携手建设更加美好的世界——在中国共产党与世界政党高层对话会上的主旨讲话》，人民出版社2017年版，第4页。

以人类命运共同体为理念，需要超越功利化取向。开展国际交流合作既是"双一流"建设的遴选条件，又是建设成效的衡量标准。在这种背景下，要避免仅将国际交流合作视为入围"双一流"建设高校的手段，走向为交流而交流的功利化倾向。在国际上，过度商业化已成为国际交流合作的主要风险，如果只是在巨额的经济利益诱惑下去开展国际交流，必然带来学术标准的降低和"文凭磨房"与"签证工厂"的大行其道。[1] 所以，应将跨越民族疆域的文化理解和推动人类命运共同体建设作为地方本科大学国际交流合作的价值坐标和追求。

以人类命运共同体为理念，坚守大学的学术性。学术性既是地方本科大学区别于其他组织的独特之处，也是构成其开展国际交流合作的本源依据和必然要求。虽然从斯宾塞的"什么知识最有价值"到阿普尔的"谁的知识最有价值"彰显了关注学术背后主体立场的必要性，也说明学术也只有借助国家政策、经济合作等才能更好地从可能性走向现实性。但无论何时，其他因素都不能僭越学术，地方本科大学的学术底色不能动摇，学术心脏地带应该永远是学术价值观扎根最牢固的地方。

（二）完善国际交流合作制度建设

制度具有塑造、引导和规范行为的作用，科学合理的制度既是地方本科大学开展国际交流合作的基础资源，也是推动其国际交流合作的重要力量。W. 理查德·斯科特（Scott）是制度理论的代表性人物，他的《制度与组织——思想观念与物质利益》是社会学新制度主义流派的经典著作。在该书中他提到制度包括为社会生活提供稳定性和意义的规制性、规范性和文化—认知性要素，以及相关的活动与资源。[2] 基于此，从规制性、规范性和文化—认知性三方面提出地方本科大学国际交流合作的制度建议。

---

[1] 杨启光：《高等教育国际化发展的全球化视阈与战略选择》，《北京工业大学学报（社会科学版）》，2019年第3期。

[2] ［美］W. 理查德·斯科特：《制度与组织：思想观念、利益偏好与身份认同》，姚伟、王黎芳译，中国人民大学出版社2020年版，第56页。

建立健全规制性制度。规制性要素强调明确、外在的规制过程，包括设定规则、监督执行以及实施奖惩等。在国际交流合作成为地方本科大学新职能的背景下，地方本科大学要持续加大制度供给，提高自身的合法性地位。首先，因地制宜地制定本校国际交流合作的中长期发展战略，明确合作的理念、目标、范围、内容、措施、保障等，为国际交流合作提供指南。其次，结合实际创造开展国际交流合作的条件，从人力、物力等方面提供支持，保证交流的顺畅开展，如提供多元的交流项目、成立促进语言发展的协会、开设双语教学的课程、搭建介绍异国制度文化的平台等。最后，设立各类奖惩制度，明确奖惩条件和对象，完善效果评估机制等，增强自身的吸引力和对交流合作过程的规约性，提高国际交流合作的实效。

逐渐确立规范性制度。规范性制度主要通过价值观和规范引领成员认同某种行为及其标准，进而内化为组织成员对责任、义务等的共识，具有较强的社会约束力。为了推动国际交流合作的发展，地方本科大学需循序渐进地塑造一系列规范性要素并使其成为成员的行动引领。这些规范性要素概括来说主要包括相互依赖和相互补充的两方面。其一，以关注人类命运为旨归的国际交流合作是未来的必然趋势。在新的时代背景下，每个人都应在国际交流合作中，学会与他者、与异己者共处，站在人类成员的立场思考问题。其二，实现具有本土情怀的国际交流合作是当下的现实选择。在推进国际交流合作的过程中，地方本科大学要将坚守本土化特色、积极宣扬中国文化、彰显自我本真、提高国际话语权作为行动恪守。

不断丰富文化—认知性制度。文化—认知性制度以符号系统为载体，既突出行动者理解的重要价值，又强调行动者受所处文化的影响，注重行动者和结构的互动以及互动中所生成的意义。如果说规制性和规范性侧重外部制度的塑造，那么文化—认知性制度则意在强调行动者的能动性。一方面，地方本科大学可以通过多样化的宣传和动员方式，提高品牌效应和知名度，扩大国际影响力，增加对国外人员的吸引力，同时丰富在地国际化环境。另一方面，地方本科大学注重营造尊重差异的氛围，使共存共享的国际化逐渐内化为师生及管理者的价值观，成为其行动自觉，以便协同一致地推动人类命运共同体理念的落实。

总之，规制性、规范性和文化—认知性三大制度要素通过不同组合发挥作用，根据阶段任务、具体内容等，有所选择、有所侧重，共同致力于地方本科大学国际交流合作的推进。

（三）落实底层变革的国际化策略

内夫（Neave）将高校国际化合作管理分为领导推动型和基层单位推动型两种模式。[①] 地方本科大学作为一个底部沉重的组织，只有基层院系和人员的参与，组织变革才能真正发生，也才能实现长效和常态化的发展，并且需要始终保持高等教育的价值底色。所以，必须激活基层学术组织的活力，否则地方本科大学国际交流合作就成了无源之水、无本之木。

首先，更新课程体系。人类命运共同体理念下的地方本科大学课程体系，要将培养具有人类情怀、精通国际规则、具备跨文化理解力和适应力、能够参与国际事务的全球公民等融入课程目标中。围绕该目标，院系、学科、专业等须在结合自身特点基础上加强跨学科合作，将国际化人才培养纳入课程体系、融入教学过程、转化为教学评价标准，将国际性渗透到教学、科研的全过程中。从质量和特色两个维度着眼，在质量方面，争取与世界接轨，参照国际标准，达到国际水平，为学分互认、学位互授、合作办学、职业资格一体化合作等奠定基础。在特色方面，一是培植体现本土特色的课程体系，把民族的变成世界的。二是开发聚焦全球问题的课程，体现对人类命运共同体的关照。当然在这个过程中，还有很多问题需要进一步探讨、细化才能转化为实践，如课程如何开发、谁来开发、实施人员的能力和素质如何培养、如何在国际化和本土化之间保持平衡等。

其次，充分利用在线教育。数字化时代的技术变革为新国际交流合作提供了更广阔的发展空间。2020 年席卷全球的新冠肺炎疫情，使在线教育成为

---

① 转引自袁琳，袁利平：《西方高等教育国际化策略模型述评》，《现代远距离教育》，2012 年第 3 期。

地方本科大学实践人类命运共同体理念的工具载体和价值当担，凸显了在线教育对人类生存及发展的必要性和重要性。所以，地方本科大学要充分利用大型开放式网络课程（MOOCs）、在线远程教育等互联网技术拓宽国际交流合作的空间，丰富教学科研的形式。基层学术组织一方面要搭建技术平台，设计开发课程，建立广泛的协作关系，促进知识的广泛传播。另一方面要加强对网络教育资源的鉴别、选择和监管，提供质量保障。当然，这种虚拟的国际化面临的最大问题是对文化交流的阻碍和潜移默化影响的弱化。因此，应努力将线上线下交流相结合，提供一定的在地国际化体验，实现优势互补。

四、地方本科大学组织变革的新样态

国际交流合作中组织的应然样态既是地方本科大学行动的指引也是其追求的远景，在分析了高校组织变革三个要素的基础上，结合可采取的三重行动路径，绘出地方本科大学在新国际交流合作中组织变革的新样态。

（一）双循环的国际交流合作系统

2020年，我国首次提出要深化供给侧结构性改革，充分发挥我国超大规模市场优势和内需潜力，构建国内国际双循环相互促进的新发展格局。双循环的目的是利用好国际国内两个市场、两种资源，实现更强劲持续的发展，与人类命运共同体具有内在的一致性。人类命运共同体是双循环的价值追求，双循环是实现人类命运共同体的主要路径。地方本科大学的国际交流合作应以国内和国际为思考维度，推进系统性变革，参与到国内国际双循环中。在国内大循环中，与经济、政治、文化等系统实现良性互动，通过人才培养和科学研究，推动产业升级、加强科技交流等，增加社会服务能力。在国际循环中，"参与人类命运共同体建设，加强国际依存和联系，共同面对国际秩序和人类生存与安全挑战"[①]。在国内国际双循环中，一方面

[①] 别敦荣：《"双循环"视角下中国高等教育普及化发展的意义》《中国高教研究》，2021年第5期。

明确地方本科大学国际交流合作的国家性，超越教育视野和学术发展，赋予其提升国家竞争力的时代内涵。另一方面，尊重大学内在的国际性，"超越性和普遍主义，构成大学的内在精神气质；大学这一内在精神气质向外释放，必然生成世界性、全球性和国际性的人类视野和人类愿景。"[①] 在国内与国际的发展张力中，立足本土需要，彰显自身特点，改变依赖心态，建立多边关系，从新的空间获得发展所不可缺少的资源，逐步实现从跟跑到并跑再到领跑的转变。

（二）浸润式的国际交流合作文化

如果地方本科大学不能将国际交流合作转化和渗透为其组织文化，则难以形成其跨文化素养和提升其交流合作能力，如果这种渗透不是渐进的，则难以内化为其组织成员的行为习惯和日常的实践感。所以，只有把浸润式的国际交流合作文化融入各项工作中，地方本科大学才能进一步明了国际化的重要意义、扩大交流范围、提高交流频率、拓展交流深度，在对标国际标准、参与国际对话、融入国际舞台的过程中，提升国际化水平。最终国际交流合作成为地方本科大学组织的文化性格和精神气质，内化为成员的自觉意识和自为行动。地方本科大学在潜移默化的文化浸润中，形成精神引领、制度保障和物质载体三位一体的国际化格局；在持续不断的文化涵养中，形成创设情境、主动参与、提升能力环环相扣的国际化过程。

（三）矩阵式的国际交流合作结构

国际交流合作转变为全校的统一行动指南，打破单一机构负责的孤立化状态或条块分割、各自为政的分散境况，形成纵向有衔接、横向有沟通的"立交桥式"的结构体系。从纵向上看，以促进国际交流合作为主线，加强学校和院系的有机联系，学校落实强有力的领导地位，加强对国际化

---

① 汪明义：《大学理应成为构建人类命运共同体的中流砥柱》，《探索与争鸣》，2019年第9期。

环境的适应能力，实现管理、服务和支持发展于一体的综合性治理模式；院系发挥学术基地的核心地位，不断提升在国际舞台上的话语权，体现高校学术性和文化性的本质属性。从横向上看，各机构在各司其职的基础上不断加强沟通和合作，实现边界渗透，延伸服务范围、提升服务能力、拓展服务职能，共同保障国际交流合作所需的人力、财力、物力，促进连贯性和互通性。纵横交错的国际交流合作协调机制和联动工作网络层层递进、合理衔接、突破边界，实现短期和长期、灵活和稳定、学术和行政相互支持和促进的多重效应，推动国际交流合作向纵深拓展。

（四）超越性的国际交流合作成员

人类命运共同体理念具有深刻的伦理意蕴，强调全人类的共生、共享、共赢，最终指向每一个成员的自由全面发展。在该理念指导下，地方本科大学全体人员都能站在人类命运共同体的高度，超越国家、民族的身份限制，靠人与人之间休戚与共、生死相依的命运感联系在一起。在国际交流合作中都能超越意识形态与制度差异，自觉地树立国际视野、培养国际意识、提高国际能力，与国际规范、国际标准接轨，通过深化交流、增进理解，在差异中实现共生共荣。在人的整全发展价值的统摄下，组织成员既能超越当下的现实存在，在面向未来中走向理想的境界；也能超越物质的功利性需求，在对精神生命的追求中，彰显生命觉醒的力量，从自在走向自为最终走向生命的自觉。具有超越性的组织成员在实现人的本质过程中，推动人类命运共同体理念在国际交流合作中走向现实。

第 3 节 跨国合作办学培育时代新人

伴随着世界教育一体化进程的深入发展，高等教育国际交流与合作日益繁荣，形成了以中外合作办学、师生与管理者交流、学位互认、国际科研合作、多种项目多边合作为主要内容的发展模式，积极开展跨境教育与合作办学，已经成为提升人才培养质量和促进高等教育国际化的重要手段[①]。中外合作办学作为高等教育国际交流与合作的重要内容与实践载体之一，开展形式多样的中外合作办学机构与项目活动是提升高校国际化水平的重要路径。1995 年 1 月，原国家教委发布的《中外合作办学暂行规定》中，首次明确允许外国法人组织、个人和有关国际组织与我国具有法人资格的教育机构及其他社会组织举办合作办学机构或者项目，极大地促进了我国高校中外合作办学机构以及以本科生、研究生等为办学层次的合作办学专业项目兴起与发展。

当前我国高等教育国际交流与合作的主体逐渐从政府主导向政府引导、高校主导转变，高校成为我国推动高等教育国际交流与合作的主力军[②]。2017 年 9 月 21 日，教育部、财政部、国家发展改革委联合确定的首批 42 所世界一流大学建设高校，是国家加快建设高等教育强国的宏观战略体现，旨在提升这些高校人才培养、科研创新的国际化水平，增强一流大学对国家经济社会改革与发展的引领性与贡献力。国际化作为世界一流大学建设的重要路径，我国 42 所首批世界一流大学建设高校作为国内高水平研究型、创新型大学的杰出代表，中外合作办学历史起步较早、发展基础较好、综合水平较高，对其进行研究，有助于窥探我国高校中外合作办学发展状况。

近年来，机构支持与项目活动是高等教育国际化的重要组成部分[③]，加强合作办学机构和专业项目建设，是提升大学办学组织管理与教育教学国际化水平的重要载体。根据中外合作办学机构的性质，可以将其分为独立设置的机构与不具有独立法人资格的机构两种类型。其中，独立设置的中

[①] 杨明全：《基础教育国际化：背景、概念与实践策略》，《全球教育展望》，2019 年第 2 期。
[②] 朱飞：《地方普通本科院校高等教育国际交流与合作发展的问题与策略》，《重庆高教研究》，2015 年第 2 期。
[③] 陆根书、康卉：《我国"985 工程"大学高等教育国际化政策分析》，《高等工程教育研究》，2015 年第 1 期。

外合作办学机构作为中外合作方共同协商创办的具有法人资格的教育机构，享有独立的办学自主权，与主办方高校相对独立发展；而不具有独立法人资格的机构一般设置在某高校内部，表现为中外合作学院、研究生院、研究中心等机构，其中外合作办学机构与专业项目存在并运行于高校内部，进而对所在高校的人才培养、科学研究、国际交流与合作等方面办学水平与能力建设发挥着重要的推动作用。

然而，通过文献梳理发现，国内学界研究成果较少针对我国不具有独立法人资格的合作办学机构和教育项目实际情况的调查研究，只是提及其总体数量与整体状况，较少深入细致地对不同类型高校进行院校研究，不利于提高研究的针对性与实效性。因此，我国 42 所世界一流大学建设高校的中外合作办学实践活动具有相当高的研究价值，通过对这些高校国际化办学实践活动的研究，探索跨国合作办学的价值理性与行动规律，从而指导地方本科大学构建跨国联合办学的价值目标与行动模式。

一、我国高校参与中外合作办学的情况

我国目前的中外合作办学模式大多数是不具有独立法人资格的中外合作办学机构（以下简称为中外合作办学机构），多表现为二级学院的形式[①]，并以国内合作高校直接管理为主，成为高校国际化合作办学的主要形式。

（一）参与中外合作办学机构的高校情况

在我国 42 所首批世界一流大学建设高校中，15 所高校与 31 所国外高校合作创办了 24 所存在于校内的中外合作办学机构。从外国高校参与合作办学机构的国别类型来看，这 31 所国外高校所属的国家分别是：法国 12 所，美国 4 所，英国 4 所，加拿大 4 所，澳大利亚 2 所，荷兰 1 所，芬兰 1 所，德国 1 所，白俄罗斯 1 所，日本 1 所。可见，我国 15 所首批世界一

---

① 彭未名：《国际教育交流与管理》，华南理工大学出版社 2007 年版，第 79 页。

流大学建设高校与法国合作办学数量最多,大约占总数的39%,显示了我国与法国政府、高校良好的合作交流关系。其次是美国、英国等欧美发达国家,以及东欧、日本等地区国家,说明了我国高校注重与发达国家高校积极开展国际合作办学,实现取长补短、合作共赢,提升自身办学水平。

表1 24所中外合作办学机构的组建模式情况表

合作组建模式类型	特　　点	合作办学高校案例
国内外高校之间"1对1"组建模式	强调双边对等合作共建,以特色专业和新兴专业为合作基点,机构名称融合了中外两方高校的校名、专业名称、办学学位层次等方面,明确办学特色。	南开大学与英国格拉斯哥大学成立南开大学格拉斯哥大学联合研究生院。
		山东大学与澳大利亚国立大学成立山东大学澳国立联合理学院。
		华中科技大学与法国国立巴黎高等矿业学校成立华中科技大学中欧清洁与可再生能源学院。

合作组建模式类型	特　　点	合作办学高校案例
国内外高校之间"1对多"组建模式	强调多边合作共建,以特色专业为载体进行国际办学合作,体现行业职业人才培养特色,体现合作办学机构的办学特色。组建一所或多所合作办学机构,校名取自中方与外方高校名字,从国别、专业职业特色、办学层次等方面进行命名。	吉林大学莱姆顿学院由吉林大学与美国诺斯伍德大学、加拿大纽芬兰纪念大学、加拿大莱姆顿应用技术学院、加拿大北大西洋学院、加拿大凯波·布兰顿大学等五所高校合作组建。
		北京航空航天大学中法工程师学院由北京航空航天大学与法国巴黎中央理工大学、里尔中央理工大学、里昂中央理工大学、南特中央理工大学等四所高校组建。
		大连理工大学与三所外国高校成立了三所合作办学机构,分别是:与日本立命馆大学成立大连理工大学立命馆大学国际信息与软件学院,与白俄罗斯国立大学成立大连理工大学白俄罗斯国立大学联合学院,与英国莱斯特大学成立大连理工大学莱斯特国际学院。

表1（续）

合作组建模式类型	特　点	合作办学高校案例
国内高校与1所国外社会机构"1对1"组建模式	充分利用国外社会机构的优质资源与力量，开展多种形式的国际合作办学，创新高校与国外社会机构联合办学的类型与形式。	同济大学中德学院由同济大学与德意志学术交流中心合作共建。
		上海交通大学中欧国际工商学院由上海交通大学与比利时欧洲管理发展基金会合作共建。

加大国内外高校之间的校际合作，不断创新合作组建模式，有利于推进高校国际化向更深、更广的层面发展。[①] 当前，24所中外合作办学机构的组建模式有以下三种类型：

由上表可见，高校中外合作办学机构的组建模式呈现多元化的特点，究竟采用"1对1"还是"1对多"的形式进行组建，主要考虑国内外高校合作办学的基础、意向与需求。对于我国高校来说，国际化办学要紧密结合自身办学现状，注重传统专业与新兴交叉学科专业的双元发展，并要根据行业职业岗位需求特点，打造不同类型特色的合作办学机构，不断提升合作办学的质量与水平。

（二）中外合作办学机构的办学层次

表2　24所中外合作办学机构的办学层次情况表

单位：个

中外合作办学机构办学层次	数量
本科层次	16
硕士研究生层次	15
博士研究生层次	5
本科、硕士研究生、博士研究生层次三者兼有	4

[①] 陆小兵、王文军、钱小龙：《"双一流"战略背景下我国高等教育国际化发展反思》，《高校教育管理》，2018年第1期。

表2（续） 单位：个

中外合作办学机构办学层次	数量
兼有本科、硕士研究生层次	8
兼有硕士研究生、博士研究生层次	5
兼有本科、专科教育	2
专科教育	1
非学历教育	2

高水准的本科层次和研究生教育是建设世界一流大学的重要前提条件和基本要求，本科和研究生教育成为中外合作办学机构的主要办学层次类型。

由上表可见，24所中外合作办学机构的办学层次和类别具有多样化、多层次、交叉性的特点，注重不同办学形式的兼容性。其中，开展本科层次的机构有16所；开展硕士研究生层次的机构有15所；说明开展本科、硕士研究生层次是这些高校合作办学机构的主要内容。开展博士研究生层次的机构有5所；说明一些高校开展高层次学位合作教育，进行研究型人才国际化培养工作。另外，在这些机构中，兼有本科、硕士研究生、博士研究生层次的机构数量较少，仅有4所；兼有本科、硕士研究生层次的机构8所；兼有硕士研究生、博士研究生层次的机构有5所；说明一些高校注重本硕博教育的系统化国际合作办学，但是，本硕博一体化机构数量仍待提高。此外，开展本科与专科教育的机构有2所；开展专科教育的机构有1所；开展非学历教育的机构有2所；说明一些高校开展职业教育、职业技能培训、社会服务等方面工作，注重多元化办学。

（三）中外合作办学机构的专业分布

专业作为人才培养的基本载体，是中外合作办学的重要内容之一，也成为高校国际化办学的着力点。

表3 24所中外合作办学机构的学历学位专业分布情况表

单位：个

本科		硕士研究生		博士研究生	
专业类别	专业数量	专业类别	专业数量	专业类别	专业数量
工 学	36	工 学	36	工 学	24
理 学	9	经济学	4	医 学	3
管理学	2	艺术学	3	经济学	2
医 学	1	管理学	3		
		医 学	2		
		文 学	2		
		理 学	1		
		法 学	1		
总计	49		52		29

由此表可见，24所中外合作办学机构开设的本科、硕士研究生、博士研究生三类学位专业的总数为130个，分别为：49、52、29个。可见，硕士研究生专业合作办学数量最多，重视程度最高，涉及8个学科类别，博士研究生专业合作数量和专业类别最少。三类学位专业的数量差异不太大，反映了中外合作办学机构开设的专业学位层次具有系统连贯性、高层次性的特点。

三个学位层次合作办学专业类别最多的学科均是工学，说明工学合作办学的基础、条件与需求较好。其次是本科的理学专业较多，硕士研究生专业类别的经济学、艺术学、管理学较多，博士研究生专业涉及医学与经济学专业，说明本科层次重视理学基础学科合作办学，研究生教育重视社会科学与医学合作办学。从合作办学的学科专业方面来看，专业设置比较全面，涵盖了9个学科，显示中外合作办学机构实现了开放式、多领域办学，有利于提升国际化办学水平。调查发现，这些专业既有基础学科专业，也有交叉应用新兴交叉学科专业；既有理工学科专业，也有人文社会科学专业，显示了中外合作办学的最新进展成就与趋势。但是，并未涉及哲学、教育学、历史学 3 个学科的专业国际合作办学，说明文史哲类学科专业合作办学受到国别地域文化差异的影响。

另外，24 所中外合作办学机构的合作办学也涉及少量的专科，开设理工科和管理服务类文科专业，以及职业培训课程，说明一些世界一流大学建设高校也关注专科职业技术技能培训教育，实现学术型与技能型人才的多元化培养。

（四）我国 42 所世界一流大学建设高校合作办学专业项目

在这 42 所高校中，有 38 所高校开展中外合作办学项目，而中国科学技术大学、国防科技大学、湖南大学、新疆大学等 4 所高校没有中外合作办学专业项目，说明多数高校重视中外合作办学专业项目建设，少数高校则相对滞后。

38 所高校开展的中外合作办学专业项目是与国外 20 个国家的 99 所高校开展合作，这些国外高校分布情况为：美国 29 所，法国 14 所，澳大利亚 11 所，加拿大 9 所，英国 7 所，意大利 6 所，德国 4 所，新加坡 4 所，爱尔兰 3 所，波兰 2 所，日本 1 所，俄罗斯 1 所，白俄罗斯 1 所，新西兰 1 所，泰国 1 所，瑞典 1 所，葡萄牙 1 所，荷兰 1 所，挪威 1 所，比利时 1 所。从这些合作办学专业项目的国家类型来看，以欧美地区发达国家为主，与美国合作办学数量最多，占总数的近三分之一，也有少量与东欧、亚洲的日本与泰国等国家的合作办学项目，说明了合作办学国家的高等教育发达程度、地缘因素、高校之间互补性是影响中外合作办学项目发展的主要因素。

目前，38 所高校开展中外合作办学专业项目均采用一所国内高校与一所国外高校合作举办的形式，即"1 对 1"的模式，其合作办学专业的项目总数为 108 个。其中，本科、硕士、博士学位项目的数量分别为：58、41、6 个，这说明本科、硕士学位教育是中外合作办学的主要项目，有条件的高校也开展少量的博士专业项目，有利于提升国际化办学层次和人才培养水平。

首先，本科专业项目合作办学情况。专业是人才培养的基本单元，统计发现，58个本科专业项目由25所高校开设，其专业数量排序靠前的是：机械设计制造及其自动化专业5个、金融学专业4个、计算机科学与技术专业3个、材料科学与工程专业3个、会计学专业3个、建筑学专业2个、土木工程专业2个、经济学专业2个、国际经济与贸易专业2个、机械工程专业2个，其余21个专业数量均为1个，这些专业涉及工学、经济学、管理学、理学、艺术学、医学、文学、法学8个学科。统计发现，在这些本科专业项目涉及学科数量中，工学专业数量领域最多，达到31个，占总数的53%，成为中外合作办学专业项目的主要学科，显示了工学合作办学的可行性与需求性。其次是经济学、管理学学科分别为8个和6个，随后是理学、艺术学、医学、文学和法学等学科的少数专业，反映了这些高校多学科领域的合作办学。

表4　58个本科专业项目分布情况表

高校名称	数量/个	涉及专业分布数量情况
郑州大学	13	机械工程及自动化专业、材料科学与工程专业、护理学专业、广播电视新闻学专业、音乐表演专业、化学专业、经济学专业、应用心理学专业、机械工程专业、计算机科学与技术专业、通信工程专业、电子信息工程专业、土木工程专业，各1个
北京理工大学	4	国际经济专业1个、会计学专业2个、电子工程专业1个
中国农业大学	3	国际经济与贸易专业、传播学专业、农林经济管理专业，各1个
北京师范大学	3	金融学专业、视觉传达设计专业、数字媒体技术专业，各1个

表4（续）

高校名称	数量/个	涉及专业分布数量情况
同济大学	3	电子信息工程专业、机械设计制造及其自动化专业、自动化专业，各1个
浙江大学	3	金融学专业2个、国际经济与贸易专业1个
山东大学	3	机械设计制造及其自动化专业、计算机科学与技术专业、金融学专业，各1个
云南大学	3	物流管理专业、视觉传达设计专业、环境设计专业，各1个
厦门大学	2	会计学专业、金融学专业，各1个
中国海洋大学	2	海洋科学专业、法学专业，各1个
南开大学	2	电子商务专业、国际会计专业，各1个
中南大学	2	材料科学与工程专业、土木工程专业，各1个
重庆大学	2	机械设计制造及其自动化专业、电气工程及其自动化专业，各1个
东北大学	2	材料科学与工程专业、生物医学工程专业，各1个
中央民族大学	1	环境科学专业
天津大学	1	建筑学（风景园林）专业
大连理工大学	1	机械设计制造及其自动化专业
哈尔滨工业大学	1	电气工程及其自动化专业
武汉大学	1	建筑学专业
华南理工大学	1	宝石及材料工艺学专业
电子科技大学	1	电子信息工程专业
兰州大学	1	计算机科学与技术专业
吉林大学	1	物理学专业
上海交通大学	1	临床医学专业
西北农林科技大学	1	食品科学与工程专业

由上表可见，在 25 所高校的 58 个本科专业项目中，郑州大学本科专业合作项目数量最多，达到 13 个，遥遥领先于其他 24 所高校。郑州大学这些本科专业包括 7 个工科专业、2 个理科专业，医学、文学、艺术学、经济学专业各 1 个，涉及 6 个学科，说明该校注重加强多学科领域的合作办学。

本科专业项目数量排在第二的是拥有 4 个本科专业的北京理工大学，排在第三的是中国农业大学、北京师范大学等 6 所高校的 3 个专业项目，厦门大学、中国海洋大学等 6 所高校的专业项目数量均为 2 个，其他 11 所高校合作项目数量仅为 1 个，显示了这些高校合作项目数量较少，且合作领域较为单一。其中，一些高校专业项目与自身办学特色相联系，如中国农业大学农林经济管理专业、中国海洋大学海洋科学专业等，有助于促进这些行业型高校的特色发展。

其次，硕士专业项目合作办学情况。国内 19 所高校与国外高校合作举办了 41 个硕士专业项目，涉及学科数量情况是：管理学 24 个，经济学 4 个，工学 10 个，医学 1 个，法学 1 个，教育学 1 个。可见，管理学学科的专业数量最多，在 44 个专业项目中占比达到 58%，注重管理学学科内部传承发展以及与其他学科专业领域的交叉融合式创新发展。其中，工商管理专业数量 16 个，其余为科技与创新管理、财务管理、企业管理（金融工程）、市场营销（精品品牌管理方向）、航空管理（机场管理）、工程管理（全球供应链领袖）、艺术管理、会计等领域专业等。

工学 10 个专业包括软件工程专业与建筑学专业（含城市设计、古迹与遗址保护专业）各 2 个，集成电路工程、电子与计算机工程、水安全、信息科学、电动汽车与车辆电气化、生物医学工程—神经科学等各 1 个，这些专业体现传统工程专业与新兴交叉学科专业统筹发展的特点。

4 个经济学专业包括应用金融、数量金融、西方经济学、金融学专业各 1 个，体现了服务金融经济发展的功能。其余为医学、法学与教育学学科领域的 3 个专业，既有传统的具有较强社会需求的法学与护理学专业，也有教育学与管理学交叉融合发展的前沿学科专业——职业教育与人力资源开发，体现了中外合作办学专业的应用性与创新性。

表5 41个硕士专业项目分布情况表

高校名称	数量/个	涉及专业分布数量情况
清华大学	9	管理、法学、应用金融、工商管理、工程管理（全球供应链领袖）、航空管理（机场管理）、工商管理（航空管理）、艺术管理、会计，各1个
上海交通大学	5	工商管理4个、数量金融1个
北京大学	3	工商管理、西方经济学、企业管理（金融工程），各1个
北京理工大学	3	信息科学、职业教育与人力资源开发、电动汽车与车辆电气化，各1个
电子科技大学	3	工商管理、集成电路工程、生物医学工程—神经科学，各1个
西安交通大学	3	工商管理、财务管理、建筑学（古迹与遗址保护方向），各1个
复旦大学	2	工商管理2个
同济大学	2	工商管理、国际工商管理，各1个
中国人民大学	1	金融学
北京师范大学	1	水安全
天津大学	1	电子与计算机工程
华东师范大学	1	市场营销（精品品牌管理方向）
南京大学	1	工商管理
浙江大学	1	工商管理
武汉大学	1	软件工程
中南大学	1	护理学
中山大学	1	工商管理
华南理工大学	1	建筑学（城市设计方向）
东北大学	1	软件工程

可见，清华大学在 19 所世界一流大学建设高校中，硕士专业项目数量最多，达到 9 个。其中，7 个为管理学相关领域的硕士，法学硕士、应用金融硕士共计 2 个专业。上海交通大学的 5 个硕士专业项目总数排在第二，主要在管理学与经济学方面开展合作办学。专业项目总数排在第三的是北京大学、北京理工大学等 4 所高校拥有的 3 个项目，专业集中在经济学、教育学、管理学、工学等学科。复旦大学和同济大学均有 2 个工商管理硕士合作办学项目，中国人民大学、北京师范大学等 11 所高校均有 1 个硕士办学项目，涉及经济学、工学、管理学、医学等学科专业，反映了这些专业围绕经济社会发展需要开展应用型合作办学。

此外，6 个博士学位项目分布在 5 所大学，分别是上海交通大学 2 个博士项目，清华大学、中山大学、重庆大学和电子科技大学各 1 个博士项目，学科专业类型为 2 个管理学博士、2 个工商管理博士、1 个医学教育博士和 1 个公共卫生博士，说明管理学学科的博士学位教育是中外合作办学专业的主体，医学教育和公共卫生两个交叉学科也是中外合作办学的新兴专业领域。

二、我国高校参与跨国联合办学的特征

中外合作办学机构是实施国际合作办学的重要载体，合作办学专业项目是高校国际化重要的观测指标项之一[①]，中外合作办学机构与项目是一流大学国际化办学纵深发展的重要载体。然而，从合作办学机构与专业项目的数量来看，我国 42 所世界一流大学建设高校对中外合作办学机构建设的重视力度不够，中外合作办学专业项目呈现个体化、独立性发展的态势。虽然，近 90% 的高校重视中外合作办学专业项目建设，但是仅有 36% 的高校设立了合作办学机构。

从中外合作办学机构可以开设的专业与实际开设的合作办学专业在所

---

① 杨昆蓉：《大学国际化基本趋势及评价研究述评》，《世界教育信息》，2013 年第 22 期。

属学科类型、学位层次类型来看，数量排名第一的学科有变化，其他合作办学学科数量排序总体变化不大，说明合作的学科专业领域比较集中。在合作办学机构可以开设的专业总数中，工学学科最多，其次是理学、经济学、艺术学、管理学、文学、医学、法学 7 个学科。在实际开设的合作办学专业总数中，管理学最多，其次是工学、经济学、理学、艺术学、医学、文学、法学、教育学 8 个学科。

从三类办学层次来看，在本科专业上，合作办学机构可以开设的专业，涉及 4 个学科门类（工学、理学、管理学、医学），而实际开设了 8 个学科门类（工学、经济学、管理学、理学、艺术学、医学、文学、法学），说明实际开设的学科门类较多。在硕士专业上，合作办学机构可以开设的专业，涉及 8 个学科门类（工学、经济学、艺术学、管理学、医学、文学、理学、法学），而实际开展了 6 个学科门类（管理学、工学、经济学、法学、医学、教育学），说明实际开设的学科门类数量有所缩小，新增教育学学科。在博士专业上，合作办学机构可以开设的专业，涉及 3 个学科门类（工学、医学、经济学），而实际开设了 2 个学科门类（管理学、医学），只有医学未变，二者学科类别出现差异，相关性降低。

从中外合作办学机构可以开设的专业与实际开设的专业学位层次类型与数量来看，二者呈现不对应性的关系，只有本科专业实际开设的 58 个专业，多于合作办学机构可以开设的 49 个专业，而实际开设的硕士、博士专业项目数量相对较少。例如，通过将 5 所高校开设的 6 个博士专业项目与其中外合作办学机构可以开设的专业对比发现，二者呈现不相关的关系。调查发现，有的高校专业合作项目依托中外合作办学机构开展，也有的高校专业合作项目不依托这些机构而相对独立开展，中外合作办学机构并未充分发挥其作为专业运行载体的功能，二者之间的关系呈现相对松散性与不相关的问题。

三、地方本科大学跨国合作办学的举措

国际化的立场、实践和身份,是一所高校国际化的标志性要素[1],也是推动高校国际化改革与发展的重要举措。作为我国政府确定的首批42所世界一流大学建设高校,其中外合作办学机构与项目不仅要与国际一流水准的高校"形似""神似",更要有自己独特的"基因"与"灵魂"[2],着力打造中国特色、世界一流的中外合作办学机构与专业项目。在此基础上,中国地方本科大学国际化中,还要体现出地方的特性,具体来说地方本科大学跨国合作办学要立足地方社会、体现中国特色、比肩国际水平,创建有效的中外合作办学模式。

(一)统筹规划设计中外合作办学机构建设与专业项目建设

中外合作办学是将国内外教育教学理念、资源与举措相互融通的结合体,中外合作办学机构与专业项目是推进高校国际化战略性谋划与系统性实施的重要载体,也是我国高校办学理念更新、教学改革、科研合作、科技创新、资源配置实施的有效平台。然而,从我国42所世界一流大学建设高校的跨国合作办学的实践经验来看,高校中外合作办学机构或开展合作办学的专业项目不足。同时,研究发现,中外合作办学机构可以开设的专业与实际开设的专业项目存在关联性不高的问题,由此反映了中外合作办学机构与专业项目在规划设计、实践运行等也方面存在一定的偏差,合作办学在理念、内容、方式、质量、管理与评价等方面存在一些问题,导致实际运行效果不理想,并未充分发挥以合作办学机构推进合作办学项目发展的积极作用。因此,中外合作办学机构和项目的有效供给不能满足潜在

---

[1] 黄英杰:《论地方本科大学国际化的理据、路径及效果》,《国家教育行政学院学报》,2017年第9期。

[2] 袁本涛、潘一林:《高等教育国际化与世界一流大学建设:清华大学的案例》,《高等教育研究》,2009年第9期。

的教育需求，迫切需要加强中外合作办学供给侧改革[①]，深化中外合作办学机构和项目一体化改革与发展进程。

为了不断提升中外合作办学机构与专业项目的运行质量，我国地方本科大学要吸取经验教训，切实加强中外合作办学机构和专业项目的实体化和专业化，增进对外交流与合作，科学规范中外合作办学活动，明确中外合作办学机构在合作办学过程中的组织管理、载体推动、质量保障作用，完善合作办学管理体制与运行机制。要建立中外合作办学多主体的协商机制，注重质量监控、保障与持续改进体系建设，不断提升国际化合作办学的管理水平与综合效益。

（二）对标性引入国外高校优质教育资源

从我国42所世界一流大学建设高校中外合作办学机构与合作办学专业项目的外方参与高校类型来看，外方合作高校的知名度与办学水平并非完全是国际知名高校，没有与哈佛大学、牛津大学、东京大学等世界一流大学的国际交流与合作，即我国这些一流大学国际化办学并非真正是国际优质高校教育资源的大量有效引入与合作。然而，我国政府和高校设立中外合作办学机构的初衷是引入国外高水平、互补性的教育资源和办学模式[②]，这就需要我们重新审视中外合作办学机构对象选取、标准设定、运行体系和质量保障等活动。地方本科大学合作对象的选择以及教育资源、办学模式的引入也应遵循一定的目标指导。地方本科大学的地方性决定了自身的应用性特征，因而，它们在跨国合作办学中要从城市产业结构、城市人文与地理环境、大学学科优势等角度出发，对标性地选取合作对象，重点学习国外大学在推动城市产业、人文、政治、生态等方面发展的经验，在服务从城市、学科发展、专业人才培养上合作创新，通过学校的合作来拉动城市间的合作。

[①] 薛二勇：《中外合作办学改革和发展的政策分析》，《中国高教研究》，2017年第2期。
[②] 朱飞、黄英杰、孟娇：《基于五个维度的大学国际化发展探析》，《黑龙江高教研究》，2019年第2期。

高校办学国际化具有双向性和两面性，所谓双向性就是双方都有需要和意愿，所谓两面性就是通过合作达到或未能达到目标[①]。寻找利益汇合点，实现互利共赢，应是国际合作办学的最终目标。对此，地方本科大学应进一步明确中外合作办学方向，加大国外优质教育资源的引进力度：结合自身以及大学所在城市的特点，将具有城校共建示范性和行业特色性的应用型高校等为主要合作对象，选择自身优势或弱势学科专业与国外高校进行强强联合、强弱互补性合作，充分发挥合作办学机构的基地辐射带动作用，统筹不同学位层次的专业合作项目，培养国际化复合型人才。充分借鉴与引入国外示范性高校先进、成熟、可取的教育教学理念、学科专业设置、课程设置、人才培养方案、教学内容、教学方式、教学手段、教材选取、师资配备、教育教学管理经验等方面，并注重消化吸引与转化应用，促进合作办学管理体制与运行机制的不断优化，实现中外合作办学机构和项目的本土化、特色性发展。

（三）加强合作办学专业项目规划设计与实践运行

近些年来，专业是中外合作办学项目的重要载体，也是人才培养、科学研究、师资队伍等方面国际化建设的汇合点，已经成为教育部加强中外合作办学项目监管的重要着力点。然而，在我国 42 所世界一流大学建设高校的一流大学建设方案或国际化规划建设中，较少提及国际合作办学的专业建设与质量监控保障建设，对专业建设规划、专业结构的优化调整重视力度不够，也就很难保障高校国际化办学效益与综合水平。

中外合作办学专业建设是推动大学发展与人才培养的重要落脚点，地方本科大学应高度重视合作办学专业项目建设对学校改革与发展的基础性、辐射性功能，统筹规划专业建设进程与效果监控。以开展本科生层次为主的合作教育，注重理论与实践相结合的一体化国际合作办学，提高人

---

① 沃国成：《高等教育国际化背景中推进上海大学国际化办学的对策与思考》，《上海大学学报》（社会科学版），2006 年第 5 期。

才培养系统性与针对性。尤其是要加强专业核心要素体系建设，从培养目标与规格、课程设置体系、培养内容与方式、师资队伍建设、教学条件保障、教学管理运行等方面着手，结合国家和地方经济社会发展需要、国内外交叉学科专业与行业职业新兴发展领域的需求与趋势，以及高校自身学科专业基础、专业优势、社会需求与发展趋势，科学论证设置或调整中外合作办学机构与专业，推动国内高校相关学科专业的改革与创新发展，打造新兴特色学科专业。在学科专业类型上，既要加强经济社会发展需求量大的工学、经济学等学科专业建设，也要加强基础学科专业合作办学，更好地促进基础与应用学科专业的国际化发展，推进有国际适应能力的应用型人才培养、科学研究、社会服务等职能的实现，在多层次、宽领域提升国际合作交流的层次和水平，提升我国高等教育的国际影响力和竞争力。[①]

---

① 赵显通：《"全球国家地方"模式：缘起、内涵与评价——兼论对重庆高等教育国际化的启示》，《重庆高教研究》，2019年第1期。

结　语
走向人类生态文明

我们时代，天灾人祸不断，人类世界正在遭遇百年未有之大变局。2019年12月暴发的新冠肺炎疫情给世界造成大量灾难，吞噬了许多人的生命。2019年11月开始持续数月的澳大利亚山火烧死了数十亿只动物。2020年2月的东非蝗灾造成全球粮食重大危机。2020年5月俄罗斯造成的北极圈漏油促发了严重生态危机。2021年初印度尼西亚的洪灾致十数万人无家可归。2021年8月的阿富汗混乱和2022年初的俄乌战争提醒我们地区冲突和战争随时会出现。2022年1月的汤加火山喷发更是令人类的生存前景充满变数。加之持续不断的全球气候变暖和核泄漏、核战争的危机等一起挑战着人类的神经。在人类进入智能时代的历史阶段，我们同时也陷入了生存的极大不确定之中，这实在是一个戏剧化的讽刺。

狄更斯（Dickens）在小说《双城记》中对其时代进行了生动的刻画，"那是最好的年月，那是最坏的年月，那是智慧的时代，那是愚蠢的时代，那是信仰的新纪元，那是怀疑的新纪元，那是光明的季节，那是黑暗的季节，那是希望的春天，那是绝望的冬天，我们将拥有一切，我们将一无所有，我们直接上天堂，我们直接下地狱。"[1] 叶芝（Yeats）对他所处的时代进行了诗的刻画，"在向外扩张的旋体上旋转呀旋转，／猎鹰再也听不见

---

[1] ［英］狄更斯：《双城记》，石永礼、赵文娟译，人民文学出版社1993年版，第3页。

主人的呼唤。/一切都四散了，再也保不住中心，/世界上到处弥漫着一片混乱，/血色迷糊的潮流奔腾汹涌，/到处把纯真的礼仪淹没其中；/优秀的人们信心尽失，/坏蛋们则充满了炽烈的狂热。"[1] 雅斯贝尔斯也对他所处的人类极难处境进行了哲学探讨，"关于人类当代状况的问题，比以往任何时候都更为紧迫。当代状况既是过去发展的结果，又显示了未来的种种可能性。一方面，我们看到了衰落和毁灭的可能性。另一方面，我们也看到了真正的人的生活就要开始的可能性。"[2] 灾难的全球性，提醒着我们人类命运共同体的客观存在及其建设的必要。人类又一次来到了存在之关键的临界时刻。"生存还是毁灭，这是一个值得考虑的问题。"[3] 莎士比亚（Shakespeare）借哈姆莱特（Hamlet）之口说出的这句话竟然成了我们时代人类生存的警语。人类如何才能走出困境，希望何在？大学教育需要在实践中做哪些努力才能实现我们的目的？是的，大学正是我们唯一的希望。

　　一切危机皆源于人，危机的改变只能从人的改变开始。之所以说大学是我们唯一的希望，是因为只有大学才专注于人的真理的探讨，并在其基础上开辟新的人的实践。"大学，与所有类型的研究机构不同，它原则上（当然实际上不完全）是真理、人的本质、人类、人的形态的历史等等问题应该独立、无条件被提出的地方，即应该无条件反抗和提出不同意见的地方。"[4] 我们时代的危机和问题已经关乎人的整个生存及其环境。更进一步地说，人已不再是原子式独立的存在，而是一种相互依存的群体意义上的类存在。但是在其早期阶段，人先是囿于狭隘的部落意识，接着又局限于竞争的民族意识，并未认识到这一点。随着生命实践的扩展以及教育的淬炼，人才逐渐意识到他的类存在。类存在要求人与他人共在，与其环境和世界一体存在。"人只能存在于同他人的内在一体性关系中，也只能存在于

---

[1] ［爱尔兰］叶芝：《叶芝文集》，王家新编选，东方出版社1996年版，第150页。
[2] ［德］雅斯贝斯：《时代的精神状况》，王德峰译，上海译文出版社2013年版，导言第17页。
[3] ［英］莎士比亚：《莎士比亚悲剧五种》，朱生豪译，人民文学出版社2014年版，第225页。
[4] ［德］德里达：《德里达中国演讲录》，杜小真、张宁编译，中央编译出版社2002年版，第61页。

同外部世界内在统一性的一体关系中。"① 存在的一体性是人的类存在的根本特征。不唯如此，"这种一体性关系不但构成人的有意识活动的对象，同时还是人的自为活动所遵行的基本原则。"② 所以，人的意识源发于环境和世界，指向环境和世界，旨在改造环境和世界为属我亦是我属的环境和世界。意识的内容是环境、世界和我的内容，意识的目的是环境、世界和我的目的，意识的边界是环境、世界和我的边界，意识的无限是环境、世界和我的无限，等等。在这个意义上，类存在和类意识（思维）是一致的。"作为类意识，人确证自己的现实的社会生活，并且只是在思维中复现自己的现实存在；反之，类存在则在类意识中确证自己，并且在自己的普遍性中作为思维着的存在物自为地存在着。"③ 古往今来，作为栖居在同一地球上存在者的人，心同此心，理同此理。我们时代，人类存在之实践的物质性边界借助于科学技术工具已经扩展到了整个地球的边界，人类的意识自然也就扩展到了全球意识。智能机器人的创造和人类向宇宙空间的进发也属于这一扩展的实践成果。物质有边界，意识无边界。人类的意识也扩展到了有形的物质之外，进入了无限的思维的世界。无限不是无，无限是无外之至大，无内之至小，只能在领悟之中把握。与这一全球性类意识相对应，人之类存在成了一种全球性规定的存在。这就是我们时代的人性的基本规定。人之全球性的基本规定，是人类生命实践的结果，也是长期教育的结果。

  人的类存在的全球性规定所指向的大学文化实践需要发生彻底的革命性的翻转。传统的大学文化教育主要着眼于民族国家文化的建设，人类的整体文化建设还只是其中的一部分。如今的大学文化建设则要求大学着眼于整体人类文明的未来发展，建设一种有机的生态型人类新文明。生态文明是中国创造的一个概念，它有狭义和广义两种含义。狭义指的是自然的生态性，广义则是与工业文明相对的一个概念。我们这里使用的是广义的

---

① 高清海：《高清海类哲学文选》，王福生等编，人民出版社2019年版，第488—489页。
② 高清海：《高清海类哲学文选》，王福生等编，人民出版社2019年版，第488—489页。
③ 《马克思恩格斯文集·第一卷》，中共中央马克思恩格斯列宁斯大林著作编译局编译，人民出版社2009年版，第188页。

生态文明概念。就人及其社会关系讲，广义的生态文明概念表征的是人之精神世界与物质世界的和谐，以及人类世界多元共存的和谐，唯有生态的价值才有利于人的完整存在和人类世界的共生共在。万物的持存、创造、诗意、有机、和谐等是生态文明的基本义。可持续的生态存在观念及其生活方式理应成为未来人类世界的基本信仰。党的十八大以来，中国的大学已经全面融入社会主义生态文明建设和助推全球人类命运共同体建构的伟大实践之中。我们倡导世界各国的大学能够同中国的大学一道走相互联合协同发展之路，建设一种可持续发展的新形态的生态文明，从根本上突破人类存在的文化困境，使人类能够诗意般地栖居于世界之上。

就中国大学的生态文明建设实践而言，社会主义的新生态文明观至少应该包含下述四个可以推广的维度。其一是爱人利物、仁化宇宙的自然观。近现代以来，人类在主客二分思维的支配下，自然成了索取的客观对象，被人类任意摆置和利用，最终造成了资源枯竭、环境恶化、自然灾害和病毒危机频发的严重后果。解决之道当是经由大学教育陶冶人们的仁爱之心，用仁爱之心滋养万物，慎取存养，造就一个仁化的宇宙，以使人类能够与自然和谐共处。人文生情，生生不息。其二是与天地参、技法自然的技术观。主客二分的思维使得原本造福于人类的技术也成了宰制自然的技术，人类现代社会的一部技术史已经从自然改造发展到基因改造，从技造自然演化到了技造物种；空间改造也发生了变化，从物质空间到元宇宙，实现了技造实存到技造虚拟的演化。技术在人类激情的追逐下成了人类逃无可避的天命。新的大学技术教育当再次回归到技法自然的技术哲学高度以扭转这一命运，重塑人类经由技术与天地参的价值位序，使得技术能够成为人类诗意栖居于地球之上的关键力量。其三是民胞物与、文化理解的人文观。主客二分的思维用到人际关系的处理上，造成他人即是地狱的心理惯习。物化和计算引发极端的个人主义和自私自利的自我中心，人与人间充满了利益的纠缠和争斗，国家与国家之间也不断上演冲突和战争。为了人类的根本和解，必须重塑大学的新人文教育，用类存在的思维方式取代主客二分的思维方式，树立相互理解、平等友爱的人际观念。其四是协和万邦、天下为公的政治观。进入近现代社会以来，尤其是近100年以来，人类经历了两次世界大战、"美苏冷战""9·11"恐怖袭击以及各式各样地区间的冲突和局部战争。祈求和平的人类却又经常陷入战争的泥坑，加之政治冲突和自然灾害并起，等等，这些恶的力量正在把人类拖入一个充满风险的不确定命运之中。我们时代的大学当着眼于人类命运共同体的构建，倡导和教化一种类存在的思维形式，化文明冲突为协和万邦之价值，形成"各美其美、美美与共"之天下为公的大政治观。如是，方可消泯民族和国家之间的冲突和争斗，阻碍和避免毁灭性世界战争的出现，最终实现人类的永久和平。

后　记

　　记得在课题立项时，本课题拟定的主要任务是为地方本科大学国际化实践提供合理性和合法性依据，并解决其在实践过程中所遭遇的各种困境，进而为地方本科大学国际化建构较为完整的实践方案和文明愿景。随着研究的推进和深入，人类社会经历了肆虐世界的新冠肺炎疫情、全球性生态危机、不断升级的地缘政治关系和国家之间的激烈军事冲突，等等。毛泽东《贺新郎·读史》一词中有这样几句话："人世难逢开口笑／上疆场彼此弯弓月／流遍了／郊原血。"新全球化时代，人类面临空前核战争威胁的存在境况，大学国际化遭遇前所未有的挑战，被撕裂的支离破碎。然而，在研究中，我们同样也深切地体会到经由大学国际化实践促进人类文明和解从未有过的必要性。我们深信，大学的任务是创造未来。大学必将成为人类文明和解与诗意栖居于地球之上的最为重要的媒介和工具。如今，课题成果终至结集成书，这其中包含了我们对人类文明的忧思和大学的希望。《诗经》上说，"知我者，谓我心忧；不知我者，谓我何求。"当我们处于雅斯贝尔斯意义上之"大全"的视阈下，全神凝视地球这一我们人类共同的家园，心中怎能不生出悲悯的情怀？！为了人类的诗意栖居，未来的大学该承担怎样的全球化实践之使命？如是，书中观点，仅抛砖引玉而已。

　　《"双一流"大学建设背景下地方本科大学国际化问题研究》一书，是整个课题组成员集体智慧的结晶。在我的主持下，课题组主要成员汪明义、郑文学、汪辉、张泰昑、时艳芳、朱飞、饶珍和李星昊等人分工协作，辛勤研究。黄英杰拟定全书的基本框架和研究思路，主要承担了实践教育哲学体系的建构和地方本科大学国际化之方案以及地方本科大学国际化之人类生态文明愿景部分的研究和撰写。汪明义主要承担了地方本科大学助推人类命运共同体建设部分的研究和撰写。汪辉主要承担了地方本科大学国际化的人文目标、行动机制、实施路径等内容的研究和撰写。朱飞主要承担了对我国 42 所世界一流大学建设高校中外合作办学机构与专业项目发展情况的调查研究，对合作办学机构与专业项目建设、国外高校优质教育资源引入、合作办学专业项目规划设计与实践运行管理等方面进行了分析。时艳芳、饶珍、李星昊和郑文学分别承担了从组织变革、文化批判、大学的城市立场等角度推动地方本科大学国际化实践等相关内容的研究和撰写。郑文学对全书结构和内容安排等方面提出了重要建议。最后，黄英杰、汪明义和汪辉负责了全书的统稿、修订和裁剪等定稿工作。

《"双一流"大学建设背景下地方本科大学国际化问题研究》一书，在撰写与出版过程中，得到了国家社会科学基金"十三五"规划 2017 年度教育学一般课题项目《"双一流"大学建设背景下地方本科大学国际化问题研究（课题批准号 BIA170240）》资金的资助，也得到了中译出版社的大力支持。在此，我向所有关心、鼓励、支持、帮助本书撰写与出版的同志表示衷心感谢！本书撰写过程中，我们参考、借鉴、吸收了诸多同人的理论研究成果与实践工作经验，也一并在此致以最诚挚的谢意！

本书内容仅代表课题组的思想与观点，不足之处恳请广大读者批评指正。

黄英杰

2023 年 1 月于存悔斋

参考文献

一、中文部分

（一）著作类

[1] 毛泽东：《毛泽东文集·第一卷至第八卷》，人民出版社1993年版。

[2] 毛泽东：《毛泽东选集·第一卷至第四卷》，人民出版社2009年版。

[3] 邓小平：《邓小平文选·第一卷至第四卷》，人民出版社1993年版。

[4] 习近平：《习近平谈治国理政》，外文出版社2020年版。

[5] 教育部课题组：《深入学习习近平关于教育的重要论述》，人民出版社2019年版。

[6] 吴敬琏：《当代中国经济改革教程》，上海远东出版社2015年版。

[7] 黄英杰：《古典书院的终结及其对现代中国大学的影响》，人民出版社2017年版。

[8] 黄英杰：《我们时代的大学转型》，人民出版社2018年版。

[9] 黄英杰：《实践教育哲学：探索与建构》，人民出版社2022年版。

[10] 大学实现文化传承创新功能的机制研究课题组：《大学文化职能新论》，中国社会科学出版社2015年版。

[11] （唐）韩愈：《韩昌黎文集校注》，马其昶校注，马茂元整理，上海古籍出版社2014年版。

[12] （宋）朱熹：《四书章句集注》，中华书局1983年版。

[13] （宋）程颢、程颐：《二程集》，王孝鱼点校，中华书局1981年版。

[14]（宋）叶采：《近思录集解》，程水龙校注，中华书局2017年版。

[15]（清）黄宗羲：《宋元学案》全祖望补修，陈金生，梁运华点校，中华书局1986年版。

[16]（清）焦循：《孟子正义·上、下卷》，沈文倬点校，中华书局1987年版。

[17]（清）李道平：《周易集解纂疏》，潘雨廷点校，中华书局1994年版。

[18]（清）王先谦：《荀子集解》，沈啸寰，王星贤点校，中华书局1988年版。

[19]（清）朱彬：《礼记训纂》，沈文倬，水渭松点校，杭州大学出版社2010年版。

[20]宗福邦等编：《故训汇纂》，商务印书馆2007年版。

[21]《诗经》，陈戍国校注，岳麓书社2004年版。

[22]高亨：《老子正诂》，清华大学出版社2011年版。

[23]高明：《帛书老子校注》，中华书局1996年版。

[24]金景芳、吕绍刚：《周易全解（修订本）》，上海古籍出版社2017年版。

[25]侯外庐、赵纪彬、杜国庠：《中国思想通史·第一卷》，人民出版社1957年版。

[26]张岂之主编：《中国思想史》，西北大学出版社2016年版。

[27]罗荣渠：《现代化新论：世界与中国的现代化进程》，商务印书馆2004年版。

[28]冯友兰：《贞元六书·上、下册》，华东师范大学出版社1996年版。

[29]冯友兰：《中国哲学史·上、下册》，华东师范大学出版社2000年版。

[30]冯友兰：《三松堂自序》，北京三联书店1984年版。

[31]高清海：《高清海类哲学文选》，王福生等编，人民出版社2019年版。

[32]哈佛燕京学社主编：《全球化与文明对话》，江苏教育出版社2004年版。

[33]哈佛燕京学社主编：《建构世界共同体》，江苏教育出版社2006年版。

[34]贺国庆、王保星：《外国高等教育史》，人民教育出版社2003年版。

[35]孔宪铎：《我的科大十年（增订版）》，北京大学出版社2004年版。

[36]陈平原：《中国大学十讲》，复旦大学出版社2002年版。

[37]李泽厚：《历史本体论·己卯五讲》，北京三联书店2008年版。

[38]李泽厚：《实用理性与乐感文化》，北京三联书店2008年版。

[39]李泽厚：《哲学纲要》，中华书局2015年版。

[40]李泽厚：《寻求中国现代性之路》，马群林编选，东方出版社2019年版。

［41］费孝通：《文化的生与死》，刘豪兴编，上海人民出版社 2009 年版。

［42］黄仁宇：《现代中国的历程》，中华书局 2019 年版。

［43］梅贻琦：《梅贻琦教育论著选》，人民教育出版社 1993 年版。

［44］牟宗三：《道德的理想主义》，台湾学生书局 2000 年版。

［45］牟宗三：《中国哲学的特质》，罗义俊编，上海古籍出版社 2008 年版。

［46］徐复观：《中国艺术精神·石涛之一研究》，九州出版社 2013 年版。

［47］熊十力：《体用论》，中华书局 1994 年版。

［48］熊十力：《十力语要》，中华书局 1996 年版。

［49］唐君毅：《道德自我之建立》，台湾学生书局有限公司 1985 年版。

［50］唐君毅：《人生之体验》，台湾学生书局有限公司 1989 年版。

［51］方东美：《中国哲学精神及其发展（上下册）》，孙志燊译，黎明文化事业股份有限公司 2005 年版。

［52］陶行知：《陶行知教育文集》，胡晓风等主编，四川教育出版社 2007 年版。

［53］陶行知：《陶行知全集·第一卷》，华中师范学院教育科学研究所主编，湖南教育出版社 1984 年版。

［54］陶行知：《陶行知全集·第二卷》，华中师范学院教育科学研究所主编，湖南教育出版社 1985 年版。

［55］王晓平：《走向文艺复兴：全球化时代的中国文学与文化》，社会科学文献出版社 2017 年版。

［56］席酉民主编：《中国大学国际化发展特色与策略研究》，中国人民大学出版社 2010 年版。

［57］阎光才：《识读大学：组织文化的视角》，教育科学出版社 2002 年版。

［58］杨朝明编：《孔子文化奖学术精粹丛书·杜维明卷》，华夏出版社 2015 年版。

［59］余英时：《现代危机与思想人物》，北京三联书店 2005 年版。

［60］叶朗：《美学原理》，北京大学出版社 2009 年版。

［61］叶朗：《中国美学史大纲》，上海人民出版社 1985 年版。

［62］张世英：《张世英文集·第 6 卷，哲学导论》，北京大学出版社 2016 年版。

［63］赵汀阳：《天下的当代性》，中信出版社 2016 年版。

[64] 周振甫：《毛泽东诗词欣赏》，中华书局 2010 年版。

[65] 费孝通：《文化的生与死》，上海人民出版社 2009 年版。

[66] 韩震主编：《历史的观念》，北京师范大学出版社 2021 年版。

[67] 许倬云：《九堂中国文化课》，广西师范大学出版社 2020 年版。

[68] 许纪霖、陈达凯主编：《中国现代化史·第一卷，1800—1949》，学林出版社 2006 年版。

[69] 乐黛云，钱林森等主编：《跨文化对话·第 29 辑》，北京三联书店 2012 年版。

[70] 乐黛云：《中国文化与世界文化》，北京出版社 2020 年版。

[71] 陈嘉明：《现代性与后现代性》，北京大学出版社 2006 年版。

[72] 温铁军等：《全球化与国家竞争：新兴七国比较研究》，东方出版社 2021 年版。

[73] 张宝明：《〈新青年〉与 20 世纪中国：纪念〈新青年〉创刊 100 周年高层论坛论文集》，社会科学文献出版社 2017 年版。

[74] 蒲实等：《大学的精神》，中信出版社 2017 年版。

[75] 梁启超、蔡元培等：《大学的精神》，刘琅，桂苓主编，中国友谊出版社 2004 年版。

[76] 金耀基：《再思大学之道：大学与中国的现代文明》，北京三联书店 2020 年版。

[77] 王晓辉主编：《国际教育治理：国际教育改革文献汇编》，教育科学出版社 2008 年版。

[78] 程星：《大学国际化的历程》，商务印书馆 2014 年版。

[79] 别敦荣：《世界一流大学教育理念》，厦门大学出版社 2016 年版。

[80] 丁学良：《什么是世界一流大学》，北京大学出版社 2004 年版。

[81] 曲士培：《中国大学教育发展史》，山西教育出版社 1993 年版。

[82] 王绽蕊、[德] 乌尔里希·泰希勒，张优良主编：《高等教育国际化：全球视野与中国选择》，科学出版社 2021 年版。

（二）译著类

[83] 《马克思恩格斯文集·第一卷至第十二卷》，中共中央马克思恩格斯列宁斯大林著作编译局编译，人民出版社 2009 年版。

[84]［古希腊］柏拉图：《理想国》，郭斌和、张竹明译，商务印书馆1986年版。

[85]［古希腊］亚里士多德：《尼各马可伦理学》，廖申白译，商务印书馆2017年版。

[86]［古希腊］亚里士多德：《形而上学》，吴寿彭译，商务印书馆1959年版。

[87]［古希腊］亚里士多德：《政治学》，吴寿彭译，商务印书馆2017年版。

[88]《西方哲学原著选读·上卷》，北京大学哲学系外国哲学史教研室编译，商务印书馆1986年版。

[89]［德］费希特：《伦理学体系》，梁志学、李理译，商务印书馆2017年版

[90]［德］席勒：《审美教育书简》，冯至、范大灿译，上海人民出版社2003年版。

[91]［德］胡塞尔：《欧洲科学的危机与超越论的现象学》，王炳文译，商务印书馆2001年版。

[92]［德］海德格尔：《林中路》，孙周兴译，上海译文出版社2004年版。

[93]［德］海德格尔：《路标》，孙周兴译，商务印书馆2000年版。

[94]［德］海德格尔：《演讲与论文集》，孙周兴译，北京三联书店2005年版。

[95]［德］黑格尔：《小逻辑》，贺麟译，商务印书馆2017年版。

[96]［德］伽达默尔：《诠释学Ⅰ、Ⅱ：真理与方法》，洪汉鼎译，商务印书馆2021年版。

[97]［德］霍克海默：《霍克海默集：文明批判》，曹卫东编选，渠东、付德根译，上海远东出版社2004年版。

[98]［德］卡西尔：《人论》，甘阳译，西苑出版社2003年版。

[99]［德］康德：《康德著作全集·第七卷：学科之争、实用人类学》，李秋零主编，中国人民大学出版社2008年版。

[100]［德］康德：《康德著作全集·第九卷：逻辑学、自然地理学、教育学》，李秋零译，中国人民大学出版社2010年版。

[101]［德］康德：《历史理性批判文集》，何兆武译，商务印书馆1990年版。

[102]［德］克劳斯·施瓦布：《第四次工业革命》，李菁译，中信出版社2016年版。

[103]［德］罗姆巴赫：《作为生活结构的世界——结构存在论的问题与解答》，王俊译等校，上海书店出版社2009年版。

[104]［德］马克斯·舍勒：《哲学人类学》，魏育青等译，北京师范大学出版社

2017年版。

[105][德]威廉·狄尔泰：《历史中的意义》，艾彦译，译林出版社2014年版。

[106][德]乌尔里希·贝克：《世界风险社会》，吴英姿、孙淑敏译，南京大学出版社2004年版。

[107][德]雅思贝尔斯：《大学之理念》，邱立波译，上海人民出版社2006年版。

[108][德]雅斯贝尔斯：《历史的起源与目标》，李雪涛译，华东师范大学出版社2016年版。

[109][德]雅斯贝尔斯：《什么是教育》，邹进译，北京三联书店1991年版。

[110][德]雅斯贝斯：《生存哲学》，王玖兴译，上海译文出版社2013年版。

[111][德]雅斯贝斯：《时代的精神状况》，王德峰译，上海译文出版社2013年版。

[112][德]弗兰克（Frank. G）：《白银资本：重视经济全球化中的东方》，刘北成译，中央编译出版社2000年版。

[113][法]阿伯拉尔：《劫余录》，孙亮译，商务印书馆2013年版。

[114][法]伯格森：《创造进化论》，汤硕伟译，北京理工大学出版社2015年版。

[115][法]布迪厄、[美]华康德：《反思社会学导引》，商务印书馆2015年版。

[116][法]福柯：《规训与惩罚——监狱的诞生》，刘北成译，北京三联书店2003年版。

[117][法]帕斯卡尔：《思想录》，何兆武译，上海译文出版社2007年版。

[118][法]列维纳斯：《总体与无限：论外在性》，朱刚译，北京大学2016年版。

[119][法]列维纳斯：《伦理与无限：与菲利普·尼莫的对话》，王士盛译、王恒校译，南京大学出版社2020年版。

[120][法]加尔法德：《极简宇宙史》，童文煦译，上海三联书店2016年版。

[121][加拿大]简·奈特：《激流中的高等教育——国际化变革与发展》，刘东风、陈巧云主译，北京大学出版社2011年版。

[122][美]J.莱夫等：《情景学习：合法的边缘性参与》，王文静译，华东师范大学出版社2004年版。

[123][美]W.理查德·斯科特：《制度与组织：思想观念、利益偏好与身份认同》，姚伟、王黎芳译，中国人民大学出版社2020年版。

[124]［美］W．沃纳·伯克：《组织变革理论和实践》，燕清联合组织译，中国劳动社会保障出版社 2004 年版。

[125]［美］阿帕杜莱：《全球化》，韩许高等译，江苏人民出版社 2016 年版。

[126]［美］爱因斯坦：《爱因斯坦文集：增补本·第三卷》，许良英等编译，商务印书馆 2009 年版。

[127]［美］伯顿·克拉克：《高等教育系统——学术组织的跨国研究》，王承绪等译，杭州大学出版社 1994 年版。

[128]［美］伯顿·克拉克：《大学的持续变革——创业型大学新案例和新概念》，王承绪译，人民教育出版社 2008 年版。

[129]［美］伯顿·克拉克：《建立创业型大学 组织上转型的途径》，王承绪译，人民教育出版社 2007 年版。

[130]［美］博耶：《关于美国教育改革的演讲》，涂艳国译，教育科学出版社 2002 年版。

[131]［美］布鲁贝克：《高等教育哲学》，王承绪译，浙江教育出版社 2001 年版。

[132]［美］丹尼斯·朗：《权力论》，陆震纶等译，中国社会科学出版社 2001 年版。

[133]［美］杜威：《杜威教育论著选》，赵祥麟、王承续编译，华东师范大学出版社 1981 年版。

[134]［美］杜威：《民主主义与教育》，王承绪译，人民教育出版社 2001 年版。

[135]［美］杜威：《人的问题》，傅统先，邱椿译，上海人民出版社 1986 年版。

[136]［美］房龙：《人类的故事》，刘缘子等译，三联书店 1988 年版。

[137]［美］菲利普·弗兰克：《科学的哲学》，许良英译，上海人民出版社 1985 年版。

[138]［美］弗莱克斯纳：《现代大学论——美英德大学研究》，徐辉译，浙江教育出版社 2001 年版。

[139]［美］弗兰克纳：《伦理学》，关键译，三联书店 1987 年版。

[140]［美］格尔茨：《文化解释》，韩莉译，译林出版社 1999 年版。

[141]［美］哈佛委员会著：《哈佛通识教育红皮书》，李曼丽译，北京大学出版社 2010 年版。

[142]［美］哈斯金斯：《大学的兴起》，王建妮译，上海人民出版社 2007 年版。

[143][美]华勒斯坦等：《学科·知识·权力》，刘健芝等译，生活·读书·新知三联书店1999年版。

[144][美]卡斯特：《网络社会的崛起》，夏铸九等译，社会科学文献出版社2006年版。

[145][美]库恩：《科学革命的结构》，金吾伦译，北京大学出版社2012年版。

[146][美]拉姆斯登、威尔逊：《基因、心灵与文化：协同进化的过程》，上海科技教育出版社2016年版。

[147][美]罗尔斯：《正义论》，何包钢等译，中国社会出版社1999年版。

[148][美]罗杰斯：《罗杰斯著作精粹》，刘毅等译，中国人民大学出版社2006年版。

[149][美]莫顿：《科学社会学》，鲁旭东译，商务印书馆2003年版。

[150][美]姆斯·杜德斯达：《21世纪的大学》，刘彤等译，北京大学出版社2005年版。

[151][美]撒穆尔·伊诺克·斯通普夫：《西方哲学史》，丁三东等译，中华书局2004年版。

[152][美]舒尔茨[Schultz, D. P.]、舒尔茨[Schultz, S. E.]：《现代心理学史》，叶浩生、杨文登译，中国轻工业出版社2014年版。

[153][美]塔纳斯：《西方思想史》，吴象婴等译，上海社会科学出版社2007年版。

[154][美]小威廉姆·E. 多尔、[澳]诺尔·高夫：《课程愿景》，张文军等译，教育科学出版社2004年版。

[155][美]彼得·J. 卡赞斯坦主编：《中国化与中国崛起：超越东西方的文明进程》，魏玲等译，上海人民出版社2018年版。

[156][美]彼得·J. 卡赞斯坦主编：《世界政治中的文明：多元多维的视角》，秦亚青等译，上海人民出版社2018年版。

[157][美]彼得·J. 卡赞斯坦主编：《英美文明与其不满者：超越东西方的文明身份》，魏玲等译，上海人民出版社2018年版。

[158][美]大卫·阿米蒂奇：《现代国际思想的根基》，陈茂华译，浙江大学出版社2017年版。

[159][美]亨廷顿：《文明的冲突与世界秩序的重建》，周琪等译，新华出版社

2009年版。

[160]［美］佩尔斯：《科学的灵魂：500年科学与信仰、哲学的互动史》，潘柏滔译，江西人民出版社2006年版。

[161]［美］戴维·斯特利：《重新构想大学》，徐宗玲等译，北京三联书店2021年版。

[162]［美］詹姆斯·H. 米特尔曼：《遥不可及的梦想：世界一流大学与高等教育的重新定位》，马春梅，王琪译，上海交通大学出版社2021年版。

[163]［印度］泰戈尔：《人的宗教：泰戈尔论文集》，曾育慧译，商周城邦文化2016年版。

[164]［印度］泰戈尔：《人生的亲证》，宫静译，商务印书馆1992年版。

[165]［英］艾伦·B. 科班：《中世纪大学：发展与组织》，周常明等译，山东教育出版社2013年版。

[166]［英］赫·斯宾塞：《斯宾塞教育论著选》，胡毅、王承绪译，人民教育出版社2005年版。

[167]［英］怀特海：《教育的目的》，徐汝舟译，生活·读书·新知三联书店2002年版。

[168]［英］怀特海：《教育的目的》，庄莲平、王中立译，文汇出版社2012年版。

[169]［英］怀特海：《思维方式》，刘放桐译，商务印书馆2010年版。

[170]［英］吉登斯：《民族国家与暴力》，胡宗泽译，生活·读书·新知三联书店1998年版。

[171]［英］吉登斯：《现代性的后果》，田禾译，译林出版社2011年版。

[172]［英］杰勒德·德兰迪：《知识社会中的大学》，黄建如译，北京大学出版社2019年版。

[173]［英］纽曼：《大学的理念》，高师宁译，北京大学出版社2016年版。

[174]［英］托马斯·亨利·赫胥黎：《科学与教育》，单中惠、平波译，人民教育出版社2015年版。

[175]［英］以赛亚·伯林：《自由论》，胡传胜译，译林出版社2011年版。

[176]［英］彼得·伯克：《知识社会史·上卷，从古登堡到狄德罗》，陈志宏，王婉旎译，浙江大学出版社2016年版。

[177][英]彼得·伯克:《知识社会史·下卷,从〈百科全书〉到维基百科》,汪一帆、赵博囡译,浙江大学出版社2016年版。

[178][英]彼得·德·哈恩:《从凯恩斯到皮凯蒂:20世纪的经济学巨变》,朱杰等译,新华出版社2017年版。

[179][英]罗杰·金等:《全球化时代的大学》,赵卫平主译,浙江大学出版社2008年版。

[180][英]史密斯、[英]韦伯斯特主编:《后现代大学来临?》,侯定凯、赵叶珠译,北京大学出版社2014年版。

[181][英]杰勒德·德兰迪:《知识社会中的大学》,黄建如译,北京大学出版社2010年版。

[182]《人类困境中的审美精神:哲人、诗人论美文选》,刘小枫主编,魏育青等译,东方出版中心1994年版。

[183][匈]伊万·拜伦德:《20世纪欧洲经济史:从自由放任到全球化》,徐昂译,格致出版社上海人民出版社2020年版。

[184][捷克]夸美纽斯:《大教学论》,傅任敢译,人民教育出版社1984年版。

[185][比利时]里德-西蒙斯:《欧洲大学史·第一卷》,张斌贤等译,河北大学出版社2007年版。

[186][瑞士]埃格、[比利时]里德-西蒙斯:《欧洲大学史(第二卷):中世纪大学》,张斌贤等译,河北大学出版社2007年版。

[187][瑞士]荣格:《分析心理学的理论与实践》,成穷、王作虹译,译林出版社2011年版。

[188][瑞士]荣格:《精神分析与灵魂治疗》,冯川译,译林出版社2012年版。

[189][瑞士]荣格:《心理学与文学》,冯川、苏克译,译林出版社2011年版。

[190][瑞士]里查德·鲍德温:《大合流:信息技术和新全球化》,李志远、刘晓捷、罗长远译,格致出版社上海人民出版社2020年版。

[191][西班牙]奥尔托加·加塞特:《大学的使命》,徐小洲译,浙江教育出版社2001年版。

[192][以]尤瓦尔·赫拉利:《未来简史》,林俊宏译,中信出版社2017年版。

[193] 联合国教科文组织:《反思教育:向"全球共同利益"的理念转变?》,联合国教科文组织总部中文科译,教育科学出版社2017年版。

(三)论文类

[194] 黄英杰:《创新文明是世界一流大学的核心特质》,《高校教育管理》2016年第6期。

[195] 黄英杰:《论地方本科大学国际化的理据、路径及效果》,《国家教育行政学院学报》2017年第9期。

[196] 黄英杰:《论康德启蒙的自由教育本质及其效果》,《内江师范学院学报》2015年第3期。

[197] 黄英杰:《实践教育哲学之实践概念的来源》,《教育学术月刊》2016年第11期。

[198] 汪明义:《大学理应成为构建人类命运共同体的中流砥柱》,《探索与争鸣》2019年第9期。

[199] 汪明义:《大学推动人类命运共同体构建的使命及实践方式》,《中国高教研究》2021年第7期。

[200] 汪明义:《对地方本科院校转型发展的思考》,《中国高等教育》2014年第8期。

[201] 汪明义:《构建中国特色的社会主义治理模式》,《国家教育行政学院学报》2017年第5期。

[202] 汪明义:《论大学的文化本质》,《高等教育研究》2015年第9期。

[203] 汪明义:《以人类命运共同体视野看世界一流大学建设》,《光明日报》2018年8月14日。

[204] 钱颖一:《大学治理:美国、欧洲、中国》,《清华大学教育研究》2015年第9期。

[205] 别敦荣:《"双循环"视角下中国高等教育普及化发展的意义》,《中国高教研究》2021年第5期。

[206] 眭依凡:《世界一流大学建设的六要素》,《探索与争鸣》2016年第7期。

[207] 董泽芳、张继平:《地方高校服务社会的价值取向》,《高校教育管理》2007年第3期。

[208] 方宝、武毅英：《高等教育来华留学生的变化趋势研究——基于近十五年统计数据的分析》，《高等教育研究》2016 年第 2 期。

[209] 冯建军：《迈向人类命运共同体的价值教育》，《高等教育研究》2018 年第 1 期。

[210] 冯倬琳、刘念才：《世界一流大学国际化战略的特征分析》，《高等教育研究》2013 年第 6 期。

[211] 龚放、赵曙明：《大学国际化——高等教育发展趋势》，《高等教育研究》1987 年第 4 期。

[212] 顾明远、滕珺：《后疫情时代教育国际交流与合作的新挑战与新机遇》，《比较教育研究》2020 年第 9 期。

[213] 哈巍、陈东阳：《来华留学教育对我国出口贸易的影响》，《教育经济评论》2020 年第 4 期。

[214] 韩亚菲：《中国高校国际化发展新动向——基于北京大学燕京学堂、清华大学苏世民书院案例的分析》，《教育学术月刊》2017 年第 5 期。

[215] 姜斯宪：《推动构建人类命运共同体努力开创高等教育新时代》，《中国高教研究》2017 年第 12 期。

[216] 蒋达勇、王金红：《现代国家建构中的大学治理——中国大学治理历史演进与实践逻辑的整体性考察》，《高等教育研究》2014 年第 1 期。

[217] 刘同舫：《构建人类命运共同体对历史唯物主义的原创性贡献》，《中国社会科学》2018 年第 7 期。

[218] 刘文革、杨志文：《我国地方参与人类命运共同体建设的机理与路径——基于义乌案例的分析和启示》，《浙江学刊》2019 年第 2 期。

[219] 刘长敏：《刍议大学国际化与城市国际化的良性互动》，《中国高等教育》2011 年第 8 期。

[220] 陆根书、康卉：《我国"985 工程"大学高等教育国际化政策分析》，《高等工程教育研究》2015 年第 1 期。

[221] 陆小兵、王文军、钱小龙：《"双一流"战略背景下我国高等教育国际化发展反思》，《高校教育管理》2018 年第 1 期。

[222] 马嵘、程晋宽：《美国高校的全面国际化——基于组织变革的视角》，《高等教育研究》，2019 年第 4 期。

[223] 毛雁冰、吴颖：《双循环新格局下高等教育国际化促进经济增长机制研究》，《教育发展研究》2021 年第 23 期。

[224] 潘懋元、陈斌：《"互联网＋教育"是高校教学改革的必然趋势》，《重庆高教研究》2017 年第 1 期。

[225] 乔章凤、李青原、李丛珊：《国际化城市产业发展模式与特征分析》，《国际经济合作》2016 年第 11 期。

[226] 瞿振元：《做好新时代教育对外开放》，《中国教育报》2018 年 4 月 10 日。

[227] 王业强、朱春筱：《大学国际化提高了区域创新能力吗？》，《财经研究》2018 年第 6 期。

[228] 王一兵：《中国大学的国际化》，《高等教育研究》2011 年第 4 期。

[229] 沃国成：《高等教育国际化背景中推进上海大学国际化办学的对策与思考》，《上海大学学报》（社会科学版）2006 年第 5 期。

[230] 薛二勇：《中外合作办学改革和发展的政策分析》，《中国高教研究》2017 年第 2 期。

[231] 亚萨尔·孔达奇、伊莱夫·埃尔伯克、肖俊洪：《高等教育国际化的转型：从教室到虚拟环境》，《中国远程教育》2021 年第 5 期。

[232] 杨启光：《高等教育国际化发展的全球化视阈与战略选择》，《北京工业大学学报（社会科学版）》2019 年第 3 期。

[233] 易斌：《城市国际化水平综合评价体系构建与实证研究》，《经济地理》2013 年第 9 期。

[234] 袁本涛、潘一林：《高等教育国际化与世界一流大学建设：清华大学的案例》，《高等教育研究》2009 年第 9 期。

[235] 张俊宗：《教育国际化：构建人类命运共同体的重要力量》，《高校教育管理》2020 年第 14 期。

[236] 张应强、姜远谋：《后疫情时代我国高等教育国际化向何处去》，《高等教育研究》2020 年第 12 期。

[237] 赵婠娜：《清华大学苏世民学者项目启动仪式在京举行》，《人民日报》2013年4月22日。

[238] 赵卿敏：《国际化：中国高水平大学的必由之路》，《高等教育研究》2001年第6期。

[239] 赵显通：《"全球国家地方"模式：缘起、内涵与评价——兼论对重庆高等教育国际化的启示》，《重庆高教研究》2019年第1期。

[240] 周川：《从洪堡到博耶：高校科研观的转变》，《教育研究》2005年第6期。

[241] 周光礼：《大学组织变革研究及其新进展》，《高等工程教育研究》2012年第4期。

[242] 周密、丁仕潮：《高校国际化战略：框架和路径研究》，《中国高教研究》2011年第9期。

[243] 朱飞、黄英杰、孟娇：《基于五个维度的大学国际化发展探析》，《黑龙江高教研究》2019年第2期。

[244] 朱飞：《地方普通本科院校高等教育国际交流与合作发展的问题与策略》，《重庆高教研究》2015年第2期。

[245] 齐鹏：《数字化时代：人类感性方式的第三次革命》，《河北学刊》2003年第5期。

[246] ［美］小约翰·柯布：《生态文明与第二次启蒙》，《山东社会科学》2021年第12期。

二、英文部分

（一）著作部分

[247] A. N. Whitehead, *The Aims of Education*, The Free Press, 1967.

[248] Immanuel Kant, *Anthropology, History, and Education*, Cambridge University Press, 2007.

[249] John Dewey, *Art as Experience*, Penguin Group (USA) Inc, 1934.

[250] John Dewey, *On Education*, The University of Chicago Press, 1974.

[251] Martin Heidegger. *Poetry, Language, Thought*, Translated and introduction by Albert Hofstadter, Harper & Row, 1971.

[252] NOZICKR, *Philosophical explanations*, CambridgeUniversityPress, 1981.

[253] Paulo Freire, *Pedagogy Of The Oppressed*, Penguin Books, 1996.

[254] Ralph W. Tyler, *Basic principles of curriculum and instruction*, The University of Chicago Press, 2013.

[255] William F Pinar, *Understanding curriculum: an introduction to the study of historical and contemporary curriculum discourses*, Peter Lang Publishing, 2008.

[256] Bernd W achter, *Internationalization at Home: A Position Paper: Internationalization at Home: The Context*, European Association forInternational Education, 2000.

[257] Hans De Wit, *Internationalization of Higher Education in the United States of America and Europe: A Historical, Comparative, and Conceptual Analysis*, Greenwood Press, 2002.

[258] Hans. De Wit, *Strategies for Internationalization of Higher Education: A Comparative Study of Australia, Canada, Europe and the United States of America*, Amsterdam, Sept. 1995.

[259] Hans De Wit, I. C. Jaramillo, J. Gacel-Avila, J. Knight (eds.), *Higher Education in Latin America: The International Dimension*, The World Bank, 2005.

[260] J. M. Mitchell, *International Cultural Relations*, Allen & Unwin, 1986.

[261] P. Scott (ed.), The Globalization of Higher Education, The Society for Research into Higher Education, 1998.

[262] Felix Maringe, Nick Foskett, *Globalization and Internationalization in Higher Education: theoretical, strategic and management perspectives*, Books Group, 2010; 47-48.

[263] John K. Hudzik, JoAnn S. Mac Carthy, *Leading Comprehensive Internationalization: Strategies and Tactics for Action*, NAFSA: Association of International Edu-

cators, 2012.

[264] Madeleine F. Green, *Measuring Internationalization at Research University*, American Council on Education, 2005.

[265] Robin Middlehurst, Steve Woodfield, *Responding to the Internationalization Agenda: Implications for Institutional Strategy*, Higher Education Academy, 2007.

[266] Jacky Lumby, Nick Foskett, Internationalization and Culture in Higher Education, Educational Management Administration&Leadership, 2016.

[267] Arthur Smith, *China and American Today: A Study of Conditions and Relations*, Hard Press, 2013.

[268] Jandhyala B. G. Tilak, *Higher education: a public good or a commodity for trade?* PROSPECTS. 2009.

（二）论文部分

[269] Davies. J.L, "Issues in the Development of Universities", *Strategies for Internationalization*, Instituto Politécnico De Viseu, 1998.

[270] Philip G. Altbach, "Perspectives on International Higher Education", *Change*, 2002.

[271] Barbara M. Kehm, Ulrich Teichler, "Research on Internationalization in Higher Education", Journal of Studies in International Education, 2007.

[272] M. Bartell, "Internationalization of Universities: A University Culture-based Framework", Higher Education, 2003.

[273] Britta Baron, "The Politics of Academic Mobility in Western Europe", Higher Education Policy, 1993.

[274] Lisa K.Chidress, "internationalization plans for higher education institutions", Journal of Studies in international Education, 2009.

[275] Christa Olson, "Comprehensive Internationalization: From Principles to Practice", The Journal of Public Affairs, 2011.

[276] Frank F. Coate, "Internationalization and Leadership", International Journal of

Information and Education Technology, 2013.

[277] Jane Edwards, "Challenges and Opportunities for the Internationalization of Higher Educationin the Coming Decade: Planned and Opportunistic initiatives in American Institutions", Journal of Studies in International Education, 2007.

[278] Lisa K. Chidress, "International Plans for Higher Education", Journal of Studies in International Education, 2009.

[279] Maria P. Cantu, "Three Effective Strategies of Internationalization in American Universities", Journal of International Education and Leadership, 2013.

[280] Philip G. Altbach, Georgianan Mihut, Jamil Salmi. Sage Advice, "International Advisory Council at Tertiary Education Institutions", Boston College Center for international Higher Education, 2016.

[281] Philip G. Altbach, Jane Knight. "The Internationalization of Higher Education: Motivations and Realities", Journal of Studies in International Education, 2007.

[282] Wendy W Y. Chan, "International Education in Higher Education: Theory and Practice". Journal of Studies in International Education, 2004.

[283] Yukako Yonezawa, "Internationalization Management in Japanese Universities: The Effects of Institutional Structures and Cultures", Journal of Studies in International Education, 2017.

[284] Peter C. Magrath, "Globalization and Its Effects on Higher Education beyond the Nation-State", Higher Education in Europe, 2000.

[285] Ginkel Hans Van, "Internationalization in Higher Education" Education for Global Issues in the 21st Century, 2002.

[286] Chika Sehoole, "Internationalization of Higher education in South Africa: A Historical Review", Perspectives in Education, 2006.

[287] Dobson I R. and Hloltta S, "The Internationalization of University Education: Australia and Finland Compared", Tertiary Education and Management, 2001.

[288] Harman J, "New Directions in Internationalizing Higher Education: Australia's Development as an Exporter of Higher Education Services", Higher Education

Policy, 2004.

［289］Huang F, "Internationalization of Curricula in Higher Education Institutions in Comparative Perspectives: Case Studies of China, Japan and the Netherlands", Higher Education, 2006.